上海市"十三五"重点出版物出版规划项目

马克思主义政治经济学译丛

Marx's Crises Theory
Scarcity, Labor, and Finance

马克思的危机理论

稀缺性、劳动与金融

迈克尔·佩雷尔曼（Michael Perelman） 著

丁晓钦 译

上海财经大学出版社

图书在版编目(CIP)数据

马克思的危机理论:稀缺性、劳动与金融/(美)迈克尔·佩雷尔曼(Michael Perelman)著;丁晓钦译.—上海:上海财经大学出版社,2023.9
(马克思主义政治经济学译丛)
书名原文:Marx's Crises Theory:Scarcity,Labor,and Finance
ISBN 978-7-5642-3925-1/F.3925

Ⅰ.①马… Ⅱ.①迈…②丁… Ⅲ.①马克思主义政治经济学-研究 Ⅳ.①F0-0

中国版本图书馆 CIP 数据核字(2022)第 197562 号

□ 策　　划　陈　佶
□ 责任编辑　徐贝贝
□ 封面设计　贺加贝

马克思的危机理论
稀缺性、劳动与金融

迈克尔·佩雷尔曼　著
(Michael Perelman)

丁晓钦　译

上海财经大学出版社出版发行
(上海市中山北一路 369 号　邮编 200083)
网　　址:http://www.sufep.com
电子邮箱:webmaster@sufep.com
全国新华书店经销
上海华业装璜印刷厂有限公司印刷装订
2023 年 9 月第 1 版　2023 年 9 月第 1 次印刷

710mm×1000mm　1/16　13.75 印张(插页:2)　247 千字
定价:78.00 元

图字:09-2023-0574 号
Marx's Crises Theory：Scarcity，Labor，and Finance
Michael Perelman

Translated from the English Language edition of *Marx's Crises Theory：Scarcity，Labor，and Finance*，by Michael Perelman，originally published by Praeger，an imprint of ABC-CLIO，LLC，Santa Barbara，CA，USA. Copyright © 1987 by Michael Perelman. Translated into and published in the Simplified Chinese language by arrangement with ABC-CLIO，LLC. All rights reserved.

No part of this book may be reproduced or transmitted in any form or by any means electronic or mechanical including photocopying，reprinting，or on any information storage or retrieval system，without permission in writing from ABC-CLIO，LLC.

2023 年中文版专有出版权属上海财经大学出版社

版权所有　翻版必究

目　录

总　序/001

导　论　马克思经济危机理论新释之需/001

第一章　政治经济学与新闻媒体：《纽约论坛报》记者卡尔·马克思和亨利·凯里/009

第二章　马克思、马尔萨斯和自然资源稀缺概念/025

第三章　探寻方法：政治经济学范畴的本质和演变/049

第四章　价值理论和马克思方法论/093

第五章　资本、不变资本与劳动的社会分工/110

第六章　虚拟资本和危机理论/144

第七章　结语/183

参考文献/185

总　序

习近平同志曾在2017年9月主持十八届中央政治局第43次集体学习时发表讲话指出:"学习研究当代世界马克思主义思潮,对我们推进马克思主义中国化,发展21世纪马克思主义、当代中国马克思主义具有积极作用。"[1]"当代世界马克思主义思潮,一个很重要的特点就是他们中很多人对资本主义结构性矛盾以及生产方式矛盾、阶级矛盾、社会矛盾等进行了批判性揭示,对资本主义危机、资本主义演进过程、资本主义新形态及本质进行了深入分析。这些观点有助于我们正确认识资本主义发展趋势和命运,准确把握当代资本主义新变化新特征,加深对当代资本主义变化趋势的理解。"[2]上海财经大学马克思主义学院组织编译的这套《马克思主义政治经济学译丛》,正是遵循着习近平同志重要讲话所指引的方向,关注、追踪、分析、借鉴国外马克思主义在政治经济学领域当中的一些代表性理论成果,试图为国内读者学习研究当代世界马克思主义思潮提供一份助力,帮助读者更深刻地理解资本主义发展的内在规律和最新动向,更精准地诊断资本主义的症结、批判资本主义的反动本质、把握资本主义的变化脉络,为推进当代中国马克思主义、21世纪马克思主义的持续深入发展尽一份绵薄之力。

早在20世纪50—60年代,国内理论界就已经初步开展了对国外马克思主义若干代表人物和理论观点的关注,自改革开放新时期以来,对国外马克思主义的引介和阐释更是有了长足的发展,成为一门"显学"。到21世纪初,党中央领导实施的马克思主义理论研究和建设工程推动设立了"马克思主义理论"一级学科,其中专门设立了"国外马克思主义研究"二级学科,科学界定了这项研

---

[1] 《习近平谈治国理政》(第2卷),外文出版社,2017年,第65页。
[2] 《习近平谈治国理政》(第2卷),外文出版社,2017年,第67页。

究工作的地位和使命,研究好国外马克思主义是我们马克思主义理论学界"在马言马"不可或缺的组成部分。进入新时代,面对着中国社会主要矛盾发生改变,面对着中国胜利全面建成小康社会并昂首阔步迈上全面建设社会主义现代化的新征程,面对当今世界正在经历百年未有之大变局,习近平新时代中国特色社会主义思想全面系统地完善和总结了中国特色社会主义的基本路线、基本方略,并在实践进程中不断展现出中国特色社会主义的制度优势和文明图景,让科学社会主义的旗帜在 21 世纪的中国高高飘扬。当此时刻,通过比较分析国外马克思主义的思想理论积累和当代前沿成果,尤其可以为中国马克思主义的发展提供富源,我们应当像陈云同志所说的那样,以"交换、比较、反复"的辩证态度,对国外马克思主义和中国马克思主义的联系与区别做出深入的分析,继续深入推进马克思主义的科学事业。

而且我们特别需要指出的是,在我国之前开展国外马克思主义研究的几十年间,有一个比较显著的现象就是相关译介和研究的重心集中于哲学、文学、政治学、社会学等学科领域,而马克思主义的创始人早就一针见血地指出,"对市民社会的解剖应该到政治经济学中去寻求"[1],社会变迁和政治变革的终极原因"不应当到有关时代的哲学中去寻找,而应当到有关时代的经济中去寻找"[2]。习近平同志讲话当中关于资本主义的生产方式、阶级、危机等理论主题的阐述,也正是完全契合了马克思主义创始人对问题域的重点关切,具有鲜明的政治经济学属性,指引我们在关注和吸收国外马克思主义的相关成果时,必须尤其注重其政治经济学理论,同它们在哲学等其他学科领域的话语相结合,这样才能厘清资本主义的结构、演进过程、新形态及本质的完整图景。

由于当今西方发达资本主义主导下的全球经济体系遭遇越来越多、越来越频繁的难题、困境、波折,特别是在 2008 年金融危机以及"反全球化"、"逆全球化"浪潮兴起等带有根本性、普遍性的问题冲击之下,国外马克思主义以及更广泛意义上的左翼理论家的研究、分析、批判工作尤其得到了激活,包括国内出版界也注意译介引入了一些相关论著,例如前几年托马斯·皮凯蒂的《21 世纪资本论》等作品就在我国引发了一阵关注和热议。但严格来说,国内这方面的努力还远远不够,对照马克思主义科学事业深入发展的要求,对照习近平同志的指示精神,还有很大的提升空间。尤其,我们可以遵循习近平讲话精神,突出提炼出国外马克思主义这种揭示和分析工作的两大特点:一是"新",是针对当代资本主义新变化、新特征做出新的批判,而不是抽象地把握既往马克思主义的

---

[1] 《马克思恩格斯文集》(第 2 卷),人民出版社,2009 年,第 591 页。
[2] 《马克思恩格斯文集》(第 9 卷),人民出版社,2009 年,第 284 页。

一些经典理论和做法,将它们简单重复、搬动、套用到今天;二是"大",是要把握住资本主义的趋势和命运这类宏大叙事,而不是纯粹学究式地沉浸在一些哲学思辨或文本考据功夫当中,或者说这种细节功夫最终一定要落实到为宏大主旨服务中去,彰显马克思主义和社会主义、共产主义的鲜亮底色。

在当代国外马克思主义理论的"新"的方面,是在坚持马克思主义的批判的革命的本性前提下,对于经典马克思主义的一些具体分析社会现实的重要概念,比如劳动、资本、价值、剥削、阶级和阶级斗争等,与时俱进地反思和拓展其内涵外延,从而国外马克思主义在其论述中展现出了与经典作家和正统叙事不同的新见解,例如要结合全球化、金融化、数字化等新形态分析劳动、资本、价值、剥削、阶级和阶级斗争之类范畴的构成方式和经济意义,这成为国外马克思主义理论探讨当中一个非常热门的问题。在当代国外马克思主义理论的"大"的方面,许多论者注意到劳工问题、性别问题、种族问题、生态问题等与资本主义社会当中重大现实政治格局和实践走势有着紧密联系的议题,特别是注意到当今资本主义体系之下的新型社会关系尝试和萌芽,阐发其理论意义,给予其理论前瞻,而这就促使许多论者继承和发展马克思主义政治经济学,抓住经济分析的切入点,挖掘其背后的深层原因和运动机制,揭示全球性资本主义的不平衡发展和内在对立冲突,在新的高度上再次确证资本主义灭亡和社会主义胜利的宏大前景。

上海财经大学在马克思主义政治经济学领域具有深厚的学术底蕴,积累了十分丰富的研究成果,而这也是同我们积极关注和借鉴国外马克思主义政治经济学的有益元素分不开的。例如在"论"的方面,上财学人批判吸收国外马克思主义政治经济学研究的论题、观点和方法,同中国实际相结合,规范与实证、定性与定量研究有机统一,上财努力成为国内推进政治经济学学科范式创新的代表性学术高地;在"史"的方面,上财学人积极构建科学全面的评价话语体系,以程恩富教授主编的《马克思主义经济思想史》(五卷本)为代表,纵览世界范围内的代表性学术流派,给予深入分析和公正评价,彰显马克思主义政治经济学的开放发展性;在"人"的方面,上财学人在研究工作中注意同大卫·科兹等一批当代世界著名马克思主义政治经济学家保持密切往来,多次邀请这些学者前来讲学交流,包括引进他们所培养的优秀青年学人加盟上财团队,保持上财在马克思主义政治经济学研究的朝气和活力。那么同样地,我们对于国外马克思主义政治经济学的关注和借鉴也要体现在"书"的方面,我们以上海财经大学马克思主义学院的学科建设为依托,系统筹划,遴选出9部具有代表性的国外马克思主义政治经济学著作,甘做冷门,甘坐冷板凳,以追求真理的热忱将之译介给中国读者,以求开阔我们马克思主义政治经济学研究的理论视野。

这 9 部著作①的研究方向和阐述内容大致可以分为三个层次。

第一个层次,是对马克思主义的政治经济学理论的总体面貌,以及政治经济学同马克思主义整体理论和其他组成部分的关系,进行通览性的系统介绍和解读,带有一定的教材性质。《劳特利奇马克思主义政治经济学手册》(*Routledge Handbook of Marxian Economics*)作为哲学社会科学著名的通识读本"劳特利奇手册"的一员,全书 37 章依次介绍了马克思主义政治经济学从经典到前沿的一系列研究课题的基本内容、研究情况和发展动向,由当今英语世界学界的骨干学者亲自撰写,十分便于读者了解当今这一领域的研究动态。《马克思主义体系:经济、政治与社会观》(*The Marxist System*:*Economic*,*Political*,*and Social Perspectives*)则对马克思思想中的经济学、哲学和科学社会主义做出了卓越的阐述,并着重对其政治经济学要义及相关思想脉络做了翔实的回顾探讨。《马克思主义政治经济学分析》(*An Introduction to Marxist Economics*)充分借助了数学分析工具和图形推演,对劳动价值理论、货币增长、利润率下降趋势以及资本主义危机等丰富的话题开展了细致的探讨,从而使得本书无论在分析方法上,还是在结论呈现上都有着独特的价值。

第二个层次,是对马克思主义政治经济学当中一些论题的深入挖掘研究,特别是对资本主义存在矛盾和危机的内在必然性的揭示。《价值、技术变革与危机:马克思主义经济理论探索》(*Value*,*Technical Change*,*and Crisis*:*Explorations in Marxist Economic Theory*)针对马克思主义传统中的一些重要主题,如价格、价值、利润、工资、剥削等进行了系统评述,并运用现代经济学的分析工具来完善这些概念,充分结合了定量与定性研究方法,展现马克思主义理论研究的时代性。《马克思的危机理论:稀缺性、劳动与金融》(*Marx's Crises Theory*:*Scarcity*,*Labor*,*and Finance*)为解释马克思的危机理论提供了一个总体框架,展示了如何运用马克思的辩证法去严格分析各种资本要素,进而揭示了这些要素之中所蕴含的深层次矛盾和未来发生经济危机的内在必然性。《全球化与政治经济学批判:马克思著作的新视角》(*Globalisation and the Critique of Political Economy*:*New Insights from Marx's Writings*)以一种宏大的政治经济史框架来开展研究,帮助读者以全球视野重新认识马克思主义思想的伟大之处,充分体现其先进性和科学性,并结合全球化时代资本主义的新变化、新内容,向读者展现了《资本论》等巨著对资本主义经济规律的深入剖析所具有的普遍性价值。

第三个层次,是在马克思主义政治经济学同哲学、政治学、社会学等的交叉

---

① 因本译丛各书的翻译和出版存在时间的先后,因此,所涉各书名以该书出版时为准。

领域开展的创新话语研究。《**经济学与权力：马克思主义批判观点**》(*Economics and Power：A Marxist Critique*)探讨了在马克思主义语境下对于"权力"和"竞争"等经典概念的创新阐释，分析了政治经济学语境中的极端自由契约主义，作者的观点充分基于"批判现实主义"哲学，给出了马克思主义对于资本主义中的权力与高压政治的解释。《**马克思主义政治经济学研究——知识与阶级视角**》(*Knowledge and Class：A Marxian Critique of Political Economy*)则采用某种"后现代主义"的马克思主义解释路径，对辩证法、矛盾、知识、真理、阶级和资本主义等核心概念做出了重构性的阐述，力求突破各种形式的经济决定论视野，进而对马克思主义思想做出了新的构建。《**〈资本论〉与马克思的工人阶级政治经济学**》(原书第二版)[*Beyond Capital：Marx's Political Economy of the Working Class*(*Second Edition*)]主张以具体的雇佣劳动为主线建构起工人阶级政治经济学的新型叙事，突出人的需要与资本主义替代方案之间的内在关系，其理论话语颇有启示价值。

具体就《马克思的危机理论：稀缺性、劳动与金融》一书而言，其揭示了资本主义的历史长期以来都是一系列危机以各种形式重复上演：就业危机、资源危机以及金融危机。书中为解释马克思的危机理论提供了一个总体框架，展示了如何运用马克思的辩证法去严格分析各种资本要素，进而揭示未来注定会发生的经济危机与这些要素之间所存在的精确关系，并反映了政治经济中所蕴含的深层次矛盾。总的来说，该书认为只要金融结构会导致周期性崩溃，马克思关于这一主题所写的文章就始终能作为分析政治经济动态的重要思想源泉。

值得一提的是，作者迈克尔·佩雷尔曼详细阐述了马克思所划分的各种资本要素，以及在政治经济背景下马克思所提出的对于矛盾的辩证分析法，深刻地揭示了资本主义危机的深层原因。

总而言之，我们希望以《马克思主义政治经济学译丛》的出版为契机，进一步推动研究分析当代世界马克思主义思潮，进一步发展完善马克思主义政治经济学理论话语，进一步推进21世纪马克思主义的真理事业。

我们诚恳希望广大读者能够对我们的译文提出宝贵的意见和建议，鞭策我们保持初心、砥砺前行！

章忠民

上海财经大学马克思主义学院　院长

2021年6月18日

导　论

马克思经济危机理论新释之需

资本主义的历史是一连串以不同形式反复出现的危机：就业危机、资源危机以及金融危机。马克思关于此类话题广著书作，在此过程中，就金融和资源稀缺性建立起了丰富的理论体系。然而，马克思主义者们仍然未对现代危机做出全面的回应，例如20世纪70年代的石油危机抑或是80年代的债务危机。本书代表着整合马克思金融理论和资源稀缺性理论的初次尝试。

马克思经济危机理论的当代联系

只要世界持续处于循环往复的经济危机之中，马克思关于经济危机的理论就将受到重视。主流理论已为忽视马克思的著作付出了特别沉重的代价。即便是最认同马克思理论的凯恩斯（Keynes）也未能完成其最初的想法。由于未认真对待马克思的理论，传统经济学家在应对经济危机时显得力不从心。

马克思的经济危机理论完全不同于经典政治经济学家或传统当代经济学家的理论，它从一个全新的视角理解当今社会情形。无论人们将其成功归结为方法、远见卓识还是运气，马克思都恰巧关注了构成当代社会的最关键的要素。

本书集中讨论了马克思著作的以下两类要素：其一，通常视自身运作独立于劳动力的金融结构；其二，对任一社会发挥功能都至关重要的资源基础。虽然一些马克思主义学者开始对马克思金融理论感兴趣，但他们仍是少数。在马克思的金融理论研究领域中，关键的虚拟资本概念通常被忽视或误解，资源稀缺性理论也几乎被忽视了。

马克思本人要为其虚拟资本和资源稀缺理论遭到忽视的不幸命运承担部分责任。他对该理论的呈现方式将读者置于迷惑之中。因此,对马克思经济危机理论的一般解读通常强调诸如利润率下降和需求不足等其他概念。

虽然如此,也不能将错误完全归咎于马克思,其自身的贡献依然新颖如初。至于未能形成对当代经济危机的有力分析,另有他因:不少现代马克思主义者对其理论强加了过度的形式主义,实为不幸。这种形式主义削弱了马克思主义的丰富度,而正是这点,使得其理论可以激发从列宁(Lenin)学派到法兰克福(Frankfurt)学派的广泛观点。

从这个意义上来说,我将马克思的著作与米开朗基罗(Michelangelo)极具感召力的奴隶像相比较。不同于大卫像及西斯廷教堂壁画统一的精致与处理到位的细节,这些巨大的尚未完成的雕像似乎将从这些硕大的大理石中挣脱出来。而其力量的主要来源便在于作品的未完成性。这些雕塑使得其欣赏者主动与艺术家建立起联系,一同想象其非凡的可能性。

在任何一次同这些杰作的邂逅中,许多重要的层面被人们所忽略,部分原因在于作品的未完成性。人们只有在自身情况促使其作为时,才能发现这些深层次的事物。因此,此类作品远不会在时间的流逝中过时,而是在其回应不同观点的能力得到彰显时,受到重视。或许,无论对未完成的奴隶像进行怎样用心的雕刻,它都无法与人们想象中的米开朗基罗试图完成的创作相媲美。

马克思的著作也处于相同的境地之中。它用力挣扎要打破所有世俗的束缚以达到黑格尔的高度,但是依然深深植根于具体社会形式的牢固的分析基础上。了解这一理论的人中充斥着许多激进的反对者。一批批读者将前人的评论扔在一旁,开启了新视野,但同时也汲取了原始资源的无穷无尽的力量。即便是今天,这一基石也为形成对资本主义社会的有力分析提供了坚实的基础。

在此精神下,我将本书作为重新阐释马克思经济危机理论的框架。正如米开朗基罗未完成的奴隶像,马克思的经济危机理论存在诸多未描述的细节。我将试图把这些放在前面部分进行论述,并充分认识到还有其他的细节存在,而且还有更多的细节有待发现。

为何先前众多阐述未能实现此尝试?一方面,大多数读者未能认识到马克思理论在何种程度上受到了历史环境的影响。没错,马克思在其所处的时代积极投身于政界,是所有马克思主义学者的共识。他们也都了解马克思无数次呼吁将理论与实践结合。但是,这一知识通常未能影响到对马克思经济危机理论中部分关键要素的解读。

一般而言,大多数关于马克思经济危机理论的探讨假定马克思以一种纯粹抽象的方式发展他的范畴,这种方式同样适用于资本主义生产的所有情形。在某些情况下,这种假设是合理的。价值的范畴就是一个恰当的例子。在其他情况下,这一假设造成了对马克思的误读。

在考虑历史环境因素背景下阅读马克思理论会带来意想不到的结论。例如,我将展示的资本的有机构成概念并没有后世读者阐述的那般抽象。它是在回答当时具体的政治情形时形成的。实际上,该范畴是主要用于分析资源稀缺的工具。我将在本书正文中证实我的言论。

我将稍费笔墨就这样的发现可怎样误导先前的马克思读者进行探讨。正如我先前所述,答案就在于我在阅读时考虑本来的历史环境因素,我尽最大可能分离了理论假设以及形成该假设的时代政治形式。时刻铭记本次对马克思著作的解读确实可产生对其理论的重要重释,这使得我回到了马克思著作中的难题以及理论与实践的结合的影响等看似表面的问题上。

对马克思的危机理论的理解因其作品的永恒而变得复杂。一方面,马克思的一些著作存在时间限制;另一方面,马克思对资本主义社会发展的分析方法在今天仍具有与当时相当的价值。实际上,由于人们为完善马克思理论付出的巨大努力,今天它的价值可能更大。

重读马克思:论理论与实践的联系

不同于马克思研究方法的持续相关性,马克思所涉及的具体政治争议与其所处的特殊历史环境有着密不可分的联系。虽然马克思解决的许多重大问题具有不言而喻的重要性,但这些问题所处的社会政治环境已经发生了变化。

例如,研究马克思就第一共产国际的所作所为或许会对当代问题有所启发,就如同两栖动物生物学研究可能为人类提供重要的医疗帮助一样。实际上,在某些情况下,此类知识更难通过直接研究人体来获取。

但是,医学家深知人体与青蛙在解剖学上的差异。他们认识到,研究青蛙获取的知识并不一定可以直接适用于治疗人类疾病。遗憾的是,马克思的学生未能成功区分什么是旨在改变特定政治环境的,什么又是旨在更广泛适用的。

一些马克思主义者热衷于宣扬马克思的研究方法是科学的。有时,人们通过"科学"一词来传达一种教条主义的信念,即无论马克思说了什么,更多时候是无论他们如何阐释马克思的学说,都是绝对的真理。我清楚"科学"一词还另有他意。马克思的科学性在于,他将分析融入了一个更全面的框架之中,超越了简单的表象。相较而言,表象分析无法超出简单的因果关系。

在追求其政治目标的过程中,马克思不得不与大众交流。出于这种努力,马克思常常被迫在表象层面分析。另一些时候,他则站在科学的高度进行分析。还有些时候,他在著作中取得重大理论突破,这可能被认为只有短暂的重要性。因为现代读者常常不了解马克思著作的实际语境,所以通过马克思的实际言论提炼出其理论变得更加困难。因此,关于马克思的政治和理论方面实际上是如何相互影响的文章很少。

这种实践困扰了大量马克思主义学者。许多读者就卡尔·马克思的政治学著书,另一些人则将马克思著作更为抽象的部分理论化。马克思的追随者中很少有人认识到,尽管马克思经常提及理论与实践相结合,但他看似抽象的分析常常是针对当下政治因素的。

我反复提及,因为未能认识到马克思著作中理论与实践的相互影响而引起了许多困惑。阅读马克思著作时需剥离时间限制因素,这一点在经济危机理论中尤为重要。

但是,马克思将理论与实践结合也很大程度上成就了其分析的有力性,尽管同时也引发了一些困惑。由于马克思的理论是专门为促进社会和政治变革而发展的,所以他尽可能多地把他的分析建立在实际经济条件下。无论是其自身言论还是其著作所述,马克思更多地借鉴他人的实践经验。最重要的是,马克思借助恩格斯的见解表达自身的观点。恩格斯精通德国哲学、社会政治学,并且深谙英国商界。从这个意义上讲,马克思著作中的理论与实践是不可分离的一个整体。

如果仅说马克思著作中的经济理论和经济实践不可分离是正确的,但这一断言本身是不充分的,如同其是老生常谈的问题。我的挑战即分离理论与实践,以便二者可根据社会情形重新结合。

因为马克思忽然从理论飞跃至实践,所以人们应给予各部分的特定角色适当的关注。马克思写作中一部分是为了影响当下的政治情形,可称为"实践理论",在过去的阐述著作中以纯理论的形式描写。相反,另一些可能仅针对19世纪的事件有着重大的理论影响。马克思本人未能良好区分理论与实践这两种层面。实际上,他总是以其高超的写作技巧掩盖其真实意图。

换言之,马克思著作中的理论与实践的区别相当简单。马克思著作并非为了发展纯理论,从研究中带来的理论先进性对他而言仅是次要的。

马克思的主要目的是在反对其他政治倾向的同时,促进某些政治倾向。但是,为实现这一目标,他常常无法直言其意。马克思发现,有时自己所处的环境要求自己将高度的理论分析与用于影响其所处时代的政治环境而发表的言论相结合。马克思的著作在理论层面和实践层面之间来回转换的方式,似乎让大多数拜读其作品的人陷入了困惑之中。

马克思的经济危机理论新释

当读者考虑到马克思调整其理论呈现形式的战术原因时,其著作便会展现出截然不同的面貌。例如,马克思经常不得不在诸如《纽约论坛报》(*New York Tribune*)等不接受其政治主张的新闻媒体上发表文章。因此,他不得不使用"手段"。马克思为《纽约论坛报》写的一系列关于印度的文章便是一个案例。这些文章相比于针对印度的经济前景,更像是用来削弱其竞争对手亨利·凯里(Henry Carey)在《纽约论坛报》的影响力的工具。但他很难想到在随后的世纪中,人们会毋庸置疑地接受这些作品。

在这一精神的指导下重读马克思的著作使人们得出这一结论:资本有机构成理论与更高效的机械化相关性较小,而与棉花种植困难相关性较大。当时,马克思将不断下降的利润率与日益增加的原材料成本而非机械化相联系。他有意发展这一范畴以声明稀缺理论的重要性,而未认同马尔萨斯主义。简而言之,从这个角度看,他的整个危机理论呈现出截然不同的色彩。

现存著作的局限性

为分析马克思的理论与其实践问题之间的区别,我需要引入一些看似迂回曲折的东西。随后几章将提出一些明显不相关的问题,例如,马克思著作中范畴的本质以及对价值理论的简要探讨。实际上,结果证明此类考虑在区分不同层面的马克思言论时是不具价值的。

本书的目的并非意在取代现有的有关马克思经济危机理论的著作。相较于价值理论等更为核心的概念,稀缺性和虚拟资本则居于次位。我认同马克思的结论,即所有经济危机本质上都源于生产关系和生产条件。虚拟资本源于流通而非生产,但我需要补充马克思的另一深刻见解:经济危机经常以流通危机的形式出现,尽管生产关系可能是根本原因。

虽然虚拟资本和稀缺性概念不会替代马克思主义分析中更为普遍讨论的范畴,但是它们仍在马克思经济危机理论中占据着重要地位。更重要的是,对这些理论的细致研究表明,有必要对马克思著作中更为人所熟悉的概念的传统性思考进行重大修改。

我深知这一任务困难重重。在这样的工作中，出现合理的不同观点以及彻底的错误的可能性很高。由于马克思留下了大量未完成的工作，此项目便更加困难。

然而，我相信这种分析有利于更好地理解资本主义社会组织的本质。虽然我确信自己发现了人们从未注意到的一些马克思主义理论，但是也深知自己主张的局限所在。马克思的著作就是一座储藏丰富的智力资本矿山。人们不断发掘出新的珍宝，由于早期的马克思主义学者被其他同样珍贵的宝藏所吸引，它们过去被忽视了。我便是得益于前辈学者的开采发掘的众多人士之一。

我希望本书可以消除部分目前对马克思经济危机理论的争议，但同时认识到马克思主义者在为主脉络的各种发现赋予价值时往往会出现分歧。一部分人会认同我的发现，而另一部分人则会反对。事实上，这样的争议从长远来看是富有生产力的。当一切争议在每次争辩之后消散，马克思主义者作为一个整体也就有了更加丰富的知识体系。

我并未将本书视作对艰深晦涩的马克思学的贡献。马克思所著的一些作品或其他事物并未能使其成为神圣的真理，而马克思著作之所以一直备受关注，是因为其具有价值。从未有其他经济学家像马克思一样，将稀缺性、金融体系和劳动过程如此透彻紧密地联系在一起，尽管其作品尚未完成。若要将其虚拟资本理论和稀缺性理论组织纳入一个系统性框架中，仍有很长的路要走。我坚信埋藏在马克思著作中的宝贵见解能为解决当代问题提供指导，尽管书中并未提供具体的路线图。因此，本书是将虚拟资本理论和稀缺性理论融入系统性框架的初步尝试。

结　论

本书开篇以马克思与《纽约论坛报》的关系作为警示。虽然本章与经济危机理论分析无直接联系，但提供了最佳的案例，表明了马克思的实践问题怎样影响其著作，这些著作随后被视为具备相当大的理论重要性。

马克思在《纽约论坛报》的工作对其有着双重重要性：首先，他为报社工作得到的报酬是其生活的经济来源；其次，他对该报带来的巨大的政治影响相当敏感。

马克思绝不仅仅是《纽约论坛报》的带薪作家。在一段时间内，他曾是该报的主力作家。他甚至曾一度幻想，自己有可能凭借其新闻技巧制定编辑政策。同一时间，19世纪早期的顶尖经济学家亨利·查尔斯·凯里也有此意。

本章叙述了由此引发的一场编辑权争夺战,历史却并未公平对待这两位战士。如今,人们几乎都遗忘了凯里,而马克思依然是许多人的兴趣所在。但是,当时凯里似乎因为与新兴的共和党关系密切而占据优势,尽管起初马克思也有其乐观的缘由。事实最终证实,两人判断失误。随着争夺战的展开,《纽约论坛报》对马克思和凯里都失去了兴趣。

马克思对资产阶级阴谋领域的探索影响了他当时所创作的作品。马克思为驱逐凯里所做的努力,解释了他在为《纽约论坛报》撰写印度经济发展前景的文章时恰如其分的评估基调。然而,现代读者都未能意识到马克思撰写此类文章时的想法。

对于20世纪的马克思主义者来说,这些探讨印度发展的文章为其在后殖民世界中寻找合适的战略提供了一个不变的参考点。由于这些著作目前所受到的重视,马克思与凯里之间的斗争至今仍具有重要意义。此外,这些文章也有力地提醒了人们区分马克思著作的不同层级的重要性。

第二章涉及一个常被现代马克思主义者忽视的话题,即马克思就资源稀缺的重要性所著的作品。我认为,马克思相当重视资源的稀缺性,尤其是与经济危机理论相关时。然而,为避免支持马尔萨斯主义者,马克思在其抽象分析中对这一方面进行了模糊处理。因此,其追随者再次被误导。他们未能意识到马克思对这一问题的理论分析修改成为一种政治手段。

只要本书前两章树立了马克思在塑造其著作过程中实践问题的重要性,我就可转向分析纯理论的发展。具体而言,第三章呈现了马克思主义政治经济学范畴的发展演变过程。

这一主题本身就具备重要性。就本书而言,它尤具战略性。马克思对政治经济学范畴的分析是现代马克思主义者了解其经济危机理论的基础所必须遵循的路径。具体而言,它架起了一座桥梁,使得资源理论可纳入经济危机分析当中。

第四章涉及价值理论与马克思方法论的关系。而且第四章和第五章为马克思的经济危机理论的后续分析提供了背景。

第五章继续探讨分析中的理论要素。它针对的是政治经济学的一个特定范畴:不变资本。不变资本被视作一个不证自明的概念,因此没有人费心去进一步思考其含义。另外,不变资本这一概念比学者们先前的理解要复杂得多。实际上,对不变资本的细致分析揭示了人们对此概念一直未给予充分的关注,导致了对马克思分析中一个重要因素的忽视——即时劳动力和共存劳动力之间的区别。

我稍后会对这些术语进行定义。但是现在,我仅重申马克思本人需对许多现象负责。他关于即时和共存劳动力方法的奇特探讨,很可能对读者造成诸多困扰。

根据这一分析来阅读马克思的危机理论表明,关于这一主题所写的很多东西是偏离主题的,特别是关于利润率下降的理论。此外,结合第二章的分析,论证了马克思资源理论对其危机理论的重要性。

我在第六章中回顾了马克思的范畴分析,以此将虚拟资本与其更广为人知的理论主体相联系。我认为,大多数马克思主义学者未能认识到政治经济学这一范畴的重要性。大多数学者将其置于一旁,建立抽象模型来模拟经济发展轨迹。因此,马克思理论中许多最富价值的部分一直被人们所忽视。

虽然虚拟资本概念广泛运用于 19 世纪,但是如今淡出了人们的视线。马克思收集了先前的学者们就这一模糊范畴所著书作中的矛盾分析。接着,经过对前人分析的严苛打磨,形成了自己对市场与经济危机的关系的具体分析。马克思发现,周期性的经济危机常常伴随着虚拟资本的湮没,而这又经常是由战略投入的稀缺性突然加剧引发的。这一理论过程将其对稀缺性的分析纳入了经济危机理论分析之中。

第一章

政治经济学与新闻媒体：
《纽约论坛报》记者卡尔·马克思和亨利·凯里

许多年来,卡尔·马克思都靠在广受读者欢迎的《纽约论坛报》担任记者的薪资维生。《周末论坛报》(Weekly Tribune)由马克思每日发表的文章汇编而成,发行量曾达20万份(Marx 1860,265)。他将此论坛报视为"美国报刊中的'先驱者'"(Marx to Engles,June 14,1853,in Marx and Engels 1975c,79),对受邀成为其中一员自然自豪不已。在其广为流传的《政治经济学批判》(A Contribution to the Critique of Political Economy)一书的序言中,马克思也提到了自己与北美的先驱报纸《纽约论坛报》的合作(Marx 1859a,23)。

编辑查尔斯·达纳(Charles Dana)认为马克思贡献极大。为《纽约论坛报》创始人霍勒斯·格里利(Horace Greeley)撰写传记的作家在书中描述了在该报社工作的一天通常是这样的:"达纳先生迅速、径直地走向办公桌……然后沉浸于阅读'卡尔·马克思'或'在巴黎的一个美国女人'。"(Parton 1854,cited in Draper 1968,11)达纳在1852年3月12日写道:"您的文章多次再版,许多人觉得阅读它令人满足,告知您此事或许会让您感到一丝愉悦。"(Blitzer 1966,xix)达纳十分认可马克思的一篇文章,令马克思沉浸在这种赞许之中:"对于处处充斥着智慧的有趣篇章的作者,我们应为他超凡的能力付合理的薪水(Marx to Engles,26 April 1853,in Marx and Engels 1982a,39)。"马克思在写给恩格斯的一封信中得出了结论:"如你所见,我的职位毫无动摇。"(ibid.,315—316)在1857年的经济危机迫使《纽约论坛报》裁员的情况下,马克思是两名幸免于难的通讯员之一。尽管,我们认为这种荣誉空洞不已。实际上,尽管达纳后来在一封信中向马克思确信地写道,马克思"并不是最具价值的通讯员,但是确实是获得薪水最丰厚的报刊通讯员",达纳无意将其态度公之于世(Marx 1860,323—324)。多年后,达纳作为《纽约太阳报》的编辑之一,曾询问马克思对国际经济的看法。马克思的回答,在他去世前几个月才寄到,之后与达纳写的一篇简短的讣告一起刊出。达纳在讣告中称赞马克思是一个非凡的人,并补充道:"他聪慧过人,而且见解精准、独到(Marx and Engels 1978,1095)。"

马克思的秘密资本战争

马克思为获得给《纽约论坛报》写作的机会而开心不已。当时的他经济拮据。此外,该报纸还为他提供了向资本家们讲授社会主义理论的机会。这一做法在今天看来可能相当牵强附会。1852年至1854年间,约有50万德国人抵达纽约,其中包括相当多的在1848年革命中与马克思站在同一战线的战友(Paclover 1978,303)。其中,有相当一部分人设法把个人的成功与对早期革命理想的模糊记忆结合起来。马克思与《纽约论坛报》的联姻似乎是在社会主义天堂里完成的。

《纽约论坛报》发表了487篇马克思的文章。其中,马克思独自撰稿350篇,与恩格斯合作撰稿12篇,另外125篇文章为恩格斯所撰写(ibid,287)。他的贡献中几乎有四分之一是以未署名社论的形式印刷出来的,(Padover 1980,168)尽管该报刊的社论使用恩格斯的文章更为频繁(Blitzer 1966,xxi)。曾经一度,马克思的文章运用极其广泛,以至于他在写给恩格斯的信中说"过去两个月,《纽约论坛报》的社论,基本上是由马克思和恩格斯的文章组成的"(Marx and Engels 1984,404)。

马克思的许多文章在本质上是经济学。据一份数据估计,马克思的321篇文章中有50篇是关于经济问题(Padover 1978,308)。因此,我们可以将马克思描述为北半球最具影响力的经济学作者。尽管马克思不居住于美国,但居住于伦敦实际上反倒是一种优势。毕竟,当时的英国依旧是"资本的都市"(Marx to Meyer and Vogt,April 9,1870,in Marx and Engels 1975a,223)。

首先,马克思担心其期盼的征服未必能成功。他忧心忡忡:

格里利在《论坛报》上报道了海因岑在那里的演说,并赞扬了他。因此来自这方面的风暴在威胁着我……如果德纳收到的是些短文章,他会认为这是诈取,并把我抛弃,因为他现在有海因岑、卢格和布·鲍威尔提供的极为充足的稿源。极为不幸的是,我今天还从《泰晤士报》上看到《每日论坛报》是保护关税派。看来,这一切都是十分不祥的征兆。(《马克思恩格斯全集》第49卷,北京:

人民出版社,2016年,第178页。)

恩格斯安慰马克思道:"你无须担心自己被赶出《纽约论坛报》。我们在那里的工作非常稳定。此外,对于美国人而言,这一欧洲政治化仅是一种偏激的方式,在这种情况下,写作最好和最具有威信力的人才能脱颖而出。"(Engels to Marx August 6, 1852, in Marx and Engels, 1852a, 147)此外,恩格斯劝告马克思道,所有的美国辉格党都是保护主义者。当时辉格党保护主义的领袖是亨利·凯里,一报道称其为"《纽约论坛报》中教条主义部门(关于税收和政治经济学)的实际编辑"(Smith, G. 1951. 36, Citing Elder 1880, 22)。

事实上,马克思的早期文章已经引起了《纽约论坛报》读者的注意。他在写给恩格斯的信中说道,英国著名的自由贸易主义者约翰·布赖特(John Bright)向议会陈述:"他可能读过更具风格的文章,但是从未读过如此语气上乘的文章……(在挑出马克思的著作之后,他大胆地说,此刻没有比这更好的了)。"(Marx 1853d, 176)此外,马克思十分自豪地告诉恩格斯:"《纽约论坛报》特别重视我关于格莱斯顿预算的第二篇文章,提请读者注意我的'精辟论述',并且还说到没见过如此更具批判力的文章。"(Marx to Engels June 2, 1853, in Marx and Engels 1982a, 331)即使如此,马克思也不完全满意:"好的,这没什么。但是在接下来的文章中,他们刻意在我的名字下印了一行头衔,让我十分恼怒。"(ibid)亨利·凯里是注意到马克思作品的人之一。他向马克思寄送了一本自己的书即《农业、制造业和商业的利益调和论》(*The Harmony of Interests, Agricultural, Manufacturing and Commercial*)(Marx to Engels April 30, 1852, in Marx and Engels 1973:28, 68)。随后,他又向马克思邮寄了《国内外奴隶制》(*Slavery at Home and Abroad*)一书,其中,不断以"一名近期的英国作家""《纽约论坛报》的通讯员"等称呼反复提及马克思(Marx to Engels, June 14, 1853, in Marx and Engels 1975c, 78)。

与马克思想要削弱对手的实力不同,凯里并未公然表示对削弱马克思著作中的论点感兴趣。事实上,他甚至表达过对马克思为《纽约论坛报》做出的贡献十分敬重。然而,凯里可能直接用其强大的势力对抗马克思,尤其是关于《纽约论坛报》对俄国的政策。

马克思与凯里

马克思和凯里都持着强有力的观点。据说,凯里常常宣称:"救赎就存在于我和我的书中。"(Anon 1894, 141, cited in Green 1951, 43)或许与凯里预期相

同,马克思并不打算认同凯里的救赎主义。收到凯里寄来的第二本书之后,马克思向恩格斯写了封信:

> 此人在他过去出版的全部著作中,都是论述资产阶级社会的经济基础的"和谐",并把一切祸患归因于国家的多余的干涉。国家是他最憎恶的东西。现在他却唱另一种调子了。一切祸患都要归咎于大工业的集中化的影响。而这种集中化的影响又要归咎于英国,因为它使自己成为世界工厂,并使其他一切国家倒退到野蛮的、脱离工场手工业的农业中去。而要为英国的罪过负责的又是李嘉图—马尔萨斯的理论,特别是李嘉图的地租理论。无论是李嘉图的理论还是工业的集中化,其必然结果都将是共产主义。为了避免这一切,为了以地方化和散布在全国各地的工厂与农业的联盟来同集中化相对抗,我们这位极端自由贸易派终于建议实行保护关税。为了避免他认为应当由英国负责的资产阶级工业的影响,他这个真正的美国佬找到了一条出路,这就是在美国本土人为地加速这种发展。此外,由于他反对英国,因此他像西斯蒙第那样称颂瑞士、德国和中国等国的小资产阶级制度。而正是这个家伙,曾经由于法国和中国相似而不断地嘲笑法国。这本书里唯一真正有意思的地方,是把过去英国在牙买加等地的黑奴制同美国的黑奴制加以对比。
> 《论坛报》当然竭力替凯里的这本书吹嘘。二者确实有共同点,它们在西斯蒙第的博爱主义社会主义的反工业化的形式下,替美国主张实行保护关税的资产阶级即工业资产阶级说话。《论坛报》虽然大谈各种"主义"和社会主义的空话,却能够成为美国的"一流报纸",其秘密也就在于此。
> 你那篇关于瑞士的文章当然直接打击了《论坛报》的"社论"(反对集中化等等)和它的凯里。我在第一篇论印度的文章中继续了这场隐蔽的战争,在这篇文章中把英国消灭当地工业当做革命行为来描述。这会使他们很不高兴。(《马克思恩格斯全集》第 49 卷,北京:人民出版社,2016 年,第 430 页。)

这封信具备三重重要性。首先,关于马克思将凯里描述为具有高度依赖性的理论家的看法,它提供了深刻见解。其次,它阐明了极度反感社会主义的凯里是如何与先进的《纽约论坛报》合作的。最后,关于马克思颠覆《纽约论坛报》编辑政策的"秘密战争",它提供了一些信息。

第一点,马克思对凯里政治经济学的分析。不同于阶级斗争,凯里代表了后来美国历史学家所说的特纳(Turner)论点的早期版本,即边疆有助于缓和新世界中的阶级冲突。不同于写到过这一现象的特纳和其他学者,凯里假设经济发展总是会在没有矛盾的情形下出现,不同阶级间的利益协调是一般规律。

马克思认为凯里将世界上大多数的病症归咎于"英国对世界市场的极大摧

毁"(Marx 1977,705),这一点是正确的。凯里断言:"英国体系"寻求"消灭其他民族之间的商业往来;而在这里……它远超出其他任何已经设计的范围。"(Carey 1858;i,411)英国人的最终目的是迫使"全球的原产品都送往英国,以按照满足适合消费要求的机械和化学加工的方式生产"(ibid.,412)。凯里常将美国的情况与爱尔兰、印度以及其他欠发达国家的情况相提并论。为阐述这一点,凯里区分了商业和贸易。在凯里看来:"商业和贸易通常是可替换的,但是二者传达的想法大相径庭,因此清晰理解其差异至关重要。"(Carey 1858:l,210)在凯里的体系中,商业是良性的,而贸易是剥削的。他对商业的理解"涉及十八世纪法语含义中理想的社会关系总合,这种关系源自既定地理区域内发生的交易"(Morrison 1968,134)。

凯里的结论并未让马克思印象深刻。他给友人魏德迈尔(Weydemeyer)写了封信,写道:"美国唯一重要的经济学家凯里(来自费城),他的作品便是显著的证据,表明了美国的公民社会绝未成熟到可呈现清晰全面的阶级斗争图。"(Marx to Weydemeyer,March 5,1852,in Marx and Engels 1975c,62—65;Marx 1973,884)因此,他继续评价凯里:

> 他攻击李嘉图这个资产阶级的最典型的代表和无产阶级的最顽强的反对者,认为他的著作是无政府主义者、社会主义者的军火库和资产阶级制度的一切敌人的军火库。他不仅指责李嘉图,而且指责马尔萨斯、穆勒、萨伊、托伦斯、韦克菲尔德、麦克库洛赫、西尼耳、惠特利、理·琼斯等等这些欧洲的经济学权威,说他们证明各个不同阶级的经济基础一定会在它们中间引起一种必然的、不断发展的对抗,是在分裂社会、制造内战。他竭力驳斥他们,虽然他不像愚蠢的海因岑那样把阶级的存在同政治特权和垄断的存在联系起来,但是他想证明,经济条件——地租(地产)、利润(资本)和工资(雇佣劳动)不是斗争与对抗的条件,而是联合与和谐的条件。当然,他只是证明,美国的"不成熟的"社会关系在他看来是"正常的关系"。(《马克思恩格斯全集》第49卷,北京:人民出版社,2016年,第79页。)

马克思的言论或许有些夸张,但是凯里确实写道:"李嘉图先生的理论体系是不和谐的音调之一……整体上倾向于制造阶级与国家之间的敌意……其著作是十足的(政治)煽动手册,他通过平均地权论、战争和掠夺谋求权力。"(Carey 1848,74—75)在一定程度上,凯里完全愿意写矛盾,只要这些矛盾仅限于英格兰和其他国家之间的矛盾。所有人都是在英国狂暴无比的影响之下劳作的。在总结凯里的理论时,马克思发现:

> 经济规律的和谐在整个世界上表现为不和谐,使凯里感到惊讶的是,这种

不和谐甚至在美国也开始出现。这种奇特的现象是从哪里产生的呢？凯里用竭力追求工业垄断的英国对世界市场的破坏作用来解释……作为世界市场的统治力量的英国在国外搞乱了世界各国经济关系的和谐。这种不和谐是真实的，而不只是以经济学家们的主观理解为根据。根据凯里的意见，经济关系的和谐是建立在城市和乡村，工业和农业的和谐合作上的。英国在它本国内瓦解了这种基本和谐以后，它通过竞争在世界市场上到处都破坏了这种基本和谐，所以它是普遍和谐的破坏因素。能够防御这一点的，只有保护关税（国家用强力来抵制英国大工业的破坏力量）。于是，国家成了"经济和谐"的最后避难所，而它最初被斥为这些和谐的唯一的破坏者。（《马克思恩格斯全集》第 30 卷，北京：人民出版社，1995 年，第 8 页。）

除对英国的所有事物的憎恶外，凯里的作品还受到其自身经济利益的影响。杜尔夫曼（Dorfman，1946）和格林（Green，1951）都在文章中证明了凯里理论中满足自我利益的本质。仅用一个例子就足以证明——1860 年 4 月 30 日，华盛顿州议员乔治·斯克兰顿（George W. Scranton）写给凯里的一封信中提到："煤炭库存和位置良好的地产价格正在上涨，并且已经触及最低点，如若《关税法案》（Tariff Bill）可以通过，您的煤炭利益也可安全提升。我将坐下与您一同投资，并就我们将开始启用的增加比例达成共识（cited in Green 1951：200，165）。"凯里通过抵制英国商品以保护工业的计划在某些领域很受欢迎，包括最初的《纽约论坛报》。在 1860 年的共和党竞选纲领中，他为制定《关税法案》发挥了重要作用。林肯（Lincoln）及其财政部长蔡斯（Chase）都经常咨询凯里。实际上，在凯里为有影响力的访客举办"晚祷"的半个世纪里，每一位财政部长都不辞辛苦地频繁出席（Green 1951，35—36）。

这一背景信息将人们引至马克思评价凯里的信中的第二个观点——凯里与《纽约论坛报》的关系。凯里成功地将傅立叶主义的共同结社思想转换为公司组织理念（Dorfman 1946：2，790）。与此同时，他反对英国的大规模、非人性化的公司，认为其是使美国永远处于落后状态的邪恶阴谋的源头（Conklin 1980，280—281）。

这一做法使得凯里的作品十分符合美国冉冉升起的商业界，包括《纽约论坛报》。在马克思仅获得每篇文章一镑的酬劳时，凯里拒绝了《纽约论坛报》直接支付给他稿酬，以免被指控为文字收入而写作（Green 1951，25）。尽管如此，凯里还是得到了丰厚的回报。其文章选入《纽约论坛报》社论版，极大地增加了他作为一个位高权重的权力掮客的服务价值。

马克思或许不知晓凯里的商业冒险经历中的肮脏细节，但是他在意识形态上开创性的著作应足以使他矫正恩格斯的观点,即上述提到的"获胜的一方是写得最好、最富精神意义的"。相反,马克思是位坚定的辩证唯物主义哲学家,他急切地向凯里发起了挑战。

在某种程度上,马克思的方案可能有一定的价值。凯里正在进入德裔美国人团体,亦如其追随者杜林(Duhring)在几十年后会做的事情一样。马克思若要继续阻止这群人被杜林误导,抨击凯里是必须的。因此,他为友人阿道夫·克劳斯(Adolph Cluss)提供了笔记,以帮助其撰写在德国《改革报》(*Die Reform*)发表的对凯里的新闻批评(Cluss 1853:623—632)。

克劳斯的文章可能会写道:"凯里完全忽视了工业的毁灭性影响带来的变革性、革命性因素。"(Cluss 1853,627)在《纽约论坛报》中,这种斗争不会如此直接。马克思本人需更加小心谨慎。

马克思的信件表明了他对凯里的抨击程度不断加深。恩格斯通常能与马克思在经济状况上达成共识,他于 1853 年 6 月 6 日致信马克思,就在马克思撰写第一篇评论印度文章的 4 天前。恩格斯发现:

在东方,政府总共只有三个部门:财政(掠夺本国)、军事(掠夺本国和外国)和公共工程(管理再生产)。在印度的英政府对第一和第二个部门进行了调整,使两者具有了更加庸俗的形态,而把第三个部门完全抛开不管,结果断送了印度的农业。在那里,自由竞争被看成极丢脸的事。土壤肥力是靠人工达到的,灌溉系统一旦遭到破坏,土壤肥力就立即消失,这就说明了用其他理由难以说明的事实。(《马克思恩格斯全集》第 49 卷,北京:人民出版社,2016 年,第 419 页。)

马克思的回复便是解释其"秘密战争"的那封信。紧随"他们将会十分诧异"的推测,他补充道,"顺便一提,英国在印度的全部管理都是自私贪婪的,直至今天也是如此"(ibid. ,79)。

亚洲这一地区的停滞性质(尽管有政治表面上的各种无效果的运动),完全可以用下面两种相互促进的情况来解释:(1)公共工程是中央政府的事情;(2)除了这个政府之外,整个国家(几个较大的城市不算在内)分为许多村社,它们有完全独立的组织,自成一个小天地……我认为,很难想象亚洲的专制制度和停滞状态有比这更坚实的基础。英国人虽然已经使这个国家大大地爱尔兰化了,但是打破这种一成不变的原始形态毕竟是欧洲化的必要条件。只靠税吏是不能完成这项任务的。要破坏这些村社的自给自足的性质,必须消灭古老的工业。(《马克思恩格斯全集》第 49 卷,北京:人民出版社,2016 年,第 432 页。)

这部分信件似乎是其文章的演练。注意,马克思忽视了恩格斯关于公共事业（灌溉）衰败的观点；相反，在马克思的文章中，他指出另一种公共事业（公路）的兴起。

马克思在写给恩格斯的信中提到了他那篇关于英属印度的著名文章，他在信中强调，英国工业的长期影响将是使印度为建立在现代技术基础上的未来做好准备（Marx 1853a,125—133）。马克思甚至称，英国实际上奠定了最好的基础，而且是亚洲历史上唯一一场社会革命（ibid.,132）。他继续写道：

亲眼看到这……是会感到悲伤的；但是我们不应该忘记：这些田园风味的农村公社不管初看起来怎样无害于人，却始终是东方专制制度的牢固基础；它们使人的头脑局限在极小的范围内。

的确，英国在印度斯坦造成社会革命完全是被极卑鄙的利益驱使的，在谋取这些利益的方式上也很愚钝。但是问题不在这里。问题在于，如果亚洲的社会状况没有一个根本的革命，人类能不能完成自己的使命。如果不能，那么，英国不管是干出了多大的罪行，它在造成这个革命的时候毕竟是充当了历史的不自觉的工具。（《马克思恩格斯全集》第 9 卷，北京：人民出版社，1961 年，第 148—149 页。）

这篇文章对凯里的观点提出根本性的挑战。文章开篇，马克思表示英国当时在教化印度人方面承担着重要的社会使命。他写道："英国须在印度完成双重任务：一项是摧毁，另一项是再生——旧亚洲社会的毁灭，以及西方社会在亚洲物质基础的建立。"（Marx 1853c,494）

马克思探讨印度的文章似乎是其关于资本主义向周边国家扩张性质的最明确的作品。因此，这些文章在随后的马克思主义者的解读中颇具影响力，对于认为资本主义等同于边缘发展的人群影响尤为深远（Warren 1980；Clarbson 1978,190—191）。探讨印度的文章在很大程度上由于对凯里含沙射影而被曲解（我相信这种批判是存在的），因此未能准确反映马克思本人对经济发展过程的理解。

当然，马克思从未提出过全面的发展理论。资本确实是以欧洲为中心的。晚年时期，马克思更注重西欧以外地区的经济发展；但是这些作品未能完全融入其思想之中。尽管如此，马克思就发展过程的分析的某些方面是相当清晰的。

首先，在探讨印度及其他地区的文章中，马克思认识到资本积累最终会产生益处。最终，随着资本主义扎根，促进现代技术发展并且为社会主义生成前提创造条件。在此狭义理解下，探讨印度的文章部分地反映了马克思对经济发展本质的理解。

从更广泛的意义上说,对马克思探讨印度的文章的解读在几个方面具有误导性。首先,这些文章忽视了传统经济体的显著技术优势,而强调了其落后性。就这一点,丹尼尔·索纳(Daniel Thorner)曾指出,这些特别的文章与黑格尔(Hegel)对印度的解释有很多共同之处,将印度描述为"一种既古老又现代的现象,一种始终固定不变的现象"(Thorner 1966,38,Citing Hegel 1837,145)。

更糟糕的是,在探讨印度的文章中,谈及印度村庄的弊病时,马克思暗指克劳斯文章中关于"凯里……越来越深地陷入小资产阶级要素,提倡农业和制造业之间早已被摒弃的父权制联系"(Cluss 1853,627)的控告。这一点是最为糟糕的,因为马克思本人频繁提及社会主义最好的利益之一便是工农结合(Marx 1977,ch. 5,sec. 10)。

探讨自由贸易对欧洲社会的影响时,马克思对传统经济体持负面态度,但是在解决边缘社会的问题时并不总是持负面态度。(Marx 1848)的确,在几年后出版的《政治经济学批判大纲》(*Grundrisse*)中,马克思提到了亚洲社会,"在那里,彼此相邻的小公社独立发展着"(Marx 1973,473)。同样是在这部著作中,他更加积极地评论亚洲的农村经济,例如,他随后补充道:"亚洲模式最顽强、最持久地存活至今。这是因为其预设条件是……该模式中存在自给自足的生产循环,以及农业和制造业的结合。"(ibid.,486,473)事实上,马克思对亚洲社会稳定性的描述总体上是比较正面的。他将"共同财产和小农耕种"描述为"发展的肥沃因素"(Maix 1881,104)。他也提到了传统公共农业的"自然活力"(ibid.,106)。

例如,在发表探讨印度的文章后,马克思又在《纽约论坛报》上发表了一篇关于中国的文章。他在文章中引用了早前是《伦敦时报》(*The London Times*)驻上海和广州的通讯员库克(W. Cooke)先生的言论,以表明储蓄源自家庭手工业和农业的密切结合。根据库克先生所述,为获取竞争力,英国出口商品在中国的售价仅够弥补运费(Marx 1858,334;Maix to Engels,October 8,1858 in Avineri 1868,440;Meyers 1980;Perelman 1983,34)。

相同的言论同样见之于随后的《资本论》(*Capital*)第三卷中,马克思在书中写道:

> 因农业和手工制造业的直接结合而造成的巨大的节约和时间的节省,在这里对大工业产品进行了最顽强的抵抗;因为在大工业产品的价格中,会加进大工业产品到处都要经历的流通过程的各种非生产费用。(《马克思恩格斯全集》第 46 卷,北京:人民出版社,2003 年,第 372 页。)

1859 年,马克思扩充了印度经济的本质,并将其与中国经济对比:

曾经在长期内阻挡了而现时仍然妨碍着英国商品输往东印度的,正是这种同样的农业与手工业的结合。但在东印度,那种农业与手工业的结合是以土地所有制的特殊性质为基础的,而英国人凭着自己作为当地至高无上的土地所有者的势力,能够破坏这种土地所有制,并从而强使一部分印度自给自足的村庄变成了生产鸦片、棉花、靛青、大麻以及其他原料去交换英国货的简单农场。在中国,英国人现在还没有这种势力,而将来也未必能够做到这一点。(《马克思恩格斯全集》第 13 卷,北京:人民出版社,1962 年,第 604—605 页。)

大概是同一时间,马克思将传统经济体的反抗与农业规模相联系。在此意义上,强制引入资本主义在某些传统生产模式中意味着一种倒退。

其次,探讨印度的文章在另一方面也是具有误导性的。他们认为,与资本主义接触实际上会带来资本在外围国家的快速积累。事实上,马克思在探讨俄国的文章中指出:"俄国可以购置机械、轮船、铁路以及其他事物。他们成功地引进了整个交易机制(银行、信贷公司等),这些都是西方国家几个世纪以来的智力成果。"(Marx 1881,110)实际上,马克思认识到,获得发展的这些要素并不足以带来随后的进步。1854 年 6 月 14 日,马克思致信恩格斯,甚至在这份相当乐观的信件中(前文有引用),他提到"为印度创造一个光明的未来"的承诺,但很难预示印度光明的未来。马克思探讨爱尔兰的文章当然未暗示与英国合作有益于这座麻烦不断的岛屿(Perelman,1977,ch. 12)。在任何情况下,这封信中的所有悲观建议在探讨印度的文章中都被删除了。

再者,马克思探讨印度经济发展前景的文章与其随后发表的讨论世界其他地区的经济发展的文章截然不同。与为《纽约论坛报》撰写的文章相反,马克思总体上并未认同英国摧毁原始经济体的行为。这一态度与其对近期边缘国家中资本积累现象是否会继续的怀疑密切相关。例如,1881 年马克思草拟了一封信件,他在信中称:"镇压印度的土地公有制……是英国人肆意破坏公物的行为,它使得印度原住民倒退而非进步。英国人……只是破坏了原住民的农业,增加了饥荒人口的数量及饥荒的程度。"(Marx 1881,121,118)同样在《资本论》中,马克思强调英国扰乱了小农群体,但带来的结果并非像他在探讨印度的文章中的那般具有革命性。据马克思文章所述,英国在印度的统治好似"一个残酷专制的国家"(Marx 1967;3,726)。东印度政府榨取"供奉物品"(ibid.,582),并且该国家体制"将直接生产者的生活资料减少到实际最低限度"(ibid.,796)。

英国并未促进工业,相反,它为自身利益毁掉了印度工业。他写道,"商业并没有使工业发生革命性的变化,而是工业不断地使贸易发生革命性的变化。"

(ibid.,333)至少可以说,与英国进行贸易带来的结果是悲剧性的。用马克思的话来说(在1967年《资本论》的翻译中未完整反映):

如果说英国的商业在那里对生产方式发生了革命性的影响,那只是指他们消灭了纺织业——工农业生产的这种统一体的一个自古不可分割的部分。但是,就是在这里,对他们来说,这种解体进程也是进行得极其缓慢的。(《马克思恩格斯全集》第46卷,北京:人民出版社,2003年,第372页。)

马克思补充了一条脚注,解释他对接触资本主义的影响的负面论断:"英国比其他任何国家更有代表性,它在印度的经济管理是一段徒劳无功的历史,实际上也是一场愚蠢(实践、无耻)的经济实验。"(ibid.,451)所以,马克思大体将英国的举措看作是革命性的,只不过是一种负面的形式。马克思又如何看待英国对印度铁路发展的巨大贡献呢?马克思在其晚年写给俄国民粹主义者丹尼尔逊(Danielson)的一封信中谈到了这一问题:

一般说来,铁路当然有力地推动了对外贸易的发展,但是这种贸易在主要出口原料的国家里加深了群众的贫困。不仅是政府为了发展铁路而借的新债务增加了压在群众身上的赋税,而且从一切土产能够变成世界主义的黄金的时候起,许多以前因为没有广阔的销售市场而很便宜的东西,如水果、酒、鱼、野味等等,变得昂贵起来,从而被从人民的消费中夺走了;另一方面,生产本身(我指的是特殊种类的产品)也都按其对出口用途的大小而有所变化,而它在过去主要是适应当地的消费的。(《马克思恩格斯全集》第34卷,北京:人民出版社,1972年,第384页。)

实际上,在美国内战期间,印度水稻生产扩张引起了严重的饥荒,仅在奥里萨邦就造成了100万民众丧生(Marx 1967:2,141n)。

在写给丹尼尔逊的第二封信中,马克思紧接着讨论铁路经济,写道:

在印度,不列颠政府面临着的,即使不是一次总起义,也是严重的麻烦。英国人以租税、对印度人毫无用处的铁路的红利、文武官员的养老金、阿富汗战争及其他战争的支出等等形式,每年从印度人那里拿走的东西,他们不付任何代价地从印度人那里拿走的东西——不包括他们每年在印度境内攫为己有的在内——仅仅是印度人被迫每年无偿地送往英国的商品的价值,超过六千万印度农业和工业劳动者的收入的总额!这是残酷的敲骨吸髓的过程!(《马克思恩格斯全集》第35卷,北京:人民出版社,1971年,第151页。)

探讨印度的文章歪曲了马克思观点的最后一面,即便无比缓慢和痛苦的资本积累最终可能演变成人道社会主义,但是它对于通往共有的社会而言是不必要的迂回路径。

随着马克思对资本主义和欠发达经济体了解的逐步加深，他对传统经济体的发展潜力更加敏锐。他甚至设想传统的俄国共同体作为社会主义社会基石的可能性。（drafts of Marx to Zasulich, March 8, 1881 in Hobsbawm 1964, 142－145；Shanin 1983）

俄国这种国家的活动人士是否应围绕传统社会形态来制定其自身的政治策略？这对马克思而言，是一个悬而未决的问题（Shanin 1983；Melotti 1977）。考虑到马克思关于政治变革的观点，西方社会主义很可能是由俄国革命引发的，它将为边缘国家发展提供最有利的条件（Marx 1881, esp. 110）。

简而言之，马克思后期对俄国经济发展的著作远比印度的文章更加具有代表性。关于印度的文章，应该从马克思试图推翻凯里的角度来解读，如果不是在《纽约论坛报》，那么至少在美国的德国移民社区是这样。在这一方面，这些文章更能反映马克思对凯里而非印度经济的看法。

马克思与凯里论俄国

凯里是否试图削弱马克思对《纽约论坛报》的影响来回应自己受到的打击呢？答案仍是人们的猜测，但是有证据表明肯定的回答可能是正确答案。有关凯里与马克思之间明显的竞争的一个证据与俄国高度相关。

在马克思看来，俄国是世界进步的一大劲敌。马克思必然了解他用《纽约论坛报》攻击俄国是如履薄冰，但他仍表示对自己的计划相当有信心，但是也可能是厌倦了新闻报道文章。1853 年 9 月 15 日，他向友人阿道夫·克劳斯（Adolph Cluss）抱怨道："我发觉一直为新闻报纸撰写粗劣的文章令人疲惫。它耗时、分散注意力，而最终意义甚微。无论一个人认为自己多么独立，他都离不开报纸和读者，特别是当他像我一样拿着薪酬的时候。纯粹的学术工作是完全不同的。"（Marx and Engels 1984, 367）马克思在 1853 年 9 月 7 日写给恩格斯的信中却表达了不同的态度。他对《纽约论坛报》声称"俄国人民是十足的民主主义"十分诧异（Marx and Engels 1984, 365）。为了让恩格斯助力颠覆报纸政策的计划，他继续写道："你比我更了解俄国，另外，你若能发表挑战这一无稽之谈的文章便是对我极大的帮助。当然是发表在《纽约论坛报》上。"（ibid.）当月月底，马克思再度致信恩格斯："每一篇文章，除恰当的主题外，我自然要遵循俄国和英国的外交政策，因为纽约的那群愚昧之辈认为这是头等重要的，毕竟撰写关于高级政治要比其他任何事情都要简单。"（Marx to Engels, September 30, 1853, in Marx and Engels 1984, 376）自 1853 年 10 月起，《纽约论坛报》开始再版马克思探讨帕默斯顿(Palmerston)勋爵的系列文章中的主要部分,文章指控这位内政大臣只不过是一个沙皇的代理人(Marx 1853b)。10月8日,马克思为《纽约论坛报》大量使用恩格斯和自己的文章庆贺。最终,马克思在12月14日声称恩格斯和自己实际上是该报的编辑人员。

尽管马克思在《纽约论坛报》中取得了明显的成功,但他最初小心谨慎的直觉是正确的。第二年4月,马克思十分后悔自己最成功的一篇文章是匿名发表的。"最近的《纽约论坛报》只会在那些垃圾般的文章下署上我的名字。"(Marx to Engels, April 22, 1854, in Marx and Engels 1984, 439)当年晚些时候,马克思与达纳一致同意马克思的所有文章以"本报驻伦敦通讯员"署名(Rubel and Manale, 1975, 114)。

在这场斗争中,凯里要更胜一筹。凯里与马克思不同,他是一位热情的亲俄派。1870年7月11日,凯里在写给安德鲁·格雷格·柯廷(Andrew Gregg Curtin,宾夕法尼亚州前州长)的一封信中鼓吹自己于1854年已"征服了"《纽约论坛报》上反奴隶制度的情绪以营造对俄国的同情。他声称在克里米亚战争的前三个月:

> 几乎所有的北方新闻媒体……都与同盟国一同消失了。当时,我掌控《纽约论坛报》的全部经济板块。但是,说服编辑俄国问题属于该板块仍需大量时间。而且反奴隶制度情绪阻挡了我前进的道路,但是最终被我征服了。从那之后,《纽约论坛报》发表我认同的一切主题的文章,而那或许和你想象的一样,文章数量众多。三个月后,所有辉格党报刊都支持我,因此我获得了巨大的成功,而且这种成功很少会发生在个人身上。(Edward Carey Gardiner Collection, Pennsylvania Historical Society; partially cited in Green 1951, 116 although he transcribes the letter differently)

这次胜利似乎令人引以为豪。但是凯里的侄子曾声称,他叔叔的介入"导致俄国在叛乱战争中支持美国政府",因为《纽约论坛报》十分成功地煽动美国公众,使其意见倒向对俄国的同情(cited in Green 1951, 116)。

凯里可能在多大程度上将马克思与《纽约论坛报》里溃败的反俄国势力相联系仍是一种猜测。但是凯里必定意识到了马克思的作用。总之,凯里与《纽约论坛报》的编辑联系密切,随后成为该报经济决策的主要负责人。从凯里在宾夕法尼亚历史学会的论文中可见些许线索。

部分线索的确表明马克思对俄国的态度与其在《纽约论坛报》的地位下降有所关联。1860年达纳致信马克思时,他明白马克思很可能公布信件的内容。这封信受到了高度赞扬,除一个批判的声音之外:"我发现的唯一的错误便是,你总是不时以一种过于德国化的口吻为美国的报刊撰稿。这在探讨俄国和法国的文章中都有所体现。"(cited in Marx 1860,323)因此,在达纳看来,马克思在《纽约论坛报》的影响力下降似乎与探讨俄国的文章有关。我们或许也能注意到达纳的"传记作家威尔逊(J. H. Wilson)将1855年……作为达纳的社会改革'幻想'终结的标志"(Draper 1968,9)。

马克思从未想过自己与《纽约论坛报》的问题和凯里有关。他责备俄国当局。其实,弗雷德里克·奥姆斯特德(Frederick Olmsted)曾告知马克思一位波兰移民亚当·古罗斯基伯爵(Count Adam Gurowski)的影响力已远远超过了达纳。马克思在给恩格斯的信中写道,被奥姆斯特德指控接受俄国大使馆人员的定期资助的古罗斯基(Gurowski)是我们在《纽约论坛报》遭遇困难的原因所在(Marx to Engels October 30,1856 and Marx to Engels,February 16,1857 in Marx and Engels 1983,81,101)。第二年年初,马克思总结道,"在极度糟糕和愚昧的领导下,《纽约论坛报》进一步接纳了几乎是直接反对我所有著作的一种观点。俄国的影响力显而易见"(Marx to Engels,January 20,1857,in Marx and Engels 1983,94)。为了在一定程度上慰藉他们与《纽约论坛报》的关系陷入困境,马克思写道,"因此,我们可以夸口说,我们的文章受到了俄罗斯大使馆的直接检查和指责"(ibid.,81)。

简而言之,凯里声称当马克思在《纽约论坛报》的影响似乎达到最高峰时,是自己赢得了胜利。1853年12月14日,马克思致信恩格斯,他在信中为恩格斯和自己在过去的8周担任报纸的实际编辑而高兴。

1854年4月22日,马克思发表他的意见,抱怨说其优质文章下未被署上他的名字,而那些粗制滥造的文章下却被署上了名。未能阅读墙上的手写字,马克思继续自己与凯里的秘密战争。任何反对俄国的势力都得到了马克思的同情。在伦敦,马克思已经为自己赢得了土耳其人(俄国的长期敌人)支持者的名声。他继续在《纽约论坛报》上为土耳其人发声。1854年5月3日,马克思致信恩格斯:

正如你所知道的,《论坛报》以充当基督教的卫道者而自得。尤其使我好笑的是,我在一篇文章中主要谴责土耳其人保存了基督教,当然用词不是那样尖锐,而这些家伙竟把它当作社论登载出来。的确,土耳其人容许拜占庭神权政治以甚至希腊皇帝也从来未能设想到的形式发展起来,仅此一点他们就应该灭亡。实质上,还只存在两个宗教民族:土耳其人和土耳其的希腊—斯拉夫人。两者都注定要灭亡;至少后者是同在土耳其人统治下巩固起来的牧师社会组织一起灭亡。此外,我还给《论坛报》寄去了一篇有关土耳其的"圣墓"和"保护权"

的丑史，这些家伙是不会察觉到在史料背后对基督教的辛辣嘲笑的。(《马克思恩格斯全集》第 49 卷，北京：人民出版社，2016 年，第 555 页。)

因此，19 世纪最重要的两位经济学家，尽管所持观点大不相同，但同时声称自己控制着同一份报纸的编辑权。我们必须采取行动。的确如此。

1854 年，马克思与恩格斯在《纽约论坛报》上发表 83 篇文章。到 1854 年 9 月，一系列探讨泛斯拉夫主义的未发表的文章被打包退给了马克思(editorial note in MEW：28，719)。达纳甚至没有删除用法语写的负面评论，而马克思把这些评论归因于古罗斯基(Gurowski)(Marx to Engels，October 30，1856，in Marx and Engels 1983，81)。无论凯里还是古罗斯基是否负有责任，《纽约论坛报》从此以后对其发表文章的挑选都会异常谨慎。1855 年，《纽约论坛报》发表的两人的文章的数量下降至 40 篇。第二年，两人发表的文章仅有 24 篇(Blitzer 1966，xxii)。最后，马克思未能征服《纽约论坛报》。

凯里的胜利同样是短暂的。1849 年至 1857 年间，凯里是"格里利创办的《纽约论坛报》关税板块的实际编辑"(Green 1951，25；Kaplan 1931，52)。这种控制直至 1857 年，格里利争取到当年的"低"税收。这一变化标志着凯里与《纽约论坛报》的关系终结(Green 1951，25)；但是，在那个时候，马克思也或多或少结束了与《纽约论坛报》的合作。马克思不再幻想掌控美国最有力的报纸了。他在经济上的成功将依靠其生产可营销的商品的能力。

颇为讽刺的是，马克思可能获得最后的胜利。的确，凯里在德国获得了一定影响力(Green 1951，180－181)，而德国是马克思策略的核心地——以至于恩格斯须提笔写《反杜林论》(Anti‐Dühring)来对抗欧根·杜林(Eugen Dühring)，杜林对凯里理论的阐述吸引了部分马克思和恩格斯依靠的社会主义者的兴趣，随后杜林很快便被遗忘了。

马克思的著作在德国遭遇"一场无声的阴谋"(Marx to Victor Schily，November 30，1867，in MEW：31，573；Marx to Kugelmann，December 28，1862，December 7，1867，and February 11，1869，in Marx 1934，24，55，85；Marx 1977，98)，而在他强烈反对的反动国家俄国，他却得到友善的接受。俄国审查员曾写道："可以很确信地说，在俄国很少会有人阅读马克思的著作，能够理解的更是少之又少。"(Cited in Resis 1970，221)这位审查员还认为，《资本论》的杀伤力极小，因为这本书抨击了一个体系而非个体，因此无法对皇室的安全造成任何威胁。此外，他认为这本书对俄国不适用。

在俄国，几乎所有人都认同马克思。民粹主义者在马克思的著作中找到了等同于反对资本主义的元素。上流社会也是如此。马克思在俄国大获成功让他本人和俄国人都大跌眼镜。他致信库格曼（Kugelmann）：

> 几天以前，彼得堡的一位书籍出版商告诉我一个令人吃惊的消息：《资本论》的俄文译本现在正在付印。他要求我把我的相片寄给他，好把它印在扉页上，而这件小事我是不能拒绝"我的亲爱的朋友们"即俄国人的。这是命运的捉弄：二十五年以来我不仅用德语而且用法语和英语不断地同俄国人进行斗争，他们却始终是我的"恩人"。1843—1844年在巴黎时，那里的俄国贵族给我捧场。我的反对蒲鲁东的著作（1847），以及由敦克尔出版的著作（1859），在任何地方都不如在俄国销售得多。第一个翻译《资本论》的外国又是俄国。但是对这一切都不应当估计过高。俄国贵族在青年时代在德国的大学受教育，也在巴黎受教育。他们总是追求西方提供的最极端的事物。（《马克思恩格斯全集》第32卷，北京：人民出版社，1974年，第554页。）

剩下的就是人们熟知的历史了。可能和人们预期的一样，与影响力巨大的《纽约论坛报》相比，《资本论》与马克思原理更相适。

第二章

马克思、马尔萨斯和自然资源稀缺概念

马克思与马尔萨斯

马克思的实践通常是透彻地批判不合逻辑的政治经济学,无论其来源多么晦涩。尽管马尔萨斯人口理论影响深远,马克思对其的探讨却相当简扼。除提及该理论的非历史性本质外(Marx 1977, ch. 25, Sec. 3; and Marx 1973, 608),直接探讨少之又少。此外,他对马尔萨斯人口理论少有的提及之一也完全是褒奖。马克思慷慨地将马尔萨斯奉为唯一一位认识到增加工作时间是利润率的重要决定因素的古典政治经济学家。"马尔萨斯的伟大之处便在于他强调了延长劳动时间。"(Marx 1977, 666n)

然而,马尔萨斯的自然资源稀缺论困扰着马克思。就马尔萨斯对"人类的诽谤",他写道:"这一理论若正确……社会主义则无法消除贫困,其基础存在于本质之中,但是只能使其普遍化并同时在整个社会中传播。"(Marx 1875, 23)随后,马克思显然将重心转移到主体本身而非其批判程度。其实,在《资本论》第二卷的"编后记"中,例如,马克思提到一条自己很喜欢的一条评论,赞赏书中对人口问题的观点(Marx 1977, 101—103)。

但是,总体而言,社会主义者对人口理论的反对未排除其对控制人口数量将在一定情况下带来益处的接受度。社会主义者们明白人口平衡的重要性,尽管其他方面的考虑可能更为重要。在此意义下,列宁对马尔萨斯主义的态度是具有指导意义的。列宁反对控制出生人口,因为这将减少在即将到来的反资本主义斗争中的"无产阶级战士"的数量(Lenin,1913)。

马克思坚信解决人口和资源稀缺、环境侵害问题的最佳方式就是社会主义。比如,恩格斯发现一旦建成社会主义,合理控制人口的问题便能在很大程度上得以缓解(Engels to Kautsky, February 1, 1881; in Marx and Engels 1975c,315)。在这一点上,马克思和恩格斯并不是孤军作战。例如,约翰·斯图亚特·穆勒(John Stuart Mill)似乎认同两人的观点(Mill 1848,bk. 2,pt. 2, sec. 3)。

人口问题在德国社会主义者中尤为敏感,因为拉萨尔(Lassalle)已将马尔萨斯主义归纳为德国工人协会的教条了(D'Arcy,1977)。英国社会主义者对马尔萨斯主义的接受程度更低,但是在德国,拉萨尔通过创造"工资铁律"一词,在德国工人运动中加强了马尔萨斯主义的理论(Engels to F. A. Lange, March 29,1865,in Marx and Engels 1975c,161; and Engels to Bebel,in Marx and Engels 1975c,274; Marx 1875; Baumol 1983)。

但是,出于战略考虑,马克思与恩格斯都避免对社会主义社会的事物的细节进行检查;这只会为两人招致对手连续不断地找碴儿,无论是社会主义运动内部还是外部。恩格斯在写给考茨基(Kautsky)的一封信中表达了他对人口问题的看法:

即使讲坛社会主义者硬要我们无产阶级社会主义者向他们解答一个谜,即我们用什么办法可以消除可能发生的人口过剩的威胁以及由此而来的新的社会制度垮台的危险,那我也绝无义务去实现他们的愿望。为这些人解决他们由于自己的混乱的超智慧所产生的一切疑问,或者,譬如说,哪怕是仅仅反驳一个谢夫莱在他的许多厚书中所写的那一大堆荒谬至极的胡言乱语,我看,这简直是浪费时间。(《马克思恩格斯全集》第35卷,北京:人民出版社,1971年,第144页。)

马克思避免公开探讨自己对马尔萨斯人口理论的理解是不是正确之举呢?马克思探讨马尔萨斯主义的文章数量应从其出版目的来理解。他甚至将自己最具理论价值的著作视为一种政治行为。秉承这一精神,他就组织《资本论》的"政治原因"致信魏德迈尔(Marx to Weydemeyer, February 1, 1859, in Marx and Engels 1975d,106)。此外,在《政治经济学批判》和《资本论》两本书完成之后,马克思写给密友的信件中将自己的作品称为"我们党派的胜利(ibid.)",以及"尽可能提升我们党派"的一次尝试(Marx to Kygelman, Octobeu, 1867, in Marx 1934,50)。

马克思避免直接探讨马尔萨斯主义还另有原因。马克思阐释自己对劳动价值理论的分析已足够困难。例如租金等重要类别，要在《资本论》第三卷中讨论。在《资本论》第一卷中探讨马尔萨斯主义这种情感化的主题可能会成为一种教学错误。因此，回答马尔萨斯或马尔萨斯主义需要谨慎的政治选择。考虑到以上已提及的德国的情形，马克思对抨击人口理论持谨慎态度。

这一战略造成了对马克思作品许多的重大误解。即便是今天，不具同情心的读者普遍认为，因为在价值理论下仅有劳动创造价值，马克思便忽略了自然资源的作用。

尽管马克思被指对自然资源的关注度不够，但其实他对自然资源的重视远远超过了他的理论。霍兰德（Hollander）也认同相似的观点，但其作品因对马克思作品的狭义解读而有所缺陷（Hollander，1984）。选取独立的论点并将其拼凑在一起，霍兰德给人们留下了整理连续的、完整的马克思分析记录的印象。

霍兰德认为马克思的贫困论战略性地转向了人口统计学。毋庸置疑，霍兰德是正确的，但是仅在有限范围内。马克思认同人口增长本身或将对工人福利造成不利影响，前提是在其他条件不变的情况下。

这最后的限定非常重要。当然，对马克思而言，其他事物并不同等重要。注意恩格斯从马克思对人口的分析中得出的结论："现在，马克思已在《资本论》中详细证明了规范工资的法律是复杂的，根据情况，有时候有一种是主要的，有时是另一种，因此它们绝对不是铁律，相反，极富弹性，而且这一事情绝不能用只言片语略过。"（Engels to Babel，March 18－28，1875，in Marx and Engels 1975c，274）实际上，马克思对于劳动力市场的本质极为复杂的分析为如何分析稀缺性提供了模型。显而易见，人口自然增长提高了劳动力供应。劳动力供应增加同样可来自人口的不同部分。马克思关于失业人员储备的分类详细阐述了这一过程。

此外，劳动力市场的人口结构也受到社会的实质控制。英国资本可通过控制爱尔兰劳工输出来随意增加或减少其劳动力供应（Perelman 977，ch. 12）。这一认识促使马克思致信恩格斯，"英国工人阶级在摆脱爱尔兰之前，永远无法取得任何成果"（Marx to Engels，December 10，1869，in Marx and Engels 1975c，218）。此外，资本可以通过对原始积累或移民的支持程度调控劳动力供应（Perelman 1983）。

简言之，霍兰德因其对马克思著作的阅读方法混淆了马克思分析中的部分均衡和一般均衡。我确信该方式会将霍兰德的方法带往一个荒谬的方向。细心的读者可选择和组织几百甚至几千条摘选，若将其组合在一起，将会成为最传统、最保守的政治经济学纲要。

此类工作将准确地反映马克思的分析,但是这部分的总和要远少于其整体。马克思著作之所以价值重大,原因在于其使用的分析方法,他能够将古典政治经济学的不同部分归入一个可以挑战古典政治经济学的分析体系中。

简言之,霍兰德的作品反映了马克思的古典政治经济学合集,而未对该部分的内容做出任何有意识的阐释。

马克思与人口

马克思对人口理论的态度可扼要概述。首先,他强调"抽象人口理论仅存在于人类未进行任何干预的动植物数量变化中"(Marx 1977,784)。然而,人口必然在那些极大程度欠发达的社会中有重大影响,有意影响环境。(Marx 1973,486;Marx and Engels 1845—1846,33)

马克思与恩格斯甚至从人口增长的角度阐释了劳动分配。然而,随着社会发现更有效的治理环境的方法,人口增长及影响越来越由社会关系决定。

在资本主义生产模式下,一种具有历史具体意义的"人口理论"进入人们的视野,它与当时流行的社会生产关系密切相关。在资本主义发展过程中,通过传统生产方式破坏、机械化水平提高和工业危机,"人口相对过剩"或"产业后备军"应运而生(Marx 1977,ch. 25;Perelman 1983)。

随后出现的大量"人口过剩"与资本积累的需求而非自然情况或食物供应相关;因为资本需要一群可快速、轻松集结的劳动力后备军,他们抑制了工人阶级。此意义下的稀缺即小资产阶级根据利益与竞争逻辑运营而将生产方式集中化造成的就业稀缺。

马克思也在一定程度上详细探讨了爱尔兰的悲惨历史,假设以主流人口主义者马尔萨斯的人口过剩危机为例。马尔萨斯主义者认为人口减少是解决爱尔兰难题的唯一方法,尽管李嘉图实际上认为因为人口增加会迫使爱尔兰人工作更勤奋从而实质上促进爱尔兰经济(Perelman 1983,113—117)。另一方面,马克思表示土豆饥荒后的大量人口外流并未改善状况,实际上,生活标准与1846年以前的水平相比有实质性大幅下降(Marx 1977,864)。

马克思认为爱尔兰的人口减少化并非自然现象,也非出于爱尔兰人民利益的考虑,而是一个有意为之的过程。通过这一过程,在英国自由贸易时代刚刚兴起的时候,地主阶级(大多数未出现在这一进程中)将这座小岛从被《谷物法》(Corn Laws)保护的小麦生产地转变为牧羊地(Marx 1977,ch. 25,sec. 4)。

马克思与自然资源稀缺

与人口问题不同,马克思不再将自然资源稀缺视为独立范畴。稀缺性仅在与生产模式相联系时才可被理解,例如,具有历史意义的特定一组生产关系和生产力、分配、消费等力量(Marx 1967:3,651—652)。

实际上,随着时间的流逝,自然磨灭了建造环境的重要性。在初期作品之一中,马克思表明感官世界不是"永恒世界中的既有事物……而是工业和社会状态的产物"(Marx and Engels 1845—1846,28)。随后,他发现:"人人都知道英国没有真正的森林。公园的鹿是国内资本,和伦敦的市参议员一样胖。"(Marx 1977,892)因此,剥离社会关系分析自然资源的任何尝试结果都被证实为无意义之举,例如,古典政治经济学的案例。

当然,资源禀赋在相对于原始的情况下更为重要。恩格斯更倾向于强调此类事物,他揭示了在东方世界因"气候加之土壤性质(尤其是在阿拉伯半岛、波斯、印度、鞑靼直到亚洲平原最高处)"引起的私人财产缺失(Engels to Marx, June 6,1853,in Marx and Engels 1942,67)。马克思在其著名的文章《英国在印度的统治》(The British Rule in India,该文于两个月后出版)中重复了这一观点(Marx 1853a,489)。同样,在同一年代写成的《政治经济学批判大纲》中,再次看到了部落生活受到"气候与土壤物质构成"的制约(Marx 1973,486)。

随着社会创造技术有意识地改造环境,自然资源贮藏的重要性随之减弱。发表此声明并非要将自然资源的重要性降至最低。马克思从未天真到相信自然资源不重要。相反,他强调其重要性是受到人们使用它们的社会环境决定的。

经济与社会力量在决定自然资源稀缺中的作用在古典政治经济学中常被忽视。例如,李嘉图通过许多其他方式揭穿了资本主义制度的面纱,预测出仅基于土地稀缺的利率下降。甚至马尔萨斯,在其《人口原理》(Principles)中指责李嘉图未分析"生产代理人的道德素质和身体水平"(Malthus 1820,381)。

马克思对李嘉图的评断与马尔萨斯相似。他抨击称,李嘉图总是以科学的超然态度来看待资本主义,当他面对稀缺问题时,他却"躲在有机化学里"(Marx 1973,753)。公平地说,他的失败可能仅在于交流不充分。在李嘉图私人的《马尔萨斯注记》(Notes on Malthus)中,他对指控做出了回应:"谁会仅从土壤质量得出结论,而不考虑生产力及其雇佣劳动力的比例呢?"(Ricarclo. 1951—1973:2,336)讽刺的是,在意识形态扭曲的混沌世界中,马克思思想因忽略自然资源的重要性而被淘汰。在一篇阅读量极高的文章中,保罗·萨缪尔森(Paul Samuelson)指称马克思忽视了"自然资源也具有生产力这一明显事实"(Samuelson 1957,894)。

此类无稽之谈源于对价值与使用价值的简单混淆。这一差异在《资本论》第一章中显而易见。马克思清楚地将劳动过程定义为将自然(即现代语言中的"自然资源")转换为供人类使用的效用物品(Marx 1977,ch. 7)。

德国社会主义运动忽视了自然资源的作用让马克思感到愤怒。他坚持"劳动并不是所有财富的源泉",声称"自然就如同使用价值来源一样"(Marx 1875,13)。甚至在《1844年经济学哲学手稿》(*Economic and Philosophical Manuscripts of* 1844)中,马克思写道:"没有自然和感官的外部世界,工人无法生产任何事物。这便是劳动得以实现的物质。"(Marx 1964,109)马克思在政治生涯早期曾有意识地不时阐释环境问题与资本主义生产模式之间的关系,但当时的分析并不像后来那样深刻。在《德意志意识形态》(*The German Ideology*)中,马克思和恩格斯指出环境破坏和污染反映了资本主义社会中的矛盾(Marx and Engels 1845—1846,46—47)。遗憾的是,直到19世纪60年代,这些发现才被归纳入其分析之中。

无论如何,马克思都很清楚自然资源的重要性,但是他强调了自然资源安全的条件。正如马克思写给克劳斯那封探讨凯里的信中所述,"就像我在《驳蒲鲁东》(*Antir-Proudhon*)说过的,土壤的肥沃程度完全是相对的。土壤肥沃程度的变化及其与社会的联系的变化是我们关注的土壤肥沃的唯一方面,它取决于化学及其在农业中运用的变化"(Marx to Cluss, October 5, 1853, in Marx and Engels 1982,383)。两周后,马克思继续驾驶这列"思想列车":

> 我在《贫困》中举过英国的一个例子:在一定的科学发展水平上认为是不肥沃的土地,在科学有了进一步发展的时候就变为比较肥沃的土地。我可以指出一个具有普遍意义的事实,在整个中世纪,特别是在德国,主要是耕种重黏土土地,因为这些土地原来就比较肥沃。但是,最近四五十年来,由于种植马铃薯、养羊并因此而上了肥料等等,轻沙土土地提到了首位,这尤其是因为它们不需要花钱搞排水设施等等;另一方面,化肥很容易补充这种土壤所缺少的东西。……肥力本来只是土地同人类需要的一种关系,它不是绝对的。(《马克思恩格斯全集》第49卷,北京:人民出版社,2016年,第484页。)

马克思对自然资源稀缺的分析通过其对农业的大量研究得到进一步加深。研究让马克思相信,英国农业远没有表面上那么成功。概述其历史时,马克思写道:

> 旧有的英国工业——它的主要部门是羊毛工业,次要部门是对大多由羊毛

工业部门本身提供的原料进行加工的部门——完全依附于农业。它的主要原料是英国的农产品。因此不言而喻,它也促进了农业。后来,当真正的工厂制度兴起的时候,实行谷物关税的必要性很快就被感觉到了。不过,这些税徒有其名而已。迅速增加的人口,大量尚待开垦的肥沃土地以及科学发明,最初当然也提高了农业的水平。反拿破仑战争对英国农业特别有利,它给英国农业建立了一种正式的禁止性关税制度。但是,1815年便暴露出农业"生产力"实际上提高得多么少。(《马克思恩格斯全集》第42卷,北京:人民出版社,1979年,第266页。)

五年后,马克思在阿奇博尔德·艾里森(Archibald Alison)的《自由贸易和受限货币》(Freetrade and a Fettered Currency)的批注中写道:"每个时代的经验表明,资本和文明对制造业的影响力如此之大,相对而言,对农业的影响微乎其微,在城镇工业中旧产品低价抛售,而在国家工业中新产品低价抛售。"(Marx 1849—1851,112)在1917年,以农村为基础的俄国革命爆发前半个多世纪,马克思致信恩格斯:"我越了解它,也就越发确信农业改革……是即将发生的革命中的重要事件。否则,马尔萨斯牧师将是正确的。"(Marx to Engels, August 14,1851,in Marx and Engels 1973:27,314)

起初,马克思认为农业问题是前资本主义的遗留引起的。他认为农业最终会更像工业一样进步:"土地将成为一种可营销的商品,而土地的利用会按照普通商法进行。即将会有粮食和棉麻的生产者,但绝不再会有任何地主。"(Marx 1852,262)本着乐观的精神,在《共产党宣言》(Communist Manifesto)中,马克思将"化学的工农业应用"纳入资产阶级的伟大技术成就之列(Marx and Engels,1848,113)。马克思在《经济学人》(The Economist)1850年8月31日的一篇文章中指出:"半个世纪以来,棉花制造业增长了1 248%,与此同时,原材料价格在过去几年的稳步下降至不高于本世纪初价格的1/5至1/4。"(Marx 1849—1851,229)因此,马克思首次预测未来的农业与李嘉图所预测的完全相反。例如,马克思在剩余价值理论第一部分中所述:

不变资本不断增加,从事不变资本再生产的总劳动的相对量也就不断增加。直接生产生活资料的那部分工人,虽然人数减少了,可是现在生产出来的产品比以前多。他们的劳动的生产能力更大了。在个别资本中,同资本不变部分相比资本可变部分的减少,直接表现为花在工资上的那部分资本的减少,同样,从资本的总量来说——在资本再生产时——可变资本所占份额的减少,必定表现为所使用的工人总数中相对地有更大的部分从事生产资料的再生产,也就是说,从事机器设备(包括交通运输工具,以及建筑物)、辅助材料(煤炭、煤气、机油、传动皮带等)和充当工业品原料的植物的再生产,而不从事产品本身的再生产。(《马克思恩格斯全集》第26卷第一册,北京:人民出版社,1972年,第219—220页。)

1850年末,在这一思维框架下,马克思从威廉·杰克伯(William Jacob)著作中摘录一段文字抄写在笔记中:"土地估价时,净产额的三分之一曾被认为支付给地主的公平至合理租金;现在几乎不足四分之一,在许多情况下甚至不足五分之一。"(Jacob 1814,84,cited in Marx 1849—1851,308)数月后,马克思告知恩格斯,他期望对农业进步的研究"可结束马尔萨斯关于'手'和土地退化的理论"(Marx to Engels,January 7,1851,in Marx and Engels 1975c,48)。在1862年1月到1863年的某段时间内,马克思推测农业生产率增长要快于工业:

懒惰的农场主被实业家、农业资本家所取代,土地耕种者变为纯粹的雇佣工人,农业大规模经营……特别是:大工业的真正科学的基础——力学,在十八世纪已经在一定程度上臻于完善;那些更直接地(与工业相比)成为农业的专门基础的科学——化学、地质学和生理学,只是在十九世纪,特别是在十九世纪的近几十年,才发展起来。

一方面,随着工业的进步,机器效率更高,也更便宜,因而,如果农业中使用的机器和过去数量相同的话,农业中这部分不变资本会减少;但是机器数量的增加快于它的价格的降低,因为机器这个要素在农业中的发展还是薄弱的。另一方面,随着农业生产率的增长,原料,比如说棉花,价格下降,因而,原料作为价值形成过程的组成部分,和原料作为劳动过程的组成部分,不是按照同一比例增加的。(《马克思恩格斯全集》第26卷第二册,北京:人民出版社,1973年,第116,118页。)

得出此判断的人并非只有马克思。爱德华·爱德华兹(Edward Edwards),是另一位被认为使用笔名皮尔西·雷文斯顿(Piercy Ravenstone)的作者(Dorfman 1966;for an opposing view see Sraffa 1973,xxviii—xxix),他控诉道:"应学习化学、植物学和自然历史学的人们过于倾向轻视这些学科,仅将其视为高雅娱乐。"(Edwards 1827,434)最近,哈布库克(Habakkuk)评论了有机过程和机械过程理解水平之间的历史差异,但他认为该现象仅反映了促进人类对生物过程理解的历史延迟(Habakkuk 1967,160)。

论资本主义农业之局限性

进一步研究之后,马克思忽然对资本主义农业的长期愿景极度悲观,尤其在他开始重视农业作为原材料供应者之后。这一变化发生于 1861 年至 1863 年间,当时他正在撰写《剩余价值理论》(*Theories of Surplus Value*),他在这一著作中阐述了上述农业发展速度快于工业的思想。马克思在回顾该想法时断言:"资本主义生产本质决定工业比农业发展更快。这不是因为土地的性质,而是为了真正依照土地的性质来使用它,土地需要不同的社会关系。"(Marx 1963—1971,300—301)随后,他补充道:

> 资本主义生产至今不能,并且永远不能像掌握纯机械方法或无机化学过程那样来掌握这些过程。皮革以及动物的其他组成部分这类原料所以变得昂贵,部分原因就在于不合理的地租规律随着文明的进步使这些产品的价值提高了。至于煤和金属(以及木材),它们随着生产的发展已变得非常便宜;然而在矿源枯竭时,金属的开采也会成为比较困难的事情。(《马克思恩格斯全集》第 26 卷第三册,北京:人民出版社,1974 年,第 406 页。)

马克思做出了以下彻底的观察:

> 历史的教训(这个教训从另一角度考察农业时也可以得出)是:资本主义制度同合理的农业相矛盾,或者说,合理的农业同资本主义制度不相容(虽然资本主义制度促进农业技术的发展),合理的农业所需要的,要么是自食其力的小农的手,要么是联合起来的生产者的控制。(《马克思恩格斯全集》第 46 卷,北京:人民出版社,2003 年,第 137 页。)

马克思不是随便得出这一结论。他在有机化学领域进行了极度广泛的阅读。他在利比希(Liebig)、约翰斯顿(Johnston)以及其他详细介绍了土壤衰竭的农学家的著作上做了详细的笔记。在他看来,"德国的新型农业化学,特别是利比希和舍恩拜因(Schonbein)的观点……比所有经济学家的加和更重要"(Marx to Engels, February 13, 1866, in Marx and Engels 1942, 204—205)。

在马克思晚年写给丹尼尔逊的一封令人着迷的信中,他继续表达了自己对土壤肥力分析的浓厚兴趣:

> 土壤日益贫瘠而且又得不到人造的、植物性的和动物性的肥料等等来补充它所必需的成分,但它仍然会依天气的变化莫测的影响,即依不取决于人的种种情况,继续提供数量非常不一的收成;但从整个时期,比如说从 1870 年到 1880 年来观察,农业生产停滞的性质就表现得极其明显。在这种情况下,有利的气候条件迅速地消耗土壤中还保有的矿物质肥料,从而就为荒年铺平道路;反之,一个荒年,尤其是随之而来的一连串歉收年,使土壤中含有的矿物质重新积聚起来,并在有利的气候条件再出现的时候,有成效地发挥作用。这种过程当然到处都在发生,但是,在其他地方,它由于农业经营者的限制性的干预而

受到调节。在人由于缺乏财力而不再成为一种"力量"的地方,这种过程便成为唯一起调节作用的因素。(《马克思恩格斯全集》第 35 卷,北京:人民出版社,1971 年,第 149 页。)

马克思的农业研究最终导致他得出结论:资本主义农业"留下了沙漠"(Marx to Engels,March 25,1868,in Marx and Engels 1942,237)。他在第一卷《资本论》中关于"现代工业与农业"的一节,就像现代环境运动中最有见地的文献一样:

资本主义生产使它汇集在各大中心的城市人口越来越占优势,这样一来,它一方面聚集着社会的历史动力,另一方面又破坏着人和土地之间的物质变换,也就是使人以衣食形式消费掉的土地的组成部分不能回归土地,从而破坏土地持久肥力的永恒的自然条件。这样,它同时就破坏城市工人的身体健康和农村工人的精神生活。但是资本主义生产通过破坏这种物质变换的纯粹自发形成的状况,同时强制地把这种物质变换作为调节社会生产的规律,并在一种同人的充分发展相适合的形式上系统地建立起来。……在现代农业中,像在城市工业中一样,劳动生产力的提高和劳动量的增大是以劳动力本身的破坏和衰退为代价的。此外,资本主义农业的任何进步,都不仅是掠夺劳动者的技巧的进步,而且是掠夺土地的技巧的进步,在一定时期内提高土地肥力的任何进步,同时也是破坏土地肥力持久源泉的进步。一个国家,例如北美合众国,越是以大工业作为自己发展的基础,这个破坏过程就越迅速。因此,资本主义生产发展了社会生产过程的技术和结合,只是由于它同时破坏了一切财富的源泉——土地和工人。(《马克思恩格斯全集》第 44 卷,北京:人民出版社,2001 年,第 579 页。)

他在《资本论》第三卷中再次讨论了这个主题:"资本主义生产只有在它的影响力耗尽之后,并且在它破坏了自然质量之后才能转向土地。"(Marx 1967:3,301)马克思甚至认为,盲目追求利润的资产阶级对土地破坏代表着"另一个隐藏的社会主义倾向"(Marx to Engels,March 25,1868;in Marx and Engels 1942,237)。他预言,迟早资本将会发现,土地国有化将是唯一能保证农产品供应充足的途径(Marx 1872,288—290)。相当于 19 世纪作家的表演,他应该武断地坚持自然的不重要性!

马克思区分了他所说的"社会"和"自然"生产力(Marx 1967:3,766)。可以理解,技术变革将使农业产量扩大,但他相信这种增长速度可能不足以弥补长期的自然资源枯竭(ibid,766;Perelman 1975)。他认为,在资本主义被社会主义取代之前,由于原材料成本上涨,它将继续受到越来越多的困扰。

然而，初级材料的社会重要性受到生产方式发展的制约。马克思一直认识到，在社会的初期阶段，初级产品花费很少的努力，因为"自然……作为一个机械来辅助生产"(Marx 1963—1971:2,109;Marx 1977,284,744;Marx 1967:3,360—361,643,745,847—848;Marx 1973,588)。相比之下，在工业中"自然不会制造机械、机车、铁路、电报、自动骡子等"(Marx 1973,706;715)。后来，他开始强调，最终必须将更多的劳动力和更多的生产资料用于初级产品的生产。正如他所述：

在发展过程中，输出的需求大于可借助自然力量产出的供应量，即这一额外输出必须不借助自然力量生产，一种额外的新要素随后进入资本之中。因此，需要相对更多的投资以确保相同的输出(Marx 1967:3,748;Marx 1977,751)。

换言之，尽管资本主义农业技术有了巨大进展，但是必须将越来越多的劳动力投入在初级材料的生产中。这一不断增长的劳动力要求，一方面是由于技术进步减少了机械生产所需的劳动力(Marx 1967:3,109)，另一方面则是原材料生产行业本身扩大劳动力需求所致。

这种长期趋势与原材料生产的周期性困难并行。随着经济的扩张，因资本主义增长所带来的原材料需求快速增长与原材料生产的增长不成比例(Marx 1963—1971:2,533;Marx 1977,579)。

在一篇文章中，马克思抓住了模棱两可的资本主义农业遗产，注意到"资本主义生产方式的主要成果之一是，它将农业从最不发达的社会所使用的纯粹的经验主义和机械的自我维持过程转变为有意识的农学科学应用，只要在私有财产条件下这一切都是可行的"(Marx 1967:3,617)。马克思加上了一处脚注：

非常保守的农业化学家，例如约翰斯顿承认，真正合理的农业到处都在私有制上碰到不可克服的限制。各独特土地产品的种植对市场价格波动的依赖，这种种植随着这种价格波动而发生的不断变化，以及资本主义生产指望获得直接的眼前的货币利益的全部精神，都和维持人类世世代代不断需要的全部生活条件的农业有矛盾。(《马克思恩格斯全集》第46卷，北京：人民出版社，2004年，第696,697页。)

在马克思的分析中，棉花产业如此庞大，深刻体现了马克思坚信原料生产难以跟上需求。例如，在1830年至1837年的短暂时期，由于工业超过农业生产，棉花价格翻了一番，最后又下降了(Temin 1969,92)。后来，在美国内战时期，当时马克思正在写《资本论》，再次出现棉花稀缺，这一情况促使马克思注意到：

按照事物的本性,植物性材料和动物性材料不能和例如机器和其他固定资本、煤炭、矿石等等那样按同样的程度突然增加,因为前二者的生长和生产必须服从一定的有机界规律,要经过一定的自然时段,而后面这些东西在一个工业发达的国家,只要具备相应的自然条件,在最短时间内就能增加。因此,由固定资本即机器等等组成的不变资本部分的生产和增加,可能会并且在发达的资本主义生产中甚至不可避免地会比由有机原料组成的不变资本部分快得多,结果对有机原料的需求会比它的供给增长得快……

资本主义生产越发达……植物性原料和动物性原料的相对生产不足也就越频繁,上面所说的这些原料价格上涨的现象以及随后产生的反作用也就越显著。因此,由再生产过程的一个主要要素的这种剧烈的价格波动引起的激变,也就越频繁。(《马克思恩格斯全集》第 46 卷,北京:人民出版社,2004 年,第 134,135 页。)

一方面,便宜的原材料成为资本的天然肥料(Marx 1967:3,106;651)。另一方面,高昂的原材料价格有可能阻碍积累,因为由此导致的原材料价格上涨严重削减利润。毕竟,马克思确定原材料是不变资本中最重要的组成部分,至少在流动的基础上是这样(Marx 1967:3,106)。这种对原材料数量重要性的评估无疑是指流动,而不是库存。

虽然原材料的价值可能低于固定资本存量的价值,但原材料价格上涨可能会使利润率下降,对积累造成严重后果:

如果原料的价格上涨了,那么,在扣除工资以后,它就不可能从商品的价值中得到完全补偿。因此,剧烈的价格波动,会在再生产过程中引起中断,巨大的冲突,甚至灾难。特别是真正的农产品,即从有机自然界得到的原料,由于收成的变化不定等等——这里我们还是完全撇开信用制度不说,会发生这种价值变动。(《马克思恩格斯全集》第 46 卷,北京:人民出版社,2004 年,第 133—134 页。)

稀缺性与社会联系

自然资源成本的研究经常被引用来证明收益递减律的作用,但马克思对同一现象的解释大相径庭。他认为这是资本主义,特别是资本主义社会关系所构成的障碍的证据,阻碍了社会充分利用自然资源基础。例如,资本主义的繁荣和萧条与理性农业制度不符:

要真正改良原料,使它不仅按需要的数量,而且按需要的质量来提供,例如,要由印度来供给达到美棉那样质量的棉花,那就要求欧洲存在着持久的、不断增加的和稳定的需求(把印度生产者在他本国所处的经济条件完全撇开不说)。但是,原料生产部门的发展是跳跃式的,有时突然扩大,然后又急剧缩小。所有这一切以及资本主义生产的精神,都可以根据1861—1865年的棉荒来进行很好的研究,那个时期还有一个特点,即再生产上重要因素之一的原料有时根本没有。

在生产史上,我们越是接近现代,就会越是经常地发现,特别是在有决定意义的产业部门中,从有机自然界获得的原料,是处在一种不断重复的变动中:先是相对的昂贵,然后是由此引起的贬值。(《马克思恩格斯全集》第46卷,北京:人民出版社,2003年,第137页。)

更重要的是,资本主义社会关系阻碍了合理经济体系的形成。农业科学虽然取得了长足的进步,但马克思的解释似乎也是正确的,特别是当我们回忆起他对"掌握"这一术语的特殊使用时(Perelwan 1977)。

马克思主要的立场是,虽然土地可以改善,而且一般而言,人的潜力是无限的(Marx 1963—1971:2,144—145,595),但是资本的社会关系阻碍了农业的发展。他列举了生产和农业进步的关系的具体例子,引用了弗雷德里克·奥姆斯特德对美国南部棉花生产的看法:

我看到了这里使用的工具,在我们中间,任何一个有理性的人也不会把这样的工具交给他雇用的工人使用。这种工具异常笨重,在我看来,使用起来至少要比我们通常使用的工具多费百分之十的劲。然而人们却使我相信,由于奴隶使用工具不当心不仔细,就是给他们较轻便的或不太笨重的工具,也不可能有好结果;我们经常让工人使用的并为我们带来优厚利益的那些工具,在弗吉尼亚的麦田里用不上一天就会损坏,尽管那里的土地比我们的土地松软,而且没有那么多石块。当我问为什么各个农庄都普遍地用骡子代替马的时候,我听到的第一个最令人信服的理由,就是马受不住黑人的不断虐待。马要是受到虐待,很快就会垮,变成残废,而骡子即使挨鞭子,饿一两次,也不会造成身体上的伤害。骡子在照料不周或劳累过度时,也不会受凉生病。(《马克思恩格斯全集》第44卷,北京:人民出版社,2001年,第229页。)

因此,稀缺性并不仅仅是因为自然短缺,而是因为资本主义无法有效利用自然资源。在农业生物过程方面尤其如此。

棉花与稀缺性

使马克思改变对资本主义农业发展潜力的看法的原因可能是什么呢?关

于资本主义农业潜力的怀疑首先发生在 1862 年,当时他正在写《剩余价值理论》。当时,重要原材料的价格(尤其是棉花)已达到了拿破仑战争后的最高点(Farnie 1979,162)。棉花短缺,也就是广为人知的棉花荒歉被证实为世界经济中的重大经济事件。

棉花荒歉的实际严重程度存在争议。一部分现代学者指出,美国内战爆发后部分英国纺织业出现了严重过度生产(Farnie 1979,138ff)。因此,他们将棉花荒歉归结为过度生产而非战争所招致的后果。例如,法尼(Farnie)主张英国棉花生产商喜欢将短缺问题归咎为棉花供应中断,而非自身经营问题。

据此观点,美国内战不可能引发危机,因为英国人预期的战争时间很短。至少到 1861 年 7 月 21 日,联邦军队在布尔溪战役赢得首次胜利,此前人们预测新棉花供应将使棉花价格维持在相对较低水平(Farnie 1979,141)。此后投机加剧了棉花短缺(ibid;Brady 1963)。因预计未来棉花价格猛增,棉花被存放于英国港口。

最终,由于棉花库存耗尽,棉花价格飞涨。在 1862 年 8 月至 9 月的三周间,棉花价格增长了 50%(Faruie 1979,145)。依时间表来看,棉花荒歉仅在危机发生之后才有所感受。

恩格斯的通讯文章对农耕理论提出一些质疑。信件表明,恩格斯的态度在棉花供应遭美国内战中断前后发生了质的变化。此前,他给马克思写了大量信件探讨棉花产业低迷不振的状况(Engels to Marx,December 9,11,17,1857 and October 7,1858,in Marx and Engels,1983,220－223,343－345)。

他暗示美国内战在两个阶段影响了棉花的可获得性。最初,南方担心封锁,就尽可能多地卸载棉花,而不是保留一些库存作为套期保值。因此,美国内战造成了棉花供应过剩而非短缺。一旦战争持续的信念扩散,耗尽的棉花库存最终会引发价格飞涨。

恩格斯的个人情况同样看似与农耕理论的观点相反。尽管早前的危机让恩格斯严重受损,但他仍能维持生活水平。不同于受挫,他写信建议马克思:"眼下的危机为细致研究信贷和过度贸易扩张如何引起过度生产提供了机会。"①

相较而言,随着棉花荒歉的开始,恩格斯的情绪发生了重大变化。虽然恩格斯通常不受个人挫折的干扰,但到了 1862 年 7 月,他的信件中常常抱怨棉花短缺为其带来的困难(Engels to Marx,July 3,1862,Early September 1862,9

---

① Marx to Engels,December 11,1857,in Marx and Engels 1983,221.

September and 16 October; in Marx and Engels 1985, pp. 382,413,414,and 418 respectively)。此外,恩格斯被迫大幅削减开支(见下文)。这一期间,他对即将到来的危机并不感到高兴。相反,信件中提到了棉花荒歉给其带来了困难。当然,一个生产商的样本不足以构成说明工业状态的有力证据,但是它确实为棉花危机的传统观点提供了更多证据。

这一证据不够令人信服。显然,一些棉花生产商得出了与法尼相同的结论,但仅限于棉花荒歉时期。马克思在1862年年初的曼彻斯特商会年会上作了报告,而亨利·阿什沃斯(Henry Ashworth)在会上阐明了法尼论点(Marx 1862b)。尽管马克思竭力研究英国商业发展,但是阿什沃斯的观点对他而言似乎是崭新的。因此,直至内战引发了棉花荒歉,马克思似乎一致认同该看法。此外,马克思用于《资本论》第三卷的材料无法支持危机属于生产过剩情形之一的观点。

无论是过度生产还是棉花荒歉在何种程度上引起了棉花产业中断,其造成的结果是显而易见的。马克思指出:"由于美国内战和随之而来的棉花饥荒,众所周知,兰开夏郡的大多数棉花工人失业了。"(Marx 1977,720)

棉花荒歉期间,英国纺织工人遭受的长期失业,使他们面临巨大的困难(Marx 1861a,56;1862a,241;and 1862c,247)。1862年11月5日恩格斯致信马克思写道,据二人的朋友甘波特(Gumpert)博士说,这场危机对工人的健康造成了严重伤害(Marx and Engels,1973;30,295)。亨德森(Henderson)证实了恩格斯的观点(W. Henderson 1973,ch. 5;Farnie 1979,157)。事态发展得异常严重,甚至连《泰晤士报》也斥责棉花大王们冷酷无情(Marx 1862c,247)。

几年后,在1866年,随着英国工业转向依赖进口印度棉花,印度水稻业受到限制。其结果便是1866年臭名昭著的印度饥荒,"仅在奥里萨邦就夺走了一百万人的生命"(Marx 1867;2,141)。

棉花对马克思的政治环境有巨大的重要性。根据里亚佐诺夫(Riazanov)的说法,第一次国际贸易危机是由于内战期间美国减少棉花出口而引发的(Riazanov 1973,140—141;Hobsbawm 1968,51)。

棉花产业的状态并非与马克思和恩格斯的个人利益无关。1862年对马克思而言是一段"沮丧的物质灾难"时期(Rubel and Manale 1975,174),他对资本主义农业的分析将要发生改变很大程度上是因为棉花荒歉。依靠埃尔曼(Erman)和恩格斯公司大部分收益的恩格斯无法为马克思提供很多钱。当年年初,棉花贸易低迷状况迫使恩格斯的工厂仅以半数产能生产。

在棉花荒歉爆发之前,恩格斯有两处独立的居所:一处为接待其资产阶级朋友，一处供自己和玛丽·彭斯（Mary Burns）居住。危机爆发时，他不得不一直与玛丽生活在一起以节约租金（Engels to Marx, February 28, 1862, in Marx and Engels, 1973: 30, 215）。

当年年末，恩格斯告诉马克思，他的租金理论现在太抽象了，无法思考；他深深卷入棉花危机了（Engels to Marx, September 9, 1862, in Marx and Engels 1973: 30, 284）。

恩格斯经济拮据也对马克思的经济状况造成了灾难性的影响。此外，马克思与《纽约论坛报》之间脆弱的合作关系也于当年结束。1862年8月，马克思希望自己懂得如何经营生意（Marx to Engels, August 20, 1862, in Marx and Engels 1973: 30, 280）。他转述浮士德（Faust）的话，继续说道："亲爱的朋友，灰色是所有的理论，只有商业是绿色的。"（ibid）在当年年底之前，马克思告知库格曼自己曾尝试在铁路办公室求得一职，但是他的书写水平不达标（Marx to Kugelmann December 28, 1862, in Marx and Engels 1973: 30, 640）。到第二年年初，马克思一家没有足够的煤来取暖，也没有足够的衣服可以避寒（Marx to Engels, 24 January 1863, in Marx and Engels 1973: 30, 314—316）。

马克思在棉花荒歉中加深了经济研究。其思想在此阶段发生了一次明显不同的转变。马克思以前未给予租金理论过多关注。在1862年年中，马克思开始密集研究租金理论（Marx to Engels, August 2, 1862, in Marx and Engels 1975c, 120—123）。此外，他几乎在同时逆转之前对资本主义农业的乐观预测。重要的是，在其对不变资本的描述中，"原材料、辅助材料和机械等"，其中原材料占据首要地位（ibid., 120）。此外，马克思在1862年首次将危机与原材料短缺相联系。他发现："危机可爆发于……生产资本元素的价值变化中，尤其是原材料，例如棉花收成下降时其价格会增加。因此必须把更多的钱花在原材料上，剩下的用于劳动力上。"（Marx 1963—1971: 2, 515; 517, 522）原材料供应问题在马克思后期的经济危机理论中扮演着相当重要的角色。

这一想法并不奇怪，虽然它就出现在上述对资本主义农业发展前景极度乐观评估之后的几页（ibid., 109—115）。在这种情况下，马克思认识到，当资本的积累促进了社会对自然力量的掌握时，资本的社会关系产生了对资源进行非理性处理的倾向。

1862年后，马克思的作品越来越关注原材料的重要性。从那以后，为了解决工业生产所需原材料日益增加的困难，他常常以棉花荒歉为例。马克思以此举例是意料之中。

棉花荒歉造成的重大影响清晰地阐述了棉花生产及相应的工业生产之间

的巨大差异。尽管工业生产力的巨大进步对所有人而言都是显而易见的,但是自轧棉机(发明)以来棉花生产未见显著发展。因此,原材料生产无法加速至可适应需求快速扩张的水平。

农产品的短期供应弹性使这类产品的贸易极易受到投机压力影响,导致"突然增加,随后崩溃"(Marx 1967:2,316)。此外,农业生产实质增长的程度是通过增加耕地面积而非生产力得以实现。他写道,棉花供应量增加仅因"一个地方扩大生产,而另一个地方从先前较少进口的偏远地区或从未注意到的产区进口棉花"(ibid.,3,119)。

对马克思而言,棉花的例子清楚阐释了特定生产方式可能阻碍技术进步的方式(Marx 1977,303—304;Genovese 1967,esp. ch. 2)。直到《资本论》写作完成时,马克思坚持认为原材料,特别是棉花,构成了"除工资外,所有部门中最重要的元素"(Marx 1967:3,117;106)。

当然,早在美国内战前,马克思就很清楚农业作为工业供应的重要作用。他注意到,生产过程取决于原产品和原材料的持续流通(Marx 1973,728)。事实上,在《政治经济学批判大纲》中,他曾批判李嘉图未认识到工业需求对农业生产的重要性(ibid,640),但直至棉花荒歉造成的惨痛代价,马克思才延续这一思路。

虽然马克思仅在《资本论》第三卷中的一节阐明了棉花稀缺(Marx 1967:3,ch. 5,sec. 3),但在他看来这一问题非常重要。回顾他的看法,即"一般资本主义生产精神可能在1861年至1865年的棉花短缺中得到很好的研究"(ibid.,3,121)。他早先提到"工业中最重要的一个分支——棉花"(Marx and Engels 1850,282;1850c,498),并将这段时期称为"棉花时代"(idid.,501;cf. Hobsbawm 1968)。在其他地方,他提到爱尔兰的马铃薯和奴隶生产的棉花成为英国经济的"两个枢纽"(Marx 1861b,64)。他还将棉花业描述为"英国工业的主导分支"(Marx 1861a,79)。不仅棉织品是马克思时代英国资本主义的主要产物,而且棉花产业率先引进了具有现代化技术特征的大型工厂。

因此,提及棉花强化了马克思关于资本主义农业限制的一般性观点,即工业需求超过了原材料供应。人们可能会提出反对意见,即棉花是由奴隶而非工资劳动产生的。尽管种植业主和资本家之间有相似之处(Mintz 1977;Engerman and Fogel 1974,73;Perelman 1983,ch. 5),但是资本主义的社会关系与奴隶制明显不同。在这个意义上,棉花的例子可能被解释为把注意力从资本主义生产方式和稀缺性之间的关系中解脱出来。对于马克思而言,则不存在这样的问题。奴隶生产和资本主义生产是基于世界劳动力分工的更大层面的联合的一部分。(Marx 1977,579—580;Perelman 1983,ch. 5)白人劳动力和黑人劳动力都参与了美国的双重奴隶制(Marx 1861b,20)。他在 1846 年 12 月 28 日给安南科夫(Annenkov)的信中写道:"直接奴隶制是我们今天工业主义的枢纽。没有奴隶制便没有棉花;没有棉花也不会有现代工业。因此,奴隶制是非常重要的经济范畴。"(Marx to Anekov, December 28, 1846, in Marx and Engels 1975,35)几年后,他在一份摘录中发现了类似的观点,这篇选段摘自 1850 年 9 月 21 日的《经济学人》:"曼彻斯特的繁荣取决于得克萨斯州、亚拉巴马州和路易斯安那州的奴隶贸易,这令人好奇同时也令人警醒。"(cited in Marx 1849—1851,232)

紧随棉花荒歉之后,马克思开始意识到市场激励机制和环境命运的联系。当然,马克思一直了解自然的重要性,但此前他并未将自然资源利用的观察纳入其分析核心中。

马克思在《资本论》中指出,由于害怕长期投资,资本家们不愿将钱投资于林业(Marx 1967:2,235;1977,892—893)、水土保持(Marx 1967:3,617;1977,376)和其他持久投资项目中。此外,资本家对利润的单一追求使其无法看见自然过程的整体。正如恩格斯所提醒的,"不过,我们不能因为战胜自然而过分鼓吹自己。因为每一次胜利都伴随着自然对人类的报复"(Eungels 1876,76—75)。对于马克思来说,资本过度控制自然力量的能力对于农业生产特别有效。马克思在《资本论》中解释说,1799 年至 1815 年间生产食品的难度越来越大,这是因为实际工资下降,而劳动力被迫以更加密集的强度长时间工作(Marx 1977,666;1963—1971:3,408)。在所有古典经济学家中,似乎只有马尔萨斯注意到了这种联系(Marx 1977,666n)。在其他地方,马克思把廉价的殖民地进口和新技术列入了这个排除国内生产食品困难的原因清单中(Marx 1963—1971:2,460)。

在他生命的最后几年之前,马克思继续强调:"农业危机显然威胁着坚实的英国社会。"(Marx to Danielson, April 10, 1879, in Marx and Engels 1975c,298)

资源稀缺性和资本

社会关系一直是马克思分析中最重要的。资本的社会关系是他在阐释稀缺性时试图阐明的首要关系。作为这些社会关系的产物,资本自身产生了稀缺性。

资源可获得性对资本及其积累过程都有重大影响(Marx 1963—1971:2, 516;Marx 1977,579)。换言之,某些自然资源的稀缺呈周期性出现,并且常因马克思指出的那些原因而持续出现。必须从对利润、资本积累和资本主义再生产的整体影响来看这些"瓶颈"。

马克思一直想要解决稀缺性问题。我们知道他曾希望自己对马尔萨斯租金理论的批判将呈现出"原材料价格如何影响利润率"(Marx to Engels,April 30,1868,in Marx and Engels 1942,242)。将这一评价与其早期对马尔萨斯租金理论研究的预期相比,将在一定程度上证明原材料生产的重大进步会降低租金的相对重要性(letter of August 14,1851,in Marx and Engels 1973:27,314)。

甚至在棉花荒歉之前,马克思已指出农产品工业消费的相对重要性日益增加(Marx 1973,771ff)。更重要的是,在《剩余价值理论》中他甚至将这一变动与不变资本相对于可变资本的日益重要性联系起来(Marx 1963—1971:1,219, 195)。尽管如此,这些早期偶然评论未在随后进行分析,相反,马克思任其悬而未决。

鉴于棉花在棉花荒歉时期的战略重要性,马克思对稀缺性的分析更加迫切。不断增长的棉花价格开始暗示着资本有机构成的增长。他在早些时候已提到了这个可能性(Marx 1963—1971:1,195)。紧随棉花荒歉之后,这种可能性已成为现实。例如,《资本论》第三卷第六章主要关注原材料价格波动对资本价值的影响。

事实上,马克思对不断增长的资本有机构成的大量探讨依赖于棉花的例子(Marx 1963—1971:3,ch. 23 and 217—221)。他在题为"不变资本价值的变化对剩余价值、利润和工资的影响"一节中总结说:"这一分析显示了原材料的廉价或昂贵对于工业的重要性(更不用说机械的相对廉价了)。"在(Marx 1963—1971:3,221)这个引文的脚注中,他提出了他对棉花价格分析的讨论与资本有机、价值和技术组成的分析之间的内在联系:"所谓机械的相对廉价,我的意思是机械使用量的绝对值增加了,但与机械的质量和效率增加的比例不同。"(ibid.)

考虑到资本有机构成与棉花有机联系的日益增加的频率,一个有趣的问题在于:马克思关于资本不断增长的有机构成的理论,难道不是把一种通常被认为是马尔萨斯主义的重要现象引入他的分析中的模糊而方便的方法吗?

表述中的"有机""资本的有机构成",提出了一个生物维度。实际上,该词最早出现在《剩余价值理论》中。1863年1月,正值棉花荒歉,马克思用这个术语概括了他后来对不断下降的利润率的处理。(Marx 1963—1971:1,415—

416)他在书中写道：

(1)资本的不同的有机构成。它部分是由可变资本和不变资本之间的(比例的)差别决定的,因为这个差别是从一定的生产发展阶段产生的,是从机器和原料同推动它们的劳动量之间的绝对的数量上的比例产生的。这些差别同劳动过程有关。

(2)不同资本的组成部分的价值比例的差别,这些差别不是由不同资本的有机构成产生的。这主要是由原料价值的差别产生的,即使假定在两个不同的领域中,原料吸收的劳动量相等。(《马克思恩格斯全集》第26卷第一册,北京：人民出版社,1972年,第447—448页。)

注意本次探讨中的几点：第一,原材料与机械集中在一起；第二,在下一章中提到的生产的不同阶段至关重要；第三,提到"部分的相对价值未从其有机构成中上升",这表明马克思考虑了原材料价值变化的两个不同的原因。一方面,价值会随着劳动力需求的变化而变化。另一方面,相对价值会因其他力量波动。随着棉花市场投机引发的巨大动荡,马克思可能一直在考虑原材料价格的不稳定性。在第六章关于虚拟资本的讨论中,我将详细阐述这种可能性的相关性。

马克思后期的著作中反复提到原材料价值的变化。他在题为"观察变化对生存资料和原材料价值的影响(从而也是机械的价值)对资本的有机构成的影响"一节中也提出了类似的想法(Marx 1963—1971:2,275ff)。在下一节中,他回到了资本有机构成的主题,解释了它如何影响农产品的定价。

在随后探讨"复利：基于此基础上的利润率下降"的一节中,马克思提到"不变资本与可变资本之间的有机比率。换句话说,在这里,资本相对于劳动的增长与不变资本相对于可变资本的增长是相同的,一般而言,与所雇用的活劳动力的数量是相同的"(ibid.;3,331)。提及"有机比例"的背景尤其具有启发性。马克思在这一节的开篇提到了一种可能性,即技术变革可能会有效地降低生活成本,从而提高利润率。马克思回答说："劳动力价值下降的程度并不等于劳动生产率或资本生产率增加的程度。"(ibid.;3,300)二者为何不相等？马克思回应了以前引用的断言,就是在资本主义生产的本质上,工业比农业发展更快(ibid.;3,300—301)。农业与工业间的这种差异反映在其各自资本库存的周转率中。考虑到这一点,马克思写道：

周转期间的长短……是以不同投资的各自物质生产条件为基础的。这些条件,在农业上,更多地具有生产的自然条件的性质,在制造业和绝大部分采掘业上,是随着生产过程本身的社会发展而变化的。(《马克思恩格斯全集》第43

卷,北京:人民出版社,2003年,第350页。)

回想一下,资本周转率是利润率的重要决定因素。

马克思在其出版的作品中,继续把资本的有机构成与原材料的生产,特别是棉花的生产联系起来。他在写作前,首先提到资本(无机)的有机组成,对原材料而言,毫无疑问,棉花纺纱的快速发展不仅推动了在美国棉花增长的热门地位,也带动了非洲奴隶贸易,而且使得蓄奴成为所谓的边境奴隶国家的首要业务(Marx 1977,571)。

马克思在《资本论》第一卷第二十五章中首次向公众介绍了"资本的有机构成"这个完整的术语,在同一章中,他将自己的劳动需求定律与马尔萨斯的人口理论进行了对比。第一句话是:"在这一章中,我们将考虑资本增长对工人阶级命运的影响。"(Marx 1977,762)两段之后,他给出了资本有机构成的定义。此后,他随即陈述:"如果假设……资本的组成保持不变,那么劳动力需求的明显增长将以和资本相同的比例与速度增长。"(ibid.,763)

马克思随后转向对古典政治经济学的批判,"亚当·斯密(Adam Smith)、李嘉图等人"。(ibid.,764)引人注目的是,马尔萨斯却不在马克思的批判之列。这一探讨的核心意义在于贫困群体是保持富有群体的必要存在。换言之,人口主义并不足以充分解释贫穷。

几页后,在题为"相对过剩的人口或工业后备军的先进生产"一节中,马克思更明显地提及马尔萨斯。他一直强调其理论,即不变资本的增加减少了可变资本的需求:"因此,劳动人口既生产了资本积累,又生产了相对剩余的生产方法。这是资本主义生产方式的一个特有的人口规律。"(Marx 1977,784)马克思则继续以前引用的观点:"抽象的人口规律仅存在于植物和动物中,甚至只有在没有人的任何历史干预的情况下。"(ibid.,784;)这一节中两次提及马尔萨斯。马克思有一次写道:"即使马尔萨斯也认识到,过剩的人口是现代工业的必需品。"(ibid.,787)另一种情况下,提及马尔萨斯出现在一个长篇幅的脚注中,脚注开头是"如果读者从这一角度阅读马尔萨斯……我会提醒他,这种研究首先在形式上而言就无异于拙劣的剽窃"(ibid.,766)。

论稀缺性的重要性

对马克思而言,马尔萨斯主义的幽灵需不惜一切来铲除。但是,稀缺性仍是重要的考虑因素。为了一劳永逸地回答马尔萨斯的问题,马克思开始使用他不变资本范畴的做法,他认为这一范畴即使不是完全错误的,也受到了严重限制（见第五章）。

如果他只是证明了凯恩斯主义的教训，即市场可能会造成失业和贫困，他本可以更加成功。他表明：经常性危机和稀缺性的结合可能对工人阶级造成如此巨大的困难；传统社会被铲除的速度比纳入劳动力市场更快，这让很大一部分工人阶级陷入贫困；资本需要贫困和失业来维持宽松的劳动力供应，他的贡献是毫无疑问的。

相反，由于不愿意承认马尔萨斯的任何地位，马克思未在《资本论》第一卷第五章中拒绝正面认可稀缺的概念。在本章中，除记载具体事件的发生时间外，他甚至没有阐述棉花荒歉所带来的普遍困难。而他对技术失业的分析过于机械化，几乎没有辩证分析。所以在这一章中，尽管其毋庸置疑的重要性，但因为它有缺陷，所以与他其他的作品相去甚远。马克思或许意识到了其缺陷，先前向黑格尔风格（见第四章）发展的著作突然转向了原始积累，其中包含对资本主义农业发展演变的分析。

稀缺性在马克思看来是相当重要的范畴，它兼备理论和政治意义。因此，马克思对其（过分）谨慎，以至于在"资本积累的一般法则"一章中，对马尔萨斯最直接的分析中，完全回避了稀缺性。

当然，人们也可能回应道，棉花荒歉仅是美国内战时期的独特事件。人们不能因为马克思提及了一个多世纪之前的一次独立事件，便将稀缺性上升至重要的理论地位。

切记马克思并未清晰阐述棉花的重要性。事实恰恰相反！棉花甚至是资源稀缺，一般作为更普遍原则的案例出现在其作品中，而且是明显与自然资源稀缺不相关的一个例子。因此，马克思对棉花荒歉探讨的重要性便在于未强调其重要性。相反，他将其淡化了。

马克思显然不能毫不犹豫地直接断言原材料短缺引发了危机。那样做将使其被马尔萨斯主义者利用。相较于在不希望发生的辩论中承担陷入困境中的风险，他使用了似乎与自然资源短缺无关的极度抽象的类别，甚至在阐述棉花荒歉的重大影响时也是如此。

对马克思来说，原材料短缺反映了资本无法控制自然环境。他确信在社会主义（制度）下，此类问题将迎刃而解，但是该胜利的细节不能详细说明；否则，马克思将不得不就社会主义组织的具体形式展开永无止境的探讨。这种活动仅能把精力从更重要的任务中转移出来。这种"隐藏的社会主义倾向"必须保持隐藏在不断增长的资本有机构成的公式中。

资本无法获取充足的原材料供应，可解释为资本有机构成的不断增长，就如同对重机械日益增加的依赖一样。通过马克思的案例判断，资本有机构成的扩张很大程度上是棉花生产力落后引起的。

若该假设正确，则它确实为一重要谜题提供了解决路径。许多现代评论人士对马克思相当形式主义的两部门利润率下降趋势理论的相对缺乏复杂性感到震惊。比较他的利润率下降理论与他在《资本论》第二卷两部门模型中所显示的数学精湛度，这一异常情况尤其明显。

对于马克思来说，利润率下降的规律"在各个方面都是现代政治经济学中最重要的规律，也是理解最困难的关系的基本法则"。（Marx 1973,748）他的探索已经足够令人信服了，但这里提出的另一种方法也带来了严重的政治风险。不出所料，他选择继续寻求利润率自动下降的规律。

西格尔（Siegel）指出，马克思关于利润率下降的部分包含许多不寻常的漏洞，这表明马克思自己对这一部分理论的怀疑仍然存在，尽管他坚定地致力于发现一条必然导致利润率下降的规律（Siegel 1978,ch. 11）。此外，西格尔还表明，恩格斯对这部分马克思理论的怀疑导致他以最小化马克思这一部分分析的确定性方面的方式来编辑这一部分（ibid.）。此外，恩格斯本人，即使在马克思逝世后的12年里，一直是马克思主义理论的主要阐释者，但也从未写过关于利润率下降的任何内容（King 1985）。

其实，稀缺性或许在马克思的理论中具有比以往解读中更显著的重要性。从马克思将生产原材料的困难，资本有机构成的上升以及利润率的下降联系在一起的频率来看，这进一步说明了马克思的意图可能是什么。即使是以一种富有辩证性的方式注意到稀缺性的重要性，但是显然就对马克思的意义来说，也不如发现利润率下降的重要规律。此外，资源匮乏问题引发了重大的政治风险，更不用说它会为社会主义的敌人提供支持了。因此，马克思弱化了稀缺性，相反，强调了利润率下降规律。

若我的假设正确，那么马克思的策略就会使其理论变得贫乏。重谈马克思的稀缺性概念，为马克思主义理论开辟了一条有价值的分析路线，可以帮助马克思主义分析处于未来关于自然资源利用的政治经济学辩论的前沿。

结　论

对原材料短缺、土壤流失、食物价格上涨或显著的人口过剩的观察结果引出了马克思一贯的政治及方法论的回应。所谓的"马尔萨斯主义问题"实际上是资本主义社会内部矛盾的反映。

失业或贫困无法归结为自然规律。此外,此类现象不应仅从人类的苦难或对自然的破坏甚至是不合理利用等方面解释;它们揭示了资本主义社会的根本缺陷。实际上,与农业及自然资源利用相关的问题似乎首次将马克思的注意力转移至社会问题上(Marx 1970b,19—20;Engels to Richard Fischer,April 15,1895,in Marx and Engels 1973:39,466—467)。例如,原材料价格的上涨是法国的路易斯·拿破仑(Louis Napoleon)在法国发动政变的前提条件之一(Marx 1967,287)。

马克思说,"一方面人民不断增长的需求"和"另一方面农产品价格的不断上涨",为管理土地国有化创造了绝佳机会(Marx 1872,289)。他试图利用这些矛盾以进一步推动社会进步。

列宁坚持这一传统。他观察到"资本发展越发达,原材料的短缺就越严重,世界各地对原材料的竞争和寻找就越激烈,获得殖民地的斗争也愈演愈烈"(Lenin 1964,260)。他补充说:"为了贬低这种事实的重要性,认为只要'简单地'改善农业生产条件,就可以'大幅度增加'原材料的供应,这将是重复考茨基等资产阶级改革家的错误。"(ibid.,261)

继续马克思的研究是一项艰巨的任务。我们强加给自己的方法论工具并没有使它变得更容易。稀缺、短缺或消耗等术语引发了技术需求,表明只要有更多石油或解决资源问题的优化方法,那么经济问题就能消除。这一观点是在兜圈子。每一项新技术都伴随着新问题以及更新的技术。

马克思试图建立一套新的分类来分析"马尔萨斯主义问题",以优化人类社会(cf. Harvey 974)。他用失业后备军代替人口过剩。他没有让我们陷入资源稀缺的历史概念,而是试图把握每种情况的社会内容。马克思对"历史发展的"和"自然条件生产力"之间的区分,说明了"自然"和组织现象是如何结合在一起的(Marx 1977,651)。马克思在解释资本的有机构成时,频繁地使用自然资源稀缺的例子,这表明他可能已经想到了另一种替代稀缺概念的方法。他的研究一直未完成,留给我们继续探讨。

第三章

探寻方法：政治经济学范畴的本质和演变

> 传统学派（现由富裕群体接管）将其所谓的商法，例如视供求关系为无生命物质的法则，不适用于人类出于情感、利益及其遵循的行为原则的意志。这是一种奇怪的意识混乱，使人们感到困惑。
>
> ——约翰·斯图亚特·穆勒（1867）

引 言

探讨政治经济学范畴的本质以试图呈现观察结果、抽象概念和意识形态在何种程度上对这些范畴产生影响。此外，我将探讨决定政治经济学的这三种组成部分的相对重要性的因素。据我所知，从未有人专门研究这一问题。在陈述主题前，我先做一个类比。

请想象一个孩子正在看一座蚁丘。他或她或许会从观察中学到知识，但是纯粹不知情的观察价值是有限的。虽然食物沿蚁群方向流动，但单个蚂蚁的行为具有一定的随机性。理解蚁群的功能需明白看似持续乱窜后的内在机理。蚁后仍然被隐藏在视线之外。

孩子可能会发现蚁后的位置，但未经训练的眼睛无法轻易看出她控制蚁群的方式。使用一个不同的比喻，马克思发现："人们仅在掌握资本的本质后，才可能对竞争进行科学分析，就好比只有熟知人类无法感知的真实天体运动的人们才能理解天体的表面运动。"（Marx 1977,433）不幸的是，现实并不那么容易观察。因此,人类为明显混乱的运动强加规律,就如同蚁丘体现的一样,研究人员(开始)诉诸抽象概念。他们创造了一个"特性、相似与类比的网格"(Foucault 1970,xix)。例如,他们将蚁群再细分为各个组成部分。另外,他们可以应用基于人类生活的隐喻范畴。蚂蚁成为工人、卫兵和蚁后。殖民地内一些个体蚂蚁甚至被冠以懒惰等人类特征(Morley 1954,151—156)。人类社会在某种程度上就是蚁丘内的重建。

人类的比喻有助于解释蚁丘的某些特征,同时它也使我们脱离了其他事物。政治经济学的范畴具有相似的双重性。他们有时会从其他思维领域汲取想法。正如蚁群的比喻,这些概念有助于人们组织对经济过程的思考,但同样也可能创造混乱甚至错误的理论。①

这些隐喻将看似无关的价值观注入蚁群的研究中。昆虫学不再是纯粹的科学。这一与政治关切相差甚远的研究的意识形态层面并没有表面上那么奇特。回想一下,达尔文(Darwin)从马尔萨斯处获得了大量灵感(Darwin 1958, 120)。

如前文所述,政治经济学和昆虫学一样,它是观察、抽象与意识形态三者的共同产物。这三种源泉也通过该研究以被人类理解的方式决定了政治经济学的范畴。这三种影响都无法独立为此类分类提供充足的解释。

例如,纯粹从意识形态本质角度出发撰写的经济思想史无法令人满意。一种意识形态必须解决人类对根本事实的认知才足以令人信服。此外,思想家必须坚信自己的立场是正确的,这样才能有效。恩格斯写道:

意识形态是由所谓的思想家有意识地、但是以虚假的意识完成的过程。推动他行动的真正动力始终是他所不知道的,否则这就不是意识形态的过程了。因此,他想象出虚假的或表面的动力。因为这是思维过程,所以它的内容和形式都是他从纯粹的思维中——不是从他自己的思维中,就是从他的先辈的思维中得出的。他和纯粹的思维材料打交道,直率地认为这种材料是由思维产生的,而不去研究任何其他的、比较疏远的、不从属于思维的根源。而且这在他看来是不言而喻的,因为在他看来,任何人的行动既然都是通过思维进行的,最终似乎都是以思维为基础的了。(《马克思恩格斯全集》第39卷,北京:人民出版社,1974年,第94页。)

经济概念作为分析进步的完整历史的一种解释,同样无法令人满意。尽管

---

① 此外,正如弗尼斯(Furniss)发现的,"习惯性使用……阻止了大脑接受内涵"。(Furniss 1920, 25)

意识形态不是经济理论的唯一决定因素,但它也不能被完全忽视。

作为观察结果,人们可能撰写经济学理论史作为观察结论,但观察同时以抽象概念和意识形态为条件。简而言之,经济范畴的真实历史必定包含观察、抽象和意识形态。据我所知,从未有人研究随着这一主题研究的演变,政治经济学的各组成部分的相对重要性发生了怎样的变化。

在政治经济学的多本著作中,马克思为此类分析奠定了基础,但他从未以系统的方式把这些东西结合起来。我的目标就是整合马克思对观察、抽象和意识形态对政治经济学和根本社会动力的影响程度之间的辩证相互作用的看法。

我的阐释不仅限于马克思关于政治经济发展的最著名的言论。马克思在《政治经济学批判大纲》中从人类心理学角度描述政治经济学的发展。他写道,政治经济学"是有思维的大脑的产物,它以其唯一可行的方式占据着世界"(Marx 1973,101)。

随后,马克思在《政治经济学批判》一书中又提出另一个观点,他认为"意识必须从物质生活矛盾以及社会生产力与生产关系的矛盾两方面来解释"(Marx 1859a,21)。这样的视角将政治经济学的解释引入了对基本经济结构的简单反映。

有时马克思似乎暗示政治经济学在很大程度上是意识形态的,主要由他所谓的"庸俗政治经济学"主导,这意味着有意识地试图将任何类型的阶级冲突的痕迹从政治经济学的主题中去除。

虽然对政治经济学的各阐释版本都具备一定有效性,但它们个体都是不完整的。政治经济学当然反映了人类思维的影响。相对应地,人类思维也被潜在的社会动力影响着。此外,政治经济学研究者的主观偏好也在其文字上留下了印记。

政治经济学究竟在多大程度上保留"自主存在",或受意识形态影响,或反映社会力量变化,这均取决于复杂的辩证法。我试图从不断变化的政治经济学的目的出发,追踪该过程的演变。通过单独探讨经济观察、抽象概念和意识形态能使该任务更容易。

观　察

经济领域所有决策者,尤其是各政府部门中行政和立法部门的决策者,所面临的最大缺陷便是缺乏组织严密的事实信息……

我考虑的不仅是一堆事实和数字,还有一些具体信息,它为人们提供了将美国经济视为由许多不同却独立的部分构成的系统的新视角。
——列昂剔夫(W. W. Leontieff 1976,166)

在17世纪至18世纪初的政治经济学萌芽时期,理论范畴并未引起太多注意(Marx 1973,100)。当时,政治经济学方法作为一种必要的手段是相当粗糙的(Routh 1977,ch. 2)。其主要关注在缺乏数据的情况下认识世界。人们须铭记,直至最近,公共财政才成为公开的秘密(Sismondi 1807,77)。能得到何种信息几乎取决于征收海关关税和税收的努力(Davenant 1698,136—137;Ashton,1972,1)。

早期的政治经济学大师,如配第(Petty)或金(King),将他们的知识能力的很大一部分融入异质性的事实中,试图创造出一个连贯统一的社会统计形象。因此,我们不应该惊讶于他们没有对自己的方法进行过多的反思。①

鉴于政治经济学初期的情况,人们对有数字支持的想法十分重视。因此,我们读到配第的意图是"以数量、重量或度量来表达自己,只使用有意义的论据,并且只考虑那些在自然中有明显基础的原因"(Petty 1690,224)。坎蒂隆(Cantillon)则更直接地用科学来确定实证研究。对他而言,"任何学科落入想象的境地时都没有统计数据容易忽视,而基于详细的事实时,任何学科都没有统计数据说服力强"(Cautillon 1775,153)。这种看法相当常见。梅隆(Melon)早前在1691年的一次访问英国的外交使团活动中遇到了配第,他写道:"一切事物都可归纳为计算。这甚至可以延伸至纯粹的道德问题上。"(Melon 1734, cited in Espinas 1902,165—166;Quesnay Cited in Weulersse 1910:1,82)

或许对于政治经济学发展潜力的信心在达芬南(Davenant)的著作中达到高峰,据他所述:

一位伟大的政治家,在他提出的任何建议中,通过咨询各类人士,加之思考国家、权力、国力、贸易、福利和税收的普遍情况,综合双方所面临的困难并从整体上加以考虑,能形成良好的判断并给出正确的建议;这便是我们所谓的政治经济学(Davenaut 1698,135)。

几年后,布阿吉尔贝尔(Boisguilbert)不再觉得有必要期待未来,以在政治算术中找到确定性。他给一位政府高级官员写信,说他准备当场用"确凿无误的证据、论证和经验……就和二加一等于三一样"来说服他。(Boisguilbert to Chawillart,June 25,1705;cited in Roberts 1935,64)

---

① 缺乏数据不是对推测甚至是科学的绝对障碍。例如,古生物学好比"神学和外星生物学……包含的实践者要多于研究的物体"(Pilbeani and Gould 1974,892)。

随着时间的推移，政治经济学家对统计计算的正确性越发不安。我们或许可以将这种态度追溯至亚当·斯密（Adam Smith）时代，他承认他对"政治算术没有信心"（A. Swith 1776,501），尽管他能写出威廉·配第"一度尊敬的"作品（Letter to Lord Shelburne; in A. Swith 1977,30—32）。

亚当·斯密的怀疑主义究竟是政治经济学方法还是其数据库的产物呢？我们无法确信，但当时即便是最基础的信息也受到准确性方面的质疑。直至马尔萨斯的人口理论论文发表前夕，英国仍在激烈探讨其居民数量是在增加还是减少（Mitchell 1969:1,47）。甚至连马尔萨斯也未能意识到他在写《人口原理》时的英国人口实际在飞速增长（Blaug 1968,69）。直到19世纪30年代，政治经济学家仍为其数据库不完备倍感绝望。麦克库洛赫（McCulloch）是一位热心的数据收集者和出版商，他抱怨道：

我们其实对这件事情并没有真正了解。在任何大市场上，物品的品质和当前价格、住房和住宿的租金、工资与完成工作的比例，以及其他不可或缺的各种细节都没有真实记录，这些细节在人们能够假装估计人民的状况和在某一时期或另一时期比较他们的状况之前是不可缺少的。在这些事情上，部长们和其他人一样毫不知情。但是内政部长对待坎顿和马尼拉人们的劳动、工资、饮食、衣着以及其他住房需求，同曼彻斯特和佩斯利的情况差不多（McCulloch 1835,175）。

西尼尔（Senior）还倡导了政治经济学的统计方向。1831年，他提出了建立一个促进和推广政治经济学的社会，"社会不是用于讨论理论和有争议的写作，而是收集事实和观察……这是一种长时间以来被忽视的正当合理的追求"（Mallet's diary entry, June 3, 1831; in Political Economy Club 1921:6,227, cited in Berg 1980,298）。

西尼尔对改善数据库的关注，在英国科学促进会中找到了体制基础。根据该协会的报告，统计资料提供"政治经济和政治哲学的原料"；它们"奠定了这些科学的基础"（Bery 1980,300）。

对麦克库洛赫来说，数据不足尤为困扰，在他看来，经济学家的任务被视为"利用统计研究人员提供的事实，随后相互比较，并从其他来源推断出来，以发现其中的关联"（O'Brien 1970,97）。他继续说道：

通过耐心归纳，仔细观察特定原则运作的情况，他发现了这些原则真正有效的效果，以及它们在多大程度上可能被其他原则的实施所改变。因此，人们可以发现并通过来自经验与观察的一切确定性创造各种一般规律，它们调节并联系社会中不同秩序之间明显冲突但实质是和谐的利益（ibid.）。

但是,麦克库洛赫观察力十足,他还指出在其他地方,"观察几乎不是为了自己的缘故……在这个科学的特定术语中,理论家的有效要求是规范生产事实或原材料,而这些事实或原材料是他们后来要加工成一个系统的"①(McCulloch 1825,29;1824,18)。他提到"一个制度",以及他早先提到的一般规律,即规范和联系社会各个阶层显然相互冲突但真正和谐的利益掩饰了他的经验主义。古典政治经济学思想是根据经不起实证检验的原则排列与组织的。正如罗伯特·托伦斯(Robert Torrens)所说:"即使在最开明的阶级中,意见也有其起源,在大多数情况下,不是在知识中,而是在信仰中。因此,原则是在信任的基础上得到的,教义成为信仰,权力被隐含地遵守,盲目的领导人能够开展盲目的指导。"(Torrens 1848,iii—iv)

抽象化过程

因为在自然界中任何事物都不是孤立发生的。每个事物都作用于别的事物,反之亦然,而且在大多数场合下,正是忘记这种多方面的运动和相互作用,才妨碍我们的自然科学家看清最简单的事物。(《马克思恩格斯全集》第26卷,北京:人民出版社,2014年,第676页。)

抽象思维的第一步包含认识精确语言的必要性。对李嘉图而言,"'价值'一词中包含的抽象概念,任何来源都没有如此多的错误和如此大的意见分歧……"(Ricardo 1951—1971:1,13)。形成恰当的语言绝非易事。甚至连普通语言中的日常用语和修辞中也包含未知的理论命题。因此,这类词汇或短语可能阻碍了正确分析。例如,亚当·斯密曾批判重商主义者被一种流行的观念所欺骗,即:

财富由金钱或金银构成。金钱在一般语言中……经常意味着财富;表达的模糊之处使得人们对这一流行概念如此熟悉,以至于(相信其荒谬的)人们很容易忘记自己的原则……理所当然地将其视为不可否认的真理(A. Smith 1776,418)。

约翰·雷(John Rae)指出,斯密本人也犯了类似的错误。他指称:

显而易见,在使用资本一词时,他(亚当·斯密)本人也在某种程度上将读者引入了类似的错误中。资本在一般语言中指一笔钱,或一笔钱可购买的东

---

① 因此,举例来说,我们收集当代美国的数据是为了符合凯恩斯主义的要求,而在较小程度上是货币主义的要求。

西，但他忘记了解，增加的不仅是先前计算的国家财富总额，还有构成其的各要素的变化(Rae 1834,18)。

秉持着这种精神，马克思谴责庸俗经济学家甚至是亚当·斯密，因为他们依赖于未经提炼的概念"借用自……日常生活中，却不加以批判"(Marx 1977, 175, 209 — 210, 677 — 678; Marx 1963 — 1971: 2, 165, 219, 347; 3, 502; Marx 1967: 2, 140, 219, 225)。

抽象意味着超越了理解世界的传统语言系统的重新思考。任何想要理解这个世界的人都会面临数量惊人的真假信息。考虑到陷入无法控制的细节的危险，我们需要进行某种程度的选择。

对于我们而言，生活在前所未有的信息大爆炸时代，对一定程度的抽象概念的认知是轻而易举的。例如，美国人口和住房普查(不包括零售贸易普查、交通运输普查或农业普查)就包括数十亿条信息。如果一家现代图书馆将收集一切可能获取的知识作为其目标，以古代亚历山大图书馆的传统，它需要一栋足够大的建筑，足以容纳埃及面积的每一平方英尺(Machlap 1979)。

正如白芝浩(Bagehot)所述，"一个抽象的概念是一个或一系列具体事实减去被抛弃的事物"(Bagehot 1880:5,257)。但是，白芝浩的观察是不充分的。在这一问题上，我们最好诉诸李嘉图主义者的指导。

考虑到数据缺乏(而非过量)是困扰早期经济学家的主要难题，但是李嘉图主义者，例如麦克库洛赫至少是方法论地位相当高的。除认识到选择的必要性外，李嘉图主义者还了解到抽象概念本身的重要性。

这些李嘉图主义者表示十分厌恶那些自认为能将抽象思想系统理论化的人。在一本专门讨论政治经济学方法论的著作中，麦克库洛赫抨击"在个人虚荣心和利益的驱使下，从其有限且不完善的观察中得出结论的经验论者"(McCulloch 1825,17)。他还在其他地方发现，"几乎所有成功进入人们视线的荒谬理论和观点长期以来都得到了诉诸事实的支持。"但是仅了解一堆事实，而不明白其中的联系……用萨伊(M. Say)的话来说，它确实无异于年鉴编写者吞下的学识(MoCulloch 1824,16)。他的李嘉图主义者同伴甚至通过对细致观察的明显否定更向前走了一步。实际上，李嘉图自己的方法太过抽象，以至于被布鲁厄姆(Brougham)指控为好似在用"其他星球的后裔"的口吻说话(Ricardo 1952—1973:5,56,85)。最近，戈登(Gordon)将李嘉图的议会生涯描述为一次惨败(Gordon 1976)。阅读《人口原理》，我们确实在识别李嘉图分析的实际经济状态上存在重大困难。

李嘉图本人善于实践。对鲍桑葵(Bosanquet)的回应则表明了他处理数据的超凡技能(Ricardo 1952—1973:3,ch. 1)。实际上,李嘉图确信其抽象方法将他从那些"从不筛选事实"的人中区分了出来。他认为"那些人因为没有参考标准而容易受骗"(ibid.,181)。因此,他表达了用自己的理论来检验现实的渴望。因此,李嘉图的经验主义试图成为一种高于那些单纯重述事实的作品。

李嘉图的导师詹姆斯·穆勒(James Mill)更加明确地表达了对理论的态度。对于他来说,"好的抽象原则在一定程度上是经验积累的结果,呈现出非常集中和浓缩的状态"(Mill 1813,412,Cited in Winch 1964,367)。

穆勒的命题预期了马克思对理论发展过程的处理,其中抽象范畴将现实理解为"许多决定和关系的丰富总和"[1](Marx 1973,100)。然而,马克思比詹姆斯·穆勒走得更远。他建议,对范畴的充分考虑将需要对现实世界的完整的精神复制[2](ibid;ollman 1971);也就是说,每个范畴中都隐含着对现实世界各个方面的反映。例如,马克思于 1867 年 6 月 22 日写信给恩格斯:"最简单的商品形式包含了全部秘密。"(Marx and Engels 1975c,176—178)他在《资本论》中持续这个想法,他在那里观察到,"商品中隐含着生产的社会特征,而作为资本的产物的商品中更是如此,这就是生产的唯物主义基础的具体化,这是整个资本主义生产方式的特征"(Marx 1967:3,880)。这种高度复杂的做法使得马克思的读者对他的概念提出一些相互矛盾的解释。当帕累托(Pareto)抱怨说道:"马克思的话就像蝙蝠一样,人们在它们身上既可以看到鸟,又可以看到老鼠。"[3]

马克思把社会的各方面折射成一个单一概念的想法并非个例。惠特曼(Whitman)的《草叶集》(*Leaves of Grass*)同样也暗示着类似的情况,即真实世界崩塌为一个简单物体,但这是从理想主义的角度描绘的。

确切来说,在《资本论》第一卷出版前的一个世纪,米拉博(Mirabeau)提出

---

[1] 随后的马克思主义评论家延续了相同的传统。对列宁而言,抽象概念更加深刻、真实、完整地反映着(现象的)本质。(Lenin 1914—1916:38,171)与更多的观察不同,概念"把握本质、整体性和事物的内在联系"(Mao 1937b:1,298)。

[2] 但是,马克思曾警示,"整体出现在人类大脑中时,作为思维的整体(仍停留在智力层面),然而承载其真正主体仍一如从前存在于大脑之外"(Marx 1973,100)。理论活动仍与物质世界是分离的这一结论,对于《关于费尔巴哈的提纲》(*Theses on Feuerbach*)一书的作者而言过于理想主义,他呼吁哲学家们改变现实而非满足于研究现实现象。因此,马克思将一部分关于经济范畴的最丰富的思想,视作"仍需论证的结论"不予出版(Dobb 1970,5)。

[3] Pareto 1902:2,332,Paraphrased by ollman 1971,3.

了与其相同原则的更具唯物主义精神的版本。他宣称"一切政治都源于一粒小麦"①(Weulersse 1910:2; the source cited by Weulersse appears incottect)。米拉博的形象可被大致理解为法国社会"主要矛盾"的根源是农业危机。

伏尔泰(Voltaire)认为,"1750年左右,这个国家已经充斥着诗歌、悲剧、喜剧、歌剧、小说和罗马风格的故事,还有更具罗马风格的道德反思,以及关于优雅和动荡的神学争议,所以它开始关心粮食"(Weulersse 1910:1,25)。杜邦(Dupont)指出:"我们以那个时代(1750年)为讨论政治经济学的起点。"②(ibid.)

从伏尔泰(非重农主义支持者)的观察来看,法国的问题变得如此严峻,使得统治阶级能透过礼貌探讨的迷雾,觉察到当时由农业生产危机所呈现的主要矛盾。重农主义者更进一步,在农业生产范围内抓住了劳动力和剩余价值的核心重要性(Marx 1963—1971:1,57)。在这里,我们拥有科学技术要素,抽象不再仅仅是单纯的简单化,而成为一种理解现实的全新工具。

与之类似,英国政治经济学最初也是由资产阶级理解他们所生活的世界的需要演变而来的。它就好比卢卡奇(Lukacs)口中的历史唯物主义,"资本主义社会的自我意识……主要是资产阶级社会理论及其经济结构",尽管在古典政治经济学中,这种自我认识存在一定的局限性,我将在后续章节中继续探讨(Lukacs 1971,299)。

论抽象概念的形成

在这种情况下,我们必须认识到政治经济是一个基于一系列抽象概念来分析社会规则和惯例的复杂安排(Foucault 1978)。究竟是什么推动了这一体系的发展仍存在争议。例如,马歇尔(Marshall)认为这个过程是纯粹主观的精神

---

① 相比于韦伯:"如今,一旦开始思考生活与我们的对抗方式……它便以连续和共存的方式出现,呈现出无限多样的新生和灭亡的事物,和我们既是'共同'又是'外部'的关系。这种多样性的绝对无限性被视为不变的,即便注意力集中于单一'物体'之上,例如,一个具体的交换行为,一旦尝试认真描述这一'个体现象'的所有个体组成部分时,就无法解释其原因。一切有限智力可完成的无限事物的有限分析都基于一个默认假设,即构成科学调查对象的仅仅是事实的有限部分,而这在'值得被知道'的意义上是重要的。"(Weber 1964,72)

② 这些有关农业的探讨或多或少与实践脱离了。格林男爵(Baron Grim,最为严苛的批评者之一)嘲笑他们的努力:"开始他们享用了丰盛的晚餐,然后开始劳动,他们开始砍、挖掘然后耗尽力气,但一英寸也没有离开法国。他们整天都在舒适迷人的大厅里劳作,冬暖夏凉,傍晚心满意足地离去,他们认为自己又让这个王国更加繁荣了。"(cited in Hale and Hale:1.8)

活动。他写道:"经济学家需要三大能力,感知、想象力和理性;最重要的是需要想象力,把他引向那些遥遥无期或者隐藏于表面之下的可见事件的原因,以及那些遥远或隐藏于表面之下的可见原因的影响上。"(Marshall 1920,43)庞巴维克(Bohm-Bawerk)也提出了一个类似的观点:"现在,看不到的东西则是理论在实践中必须表现的东西。(cited in Barucci 1983)"

人们如何看到表象之下的事物?马歇尔的解释似乎表明,人们借助想象力假设出一种看不见的理论。人们为什么要关心自己看不见的事物?

当理论似乎给出了令人满意的结果时,满足的感觉尤其吸引人。例如,假设杰文斯(Jevons)假设的商业周期与太阳黑子相关是正确的(Mitchell 1969:2, 25—27)。正确的预测会引起人们对这一理论产生满足情绪。因此,兴盛与衰落被视作一种过程。这种感觉理论"将社会发展的原因归结于社会外部因素,如地理、气候……以一种过于简单的方式在事物外部探寻其发展的原因。因此,这既不能解释事物的质的多样性,也无法说明事物的质的转变的现象"。然而,一项更为关键的分析可能会发现,虽然杰文斯对周期的时间安排是正确的,但它们的重现是在现行经济体系中农业或一般生产的组织方式造成的。在这个例子中,预测员的成功将不利于理论进步,因为人们主要是根据预测来判断理论的。只要预测实现了,就没有人有理由去寻求更好的理论。

当然,理论家不应仅满足于单纯追求预测的准确性或逻辑的一致性。理论家必须警惕那些被排除于政治经济学范围之外的事物,即"沉默的事物及沉默本身"(Faucault 1978,16)。不幸的是,政治经济学对深入研究这些事情几乎没有丝毫兴趣,但随着矛盾的出现,进一步思考变成当务之急。

马歇尔认为,这种理论努力主要是主观的,这就有可能引起与托马斯·库恩(Thomas Kuhn)的范式转变理论相关的那种相对论(Kahn 1962)。据库恩所述,人们倾向认为社会事件会推动新理论的形成,而这些理论仅仅因其新奇而不同。这些新奇的想法可能在一段时间内引人注目,但经验性问题最后仍会出现。最终,积累了足够多的新奇思想后,这些思想随着一系列新思想的出现而淘汰。库恩的理论在这一方面和弗里德曼(Friedman)的实证科学观点相似(Friedman 1953;Perelman 1978)。

据库恩的说法,人类思想的演变是采取一系列任意假设的结果。在其主要例证中,太阳崇拜者哥白尼,希望为其最喜欢的天体赋予重要性。他提出的方案非常简单却如此具有吸引力,以至于战胜了更复杂的托勒密学说的对手。客观的科学家只能判断哥白尼的体系恰好比其前身更准确地解释行星运动。在库恩主义的视角下,天文学演变的进一步研究只会吸引古文学研究者。

如果人们接受新古典主义理论巨大进步的神话,库恩的经济进步(理论)似乎是可靠的。但实际上,除了数学上的优越性,其成就具有一定的局限性。但是,数学往往是枯燥无味的。例如,斯拉法(Sraffa)的《用商品生产商品》,实际上,在很大程度上是李嘉图数学形式的简单的重新表述。

为何弄懂新古典主义或新李嘉图主义理论的细节需要如此多的时间呢?早在19世纪30年代,一切就已成定局。我的怀疑是,细节被发现的时间很长正是因为它们被视为细节研究。因此,我们看到恩格斯就抽象理论的重要性为施密特(Schmidt)提出建议是正确的。

据库恩的说法,对细节的关注应引起异常现象的积累,最终对该体系产生严重怀疑。事实上,边际主义者的工作是完善工作,使之更优良。真实的社会关系是一个被漠视的问题。工人雇用生产资料还是资本家雇用工人又有何异?(Longfield 1834,lecture 9;Wicksell 1934:1,109)即便经济过程本身引发了理论上被排除的结果,理论家的信心也不必动摇。它总是可以通过"干扰因素"来解释(Veblen 1948,220,226)。

相比之下,考虑李嘉图的租金理论过程。在对后李嘉图主义思想发展的全面分析中,韦斯利·克莱尔·米切尔(Wesley Clair Mitchell)从马尔萨斯的观察开始,即该理论假定土地产出剩余价值。此外,他指出西尼尔补充说道,收益递减规律必须适用于李嘉图理论。

理查德·琼斯(Richard Jones)强调该系统仅在有限的社会组织内有效。随着资质不断施加于该系统中,李嘉图主义失去了活力(Mitchell 1937;Mitchell 1969:1,330—331)。

引用福克斯韦尔(Foxwell)的话,"李嘉图原理出现之后,经济学家很大程度上放弃了无味的文字游戏和学术分裂"(Foxwell 1899,lxxiii)。马克思给出了更为通用的观点,他写道:

这就是阉割一切体系,抹去它们的一切棱角,使它们在一本摘录集里和平相处。在这里,辩护论的热忱被渊博的学问所抑制,这种渊博的学问宽厚地俯视着经济思想家的夸张的议论,而只是让这些议论作为稀罕的奇物漂浮在它的内容贫乏的稀粥里。因为这类著作只有在政治经济学作为科学已走完了它的道路的时候才会出现,所以它们同时也就是这门科学的坟墓。(《马克思恩格斯全集》第26卷第三册,北京:人民出版社,1974年,第558页。)

据库恩主义者的观点,李嘉图主义或许被指缺失了抽象概念变得过于关注细节。

马克思不可能接受这种解释。他指出在早期,李嘉图主义者致力于政治斗争和理论斗争。他们积极寻找适应资本主义社会的体制变革。他们寻求扩大选举权和工会合法化。政治和理论活动的结合正是马克思认为的科学进步的要求。

他们的工作在19世纪30年代完成。虽然取得了巨大的理论成功,但未能说服工人阶级相信他们应安于现状。李嘉图理论的激进评论家曾预见到米歇尔会提出的问题(N. Thompson 1984,29—30)。更糟糕的是,到了1830年,李嘉图主义虽然已成为支持现状的另一力量,但是被另一些拥护工人或绅士事业的人使用,而他们并没有从资本主义生产方式中受益。因此,李嘉图主义必然被击倒。政治经济学进入了恩普森(Empson)所谓的"传教时代"(Empson 1833,8)。

朗菲尔德(Longfield)和西尼尔似乎无法形成与李嘉图相媲美的深刻见解,但他们与进步力量的斗争强度确实为他们的工作增添了活力,而这正是李嘉图晚期作品所缺乏的。米歇尔认为,在马歇尔主义高潮期间,一种形式的李嘉图主义后来得到恢复,但到那时,它的价值"不在于他对李嘉图工作进行的纯粹科学分析,而在于他的分析对那些由于特殊情况而对经济理论有浓厚兴趣的阶级的实用价值,并且李嘉图的世界完全适应了这些阶级的利益"(Mitchell 1969:1,363)。

总而言之,马克思对李嘉图主义衰败的解释与库恩随后提供的版本相差甚远。

马克思与库恩在另一个重要方面的观点不同:库恩谴责经济学家将错误的科学主义归因于物理学。物理学就像经济学一样陷入了主观性。相反,马克思认为经济学可以发挥和科学一样的作用。它可以提供避开通常流行的一般假象的方法。有一段时间,马克思写作的内容似乎指向库恩。他指出,像库恩那样认为历史"必须……总是按照一个某种外来标准或在每一个历史时期的人都必须分享这个时代的幻想"(Marx and Engels 1845—1846,P. 43)。或者,我们可能会补充说,陷入一种愤世嫉俗的相对主义。

抽象和社会的唯物主义观

马克思对政治经济学的阐释不同于主流观点。例如,传统的经济学家倾向于坚持主观主义的立场,这就意味着"重农主义者和亚当·斯密战胜重商主义者被认为是一种纯粹的思想胜利。作为思想上对变化的经济事实的思考"(Engels to Metring,July 14,1893,in Marx and Engels 1975c,434—437)。因此,马克思对经济学的科学进步源于对科学的渴望这一观点提出了异议。理论家不仅仅简单地强化其理论活动的科学性。

这一观点延伸至他对抽象概念的分析中。重农主义者的例子表明,理论范畴似乎只是智力的产物(Marx 1973,101);但其实它们是"历史关系的产物",不管这些关系是真实的还是表面的(ibid.,105;1977,169;1963,109;Marx and Engels 1975,34)。早些时候,马克思致信恩格斯写道:"一个抽象概念……是可行的……前提是以具体社会发展为支撑。"(Marx to Engels,April 2,1858;in Marx and Engels 1983,298)。

因此,科学进步是政治经济发展的必然要求。而对重农主义者而言,理论是由危机爆发带来的经验推动。人们再也无法避免看见一直存在的事物。用白芝浩的话来说,"国家经济状况不佳时,人们关心政治经济学,或许能提供改善经济的方法;当经济状况得到改善时,政治经济学变不再受到相同的关注度"(Bagehot 1890,406)。本着这种精神,马克思预测即将到来的危机很快会将"辩证法"灌输进德国统治阶级的头脑中(Marx 1977,103)。

尽管马克思不是人们常说的那种粗鄙的经济决定论者,但他确实认为经济力量在社会中占主导地位。这些经济力量甚至强烈地影响着人类的思想。他坚持认为,"根据物质生产力建立社会关系的那群人,也根据其社会关系建立了原则、思想和范畴"(Marx 1963,109)。在马克思看来,政治经济学的进步需要认识到经济思想发展的真正动力。用马克思的话说,"只有将构成其隐藏背景的矛盾事实和真实对立来代替冲突的教条主义,政治经济学才可形成实证科学"(Marx and Engels 1975,200;加着重号)。而不仅仅是建立马克思所说的"概念经济学"(Marx 1879—1880,196)。虽然马克思同意约翰·斯图亚特·穆勒对价值观重要性的判断①,但他坚持认为,他的理论并不以价值观为基础:从最简单的形式开始,劳动产品呈现在当代社会,这就是"商品"(ibid.,198)。换言之,这些范畴反映了根本的经济状况,尤其是真正的生产关系(Marx 1967:3,791)。正如恩格斯的发现,"在最后一例中,生产是决定性因素"(Engels to Schmidt,October 27,1890,in Marx and Engels 1975c,397)。例如,资本主义早期,激进的理论家们往往是乌托邦主义者。恩格斯表示:

不成熟的理论对应着不成熟的资本主义生产状况。空想主义者……之所以被称为乌托邦主义者,是因为在资本主义生产几乎没有进展的时代,他们无

---

① "几乎每种有关社会经济利益构成的推测都包含着某些价值理论:与其相关的最小的错误影响着相关的其他所有结论;任何有关价值的模糊不清的理念都造成了其他所有事情的困惑和不确定。"(J. S. Mill 1848:iii,P. 456)穆勒对其价值理论的满意,在下一句话中有所表达,然而证据却不充足。

事可做。他们必须在其脑海中构建出新社会的元素,因为在旧社会中新元素通常还不凸显(Engels 1894,314—315)。

这一见解促使马克思写道:"现代经济的真正科学仅在理论分析从流通过程过渡到生产过程时才开始。"(Marx 1967:3,337)

强调密切关注生产关系仍不够。需要解决的还有另一个问题:什么会让观察者觉得需超越明显的范围,在危机成为不言而喻的事实之前发现矛盾?马克思建议,此类想法可能源自其所谓的"实践",尤其是学习掌控物质世界的实践活动。

当然,并非所有人都可以从这种经历中学习。许多人坚持认为"外表的形式……掩盖了真实关系,甚至是展示了与真实关系相反的一面"(Marx 1977,680; Marx 1967:3, ch. 50)。另一些人无法摆脱早期社会形势的偏见(Veblen 1899—1900,136; Mitchell 1937,205),或者这是因为该体系的本质,正如马克思在探讨的拜物教与三位一体的著名章节的分析中所指出的那样。因此,例如,配第和坎蒂隆倾向于将"假设地租是剩余价值的基本形式"解释为其所处时代接近封建社会(Marx 1967:3,784)。

实践理论与理论实践:科学和政治经济学

物质进步与智力进步的联系可由其科学作用的探讨来强调。相较于政治经济学(资本主义中的一种基本保守力量),科学是进步的。在庆祝1848年革命胜利的讲话中,马克思忽略了起义领袖的角色,而是选择分析"蒸汽、电力和自动运转的机械,这些革命者具有更危险的特征"(Marx 1856,500)。恩格斯追溯科学的革命遗产到"封建时代,当时科学与神学纠缠在一起"(Engels 1875—1876,346)。在那期间"它需要为其生存的权利而战……它为绞刑和宗教裁判所的监狱提供了它的殉道者"(ibid.,343)。科学并非因其纯粹的智力成果而受到赞赏。科学是为了改变社会。当然,仅有科学是无法确保技术进步的。尽管古代社会的经济学具备工业革命的两大组成部分——工坊和时间,但它仍衰败了(Marx to Engels, January 28, 1863, in Marx and Engels 1975c, 128—130; Marx 1977, 468)。封建时代见证了许多新发明的引入,但是机械仍很少使用(Marx 1977,468)。直至资本主义兴起,机械使用受到了法律禁止以及直接暴乱的阻碍(Marx 1977, ch. 15, sec. 5)。所以科学仅在与相适应的社会关系相结合时才能实现。

一旦这种新型的资本主义社会形态形成了,资本主义便会将诸如"机械化、化学的工农业应用、蒸汽导航、大陆的开垦和河流的开凿"等一系列成就归结为自己的功劳(Marx and Engels 1848a,113)。在此过程中,经济在发展,社会关系持续变化,并且连科学本质都发生了变化。

政治经济学也受到了相似的影响。首先,经济提出了新的问题,因此呼吁新理论的诞生。随着科学的进步,经济学家们从众多科学家的智力成果中汲取知识。实际上,许多早期经济学家也是博士,例如洛克(Locke)、配第和魁奈(Quesnay)。配第的方法看似受到了其科学训练的重大影响。而对魁奈而言,他从吉恩·巴蒂斯特·拉马克(Jean Baptiste Silver)对人体循环系统的研究的评论中,就预见了他的经济表(Foley 1973)。

为了更好地把握新生产方法和生产关系的效果渗透到经济思想的过程,我们考虑随着制造时代到来的思想发展。在那个时候,古典政治经济学的首要闪光点来自笛卡尔(Descartes)机械观念的启发。① 作为笛卡尔革命的产物,知识的对象不再是分类学。相反,对结构性机制的关注成了当今社会的秩序(Foucault 1970,207)。

然而,早期哲学家倾向有机地诠释世界,但笛卡尔"以制造时代的眼光看待(世界)"(Marx 1977,512n)。对他而言,动物不再是人类的辅助。它们被视为机械的一种形式(ibid.;Eugels 1888,607)。人类也不再局限于其狭窄的环境边界。一切自然力量都可被认识"就如同认识工匠的各种交易一样",因此,"使得人类成为自然的主宰者和占有者"(Descartes 1637,cited in Marx 1977,513n)。

换句话说,在古典政治经济社会的形成中,知识分子深受工匠成就的影响。② 例如,配第要求创造一个艺术和制造业的历史,其中包括一个序言,这个序言教导人们如何充分利用实验,并记录他们的成功(cited in Jones 1965,91)。在此之前,霍布斯(Hobbes)评论说,"时间和勤奋每天都会产生新的知识。作为一种良好的建筑艺术,它是由勤奋的人们观察到的理性原理发展而来的,这些

---

① 我们可能在此提及,马克思选择笛卡尔而非培根作为古典政治经济学的分水岭是值得称赞的。笛卡尔指向知识的系统化;而培根则面向"一种科学记账:从各种渠道收集事实,然后将其置于分类账上,随着时间的推移真理便会显现"(Javons 1874,576—577)。培根的追随者对笛卡尔主义者怀有敌意,他们被认为缺乏实验精神。潜在的敌对主义似乎是笛卡尔柏拉图学派调和科学与宗教的愿望。(Jones 1965,186)因此,尽管配第称赞培根为"创造大师",但他的政治经济学在结合计量和思想实验方面仍属于笛卡尔主义(cited in Jones 1965,89)。

有兴趣的读者也可咨询米尼(Mini),他认为现代经济学的本质仍是笛卡儿主义,而其失败则因为其影响(Mini 1974)。

② 除贸易外,医药似乎对政治经济学的地位做出了显著的贡献。洛克、配第和魁奈都曾接受医学培训。魁奈对经济进步的分析在其早期对血液循环的研究中似乎可见端倪(Foley 1973)。当时的医药研究也同样在很大程度上受到了笛卡儿主义的影响。

原理一直在研究材料的性质,以及形状和比例的各种影响"(Hobbes 1651,378)。有趣的是,这些行业的技术成功,尤其是与大学枯燥无味的科学相比时,对配第及其所处的学术圈形成了强烈的印象(Jones 1965, ch. 1)。例如,胡克(Hooke)说道,生命的艺术已经在机械工人的黑暗车间里被监禁太久了,阻碍了它们的发展(cited in Jones 1965, 326; 203)。配第还认为,与工匠的接触将是对科学的巨大激励(Jones 1965, 90)。

此外,机械学的研究说明了将个体劳动集中在一个工厂中的价值。因此,培根(Bacon)试图将车间里的组织方法引入科学研究中①:"因为在我的发现方法中,科学大大提高了人类的智慧水平,对个人的卓越而言提高不大;因为它通过最肯定的规则和示范来表现一切。"(Bacou cited in Jones 1965, 55)实际上,生产过程带来的实际问题被证实是科学进步的重要推动因素。用恩格斯的话来说,"如果社会有技术需求,那么它对科学的助力要大于十所大学之和"。查尔斯·巴贝奇(Charles Babbage)在写到他希望从英国科学促进会得到的好处时候,也表达了相似的观点。他写道:"科学家将从伟大的制造商那里获得实用的信息。"(Babbage 1835, 385)同样,马克思推测:"在17世纪,零星的机械使用是最重要的,因为它为当代伟大的数学家提供了一个实践基础和激励创造现代力量的动力。"(Marx 1977, 468)

与马克思相比,虽然斯密和杜尔哥(Turgot)更多基于贸易探讨,但是两人都认同:

几何、算术和写作都是最初发明用于促进几种艺术的运作。写作和算术被发明以清晰记录和设定商人和商人的交易,几何最初发明是用于协助工人(A. Smith 1762—1766, 337)。

航海使得完善天文学成为必要,并且展示了它与地理学是如何联系的(Turgot 1748, 91)。

休谟(Hume)特别呼吁发展机械艺术作为推进科学的手段。他观察到:"诞生了伟大哲学家、政治家、著名的将军和贵族的时代,通常存在大量技巧娴熟的编织工人和船上的木匠。我们不能期望,一片羊毛布在一个不了解天文学的国家中得到精制加工。"(Hume 1752a, 270—271)科学家们显然也认识到了工业与发现过程之间的联系。例如,伽利略(Galileo)在《关于两门新科学的对话》(*Dialogues Concerning Two New Sciences*)中,虚构的萨格里多(Sagredo)认为威尼斯兵工厂的工匠们在几个重要的科学问题上给予了他很大的帮助(Galilei

---

① "三个臭皮匠,赛过诸葛亮。"(Cited in Mao 1943, 158)

1638,1—2)。

政治经济学和科学进步

科学进步对政治经济学具有双重影响。首先,如我前述,科学进步为经济变革奠定了物质基础,而经济变革反过来又要求用新的方法来理解政治经济学。例如,在法国,科学或多或少与生产过程相分离(Hartwell 1967,160—161)。用德·托克维尔(de Tocqueville)的话来说:

在贵族社会中,决定大众意见基调的阶级……永久且世袭地置于大众之上……本身便构成了一种崇高的思想。这些观点影响了发展科学的人们。他们促进自然冲动上升至思想的最高境地……因此,在这样的时期,从事科学的人就会被理论所迷惑;甚至他们经常会对学习的实际部分产生一种不可忽视的蔑视(de Tocqueville 1848:2,527)。

由于法国科学的这一特征,其工业与政治经济学都落后于英国。此外,科学思想作为一种模型服务于将经济理论化的学者。尽管政治经济学通常不被划分为一门科学,但是马克思认为它应该属于一门科学。在马克思与恩格斯的一部早期作品中,两人称:"我们了解一门科学,历史科学。人们可从两方面看待历史,分别是自然历史和人类历史。但是,二者是不可分离的。"(Marx and Engels 1845—1846,17)正如资本主义崛起的实力为庸俗的政治经济奠定了基础,科学在资本主义面前丧失了一些独立性。用马克思的话来说,科学成了一种"不同于劳动力,并且融入了资本服务中"的力量(Marx 1977,482;1053—1055)。在资本主义制度下,"发明成为一种商业,而其在科学中的应用则成为决定它的前景(Marx 1973,704;A. Smith 1937,10)"。科学进入阶级斗争中尤是如此。马克思甚至说:"自1825年起,几乎所有新发明都是工人与雇主间碰撞的产物,雇主不惜一切代价以贬低工人的专业能力。每一场重要的罢工之后都会诞生一种新机械。"(Marx 1963,140;Marx to Engels,December 28,1856,in Marx and Engels 1942,10;Marx 1977,564;Engels 1843,442—443)在资本主义早期,工厂严苛的纪律可能将可投资的剩余价值增至最高水平(Marx 1977,549—551)。随着科学生产技术的普及,每种商品"不再是孤立的直接劳动的产物,而是社会活动的结合,不是生产者"(Marx 1973,709)。

正如封建社会意味着将资产阶级排除在智力活动之外一样,所以资本主义也是工人阶级思想发展的障碍。只要科技仍由资本主导,"智力和物质活动"仍将被分割为"无思想的活动和被动的思想"(Marx and Engels 1844—1845,34)。

控制资本对科学的运用注定是暂时的。资本所倡导的发明代表着最终改变生产方式的科学进步。因此,恩格斯表示:"科学进展越是公正无情,它便越发和工人的利益和期望相一致。"(Engels 1888,376)但是,生产的进步开始要求"一方面,普遍科学的劳动和国家科学的技术应用,另一方面,总体生产中的社会结合中产生的总生产力——一种看似是社会劳动的天然果实的组合(Marx 1973,700)"。因此,最终证明科学是一种革命力量。

在这一系列情形下,控制并规范工人的资本主义者就变得"多余"(Marx 1967,3,314;Marx 1973,651,749)。要想取得进一步发展,需要工人对生产承担更大的责任。在此意义下,资本主义是"一种运动的矛盾"(Marx 1973,12)。

随着资本主义的消失,以资本的特定社会关系为基础的政治经济学变得过时了。相比之下,恩格斯则预言,在社会主义中,科学的发展将比以往更加蓬勃(Engels 1875—1876,354)。在马克思和恩格斯预测的社会主义未来中,政治经济学将消失。毫无疑问,这样一个社会中的人们仍会对生产和分配关系的性质理论化,但研究资本主义社会中这些关系的政治经济学将不再合理。

资本主义早期,进步性且具人文精神的科学成果是显而易见的。当时,人们对工人的态度甚至有些理想化。皇家学会的历史学家声称,实验科学家们更青睐"工匠、农民和商人的语言,而不将智者或学者的语言作为首选"(cited in Jones 1965)。对胡克来说,谁要是惹怒了哪怕是最卑鄙、最简单的工匠,只要他"心地善良,不把那些使他不高兴的仪式和典礼从教堂里清除出去,他宁可被淹死在海底(cited in Hill 1965,93)"。人们甚至可以在这篇文献中看到对中国人近期呼吁新的社会分工的期望,即把群众放在突出的地位。

我们不应忽视这些政治经济学的新视角。理论研究之前只是一小部分的教会人士和前经济学者的专属领域。但随着笛卡尔革命的开始,资产阶级阵营的影响力不断增加。他们甚至能在理论层面为自己辩护。而且他们建立起了自己的学校——格雷沙姆学院(Hill 1965)。在建立皇家学会方面,他们也发挥了重要作用。伯明翰月球协会可以被解释为"一个十八世纪的技术研究组织"(Schofield 1957,417;Rosenberg 1982,14)。

作为回报,资产阶级赢得了科学界的尊重。例如,胡克写到他们的优势:"他们中许多人是擅长交谈和交易的人,而这是一个好征兆,他们的尝试将把哲学从语言转化为行动。"(cited in Jones 1965,198)此外,这种新型对话使得商人掌握了从其自身角度解释经济的概念。

新技术的实践成果暗示着世界的一种新概念。它不再是一种有机体,而是工匠使用的那种机械。与布阿吉尔贝尔(Boisguilbert)同等水平的政治经济学家开始用机械类比解释周围的世界(Spengler 1966,6—7)。约瑟夫·格兰维尔(Joseph Glanvill)是一位"狂热的笛卡尔主义者"(Willey 1934,84),他在讨论如何通过观察"内部齿轮与运动"促进手表的制造后,甚至预见到亚当·斯密的著名比喻,他断言:"自然运作皆由一只看不见的手操作。"(Glanvill 1970,180)

笛卡尔政治经济学方法论对于政治经济学的重要性的最明确的阐述见于达德利·诺斯(Dudley North)的《贸易论》(*Discourses on Trade*)序言中,这本书很可能由其兄弟罗杰(Roger)执笔(Letwin 1951)。在书中,作者将笛卡尔的观点归功于"知识在很大程度上变成了机械性的",因为它将政治经济学从"关于货币、贸易等的古老寓言和迷信观念中解放出来"(North 1691)。

在被马克思誉为"政治经济学之父"的威廉·配第的作品中,这种态度也很突出(Marx 1859a,53)。配第是笛卡尔的朋友,他年轻时曾深入研究解剖学,以便把感觉甚至想象简化为简单的机械运动(Strauss 1954,55)。虽然配第的后期工作不再反映他早期的预测,即"生物有机体的神秘而复杂的机制是未来机械进步的关键"[1](Petty 1927,172),但是他的政治经济学重新显现了笛卡尔的愿景。[2] 在他的《爱尔兰政治剖析》(*Political Anatomy of Ireland*)中,他开始将相当不发达的经济体系"比作医学生……用廉价和常见动物剖析探究混乱和困惑的部分"(Petty 1691,129)。

对亚当·斯密而言,笛卡尔革命几乎完成了(Wightman 1975,57)。[3] 他称赞笛卡尔在促进社会机械视野方面所起的作用(Wightman,1975,57)。据亚当·斯密的说法,笛卡尔是"第一位准确地确定无形的链条的构成要素的人"。亚当·斯密甚至在其影响深远的《道德情操论》(*Theory of Moral Sentiments*)中观察到,"当我们用一定的抽象和哲学思维思考人类社会时,它就像一个巨大

---

[1] 笛卡尔最终也因其徒劳而不得不放弃。(Moravia 1978)

[2] 配第年轻时似乎也受到了著名的伊丽莎白魔术师和航海家约翰·迪伊(John Dee)的重大影响(Yates 1972,181—183)。据说,他和克里斯托弗·雷恩(Christopher Wren)与罗伯特·伯莱(Robert Boyle)的探讨包含数学魔法(ibid.)。这种神秘主义和唯物主义思想的结合并不是配第所独有的。我们在牛顿(Newton)的著作中见到过它(keynes 1933)。但是,在配第所处的时代,魔术的意义与现代不同。魔术师研究了磁石的作用以及月亮与潮汐之间的关系,这些力量所产生的效果对于那些不知道原因的人来说是奇妙的(Ashmole 1652,Jones 1965,124;301)。配第问道:"你能将算术适用于所有事物吗?"他的回答是肯定的。政治经济学(政治算术)适用于一切事物,"除非是神学或宗教等其他事物。"(Matsakawa 1977,48)配第对唯物主义和唯心主义的兴趣令人惊讶,但不是独一无二的。牛顿毕竟是一名占星家。最近,我们在如易卜生(Ibsen)和豪普特曼(Hauptmann)等现实主义者的戏剧中看到了二者兴趣的结合,他们也创造了《培尔·金特》(*Peer Gynt*)和《蒂尔·尤根斯皮格尔》(*Til Eugenspiegel*)等。

[3] 斯密将其作品追溯到笛卡尔之后的斯多葛学派哲学家。(A. Smith 1759,59;Raphael and Macfie 1976,7—9)

无比的机械"(A. Smith 1759,317)。

在亚当·斯密的社会体制中,每个个体都被简化至原子层面。除防御、教育和财产保护领域外,社会不过是这些粒子的总合。机械为理论家们提供了一个隐喻,可以用于理解和解释正发生在其周围的事物。由于这种机械类比的简化,理论家可以获得信心来探索经济体系的内部运作。

这是一个深深根植于人类意识中的强有力的隐喻。作为笛卡尔学派典型代表的时钟,在日常生活中强加了一种前所未有的规律性(Mumford 1963, 12—18)。在这个意义上,人类自然更像一组机械部件;然而,这种观察在特征上仍停留在字面意义上。[1]

机械隐喻为新古典主义思想提供了有力的刺激。英国的数学、机械经济学的领军人物杰文斯,也是计算机前身——逻辑机的发明者,这一事实可能并非偶然(Jevons 1874,107—114;Mitchell 1969,21)。甚至连经济学也成了一种逻辑机械(Torrens 1821,x;Say 1880,Iviii)。

这一实践具有深远影响。虽然随后被阐述的许多事实中已在早些时候被预料,但人们从未预料到其清晰度和简单性。休谟的货币数量论则是一个典型案例:

> 假设,英国发生了一个奇迹,每晚每个人的口袋里都被塞进了五英镑;这将远远超过当前英国全部资金的两倍;但是第二天或将来的一段时间,放贷人不会增多,利息也不会有任何变动。如果这个国家只有地主和农民,这笔金额无论多大,永远都不可能聚集起来;而且只会增加一切事物的价格,此外没有任何后果(Hume 1752a,299;Petty 1662:1,87)。

虽然相同的结论可在博丁(Bodin)或达万扎蒂(Davanzati)的著作中看到,但是这些早期作家的方法,甚至分析基调都大相径庭(Focault 1970,ch. 3;Schumpeter 1954a,331—417)。我们站在了资产阶级政治经济学的门槛上。

对重商主义的部分辩护

政治经济学的机械理论具有战略意识形态作用。总体而言,封建国家从有机类比中寻找证据。国王是头脑,教会是心脏,等等。相反,机械隐喻则表现了经济自我调节的本质。

---

[1] 他们对社会不可量化方面的困扰感会降低,因为这些方面可能不在其分析的理解范围内。(Minti 1974,18)

显然，这种机械象征可以传达干预的价值。机械需要润滑、调校等。而实际上，它不需要。满足于其对市场效能的证明，古典政治经济学以屈尊俯就的态度对待之前的理论（Marx 1977, 175; Marx 1963, 105）。

例如，德·托克维尔将重农主义者描述为"友好、善良之人、实质的人、有公众意识的人民公仆或是有能力的管理者"（de Tocqueville 1856, 159）。此外，他补充道：

> 这种热情来自他们支持的理论。我们的经济学家对过去有一个很大的蔑视……法国的任何制度，无论多么古老，多么有根据，只要它对他们造成哪怕是最轻微的妨碍，或者与他们井然有序的政体不相符合，他们就会大声疾呼反对（ibid., 159）。

古典政治经济学的机制类比为这些人提供了支持。[①] 在亚当·斯密的作品中，政治经济学机制的特殊意识形态色彩很明显。

除了少数例外，《国富论》（*Wealth of Nations*）看似是为市场的和谐颂扬。市场关系内确实存在着矛盾与冲突，但是它们在更大层面上是和谐的一部分。即使是那些遭受个人不幸的人，也被建议保持对"伟大的宇宙指挥家"计划的最终理性的信任（A. Smith 1759, 236）。在《道德情操论》中描绘的看不见的手，"既不忘记也不遗弃那些似乎被遗忘在世俗之地的人"（ibid., 185）。作为一个通俗者，读者们被教导说："从整个社会的利益出发，一切都是最好的。"（ibid., 594—595）那些对个人利益表示关切的人只会扰乱整体的和谐运作。[②] 因此，呼吁国家调停社会矛盾的重商主义者的异端邪说是一个必须系统地根除的危险信条（Osier 1976, especially 13—27; Stigler 1975, table I for a survey of Smith's indictments）。

一旦我们对重商主义者所取得的成就进行评估，攻击他们的意义便显得清晰了。的确，在重商主义者中，个人利益占据着主导地位。其作品在很大程度上是寻求政府支持其商业的手册；但是，他们总会将其描述为出于对未来的大众利益考虑（Applepy 1928）。只有他们的敌人才有自私的动机。[③] 对外贸易的反对者甚至被指责怨恨"这个可以得到支持的，而不是不断地受到国会供应的

[①] 这种支持并不奇怪，考虑到对机械思维的初步接受部分是由科学与神学协调所促成的。因此，科学被认为仅是对上帝创造的神奇机械的探索。

[②] 经济学家"必须从总体上与人打交道——国家而不是家庭。他们不是要为特定阶级不断增加的财富和享受构建体系，而是要探寻国家财富的来源"（McCulloch 1825, 11—12）。

[③] 上述陈述不完全正确。古典经济学家一般认为人类是普遍自私的。实际上，市场的美妙之处在于它将自私的动机转变为具备社会生产力的活动（Hirschman 1977）。这一问题随后不言而喻：古典政治经济学家是普遍自私规律的唯一例外，还是说他们或许与重商主义者如出一辙？

怜悯而带来的收入"(cited in Letwin 1975,22)。

但是,为个人利益考虑的指控并未削弱配第的伟大。在相同的精神下,我们应在知识基础上衡量重商主义传统。凯恩斯在为其作品广泛阅读前人的研究时,他认同重商主义者发展了"一定程度的实践智慧"[1];但是,他判断重商主义者并未基于充足的理论基础(Keynes 1936,340)。[2]

要掌握重商主义观点的适用性,我会建议对社会组织辩证法提出一种过于实用主义的描述。当重商主义者大行其道时,行政职能的供应受到限制。与许多平行组织同时运作相比,垄断性商业组织需要较少的管理。在亚当·斯密写《国富论》的时候,英国东印度公司等大型组织的复杂性超出了其经管理者的能力。公众对权力下放的呼声已达到高潮。沿着这一思路,凯恩斯注意到:

> 但是完成这道甜点仍需要其他材料。首先,18世纪政府的无能致使许多遗留诟病延续至19世纪。但最重要的是,公职人员的无能为力使得务实的人自由放任。另一方面,从1750年至1850年间的物质进步来自个人创新,而来自整体有组织的社会直接影响几乎为零(Keynes 1924,275)。

马克思在《资本论》中呼吁无政府状态的生产终结时,权力下放的弊端已得到了更全面的发展和更好的理解。

在表面接受凯恩斯对重商主义的论断之前,思考这些人的经济担忧与凯恩斯在财政部面临的经济担忧有多么不同(Heckscher 1955:2,340)。我们是否应该相信他们仅仅是被一种盲目崇拜的精神所迷惑,还是他们实际上是在呼吁实施一项计划,将基本上属于自然经济的东西货币化?(Stark 1944,11;Cantillon 1755,122—127)根据马克思的说法,重商主义者准确认识到"为世界市场生产以及将产品转化为商品,进而转化为货币,作为资本主义生产的前提和条件"的重要性(Marx 1967:3,784—785)。

虽然如此,马克思认为重商主义构成了"当时真正的庸俗经济学,仍关注于流通领域而非掌握新型生产模式的核心特征"[3](Marx 1967:3,784;337)。结合这些不同的来源,我们得到了一幅重商主义者的图像,可作为相当粗糙但有时可提供深刻见解的分析来源。

---

[1] 杜加尔德·斯图尔特(Dugald Stewart)使用了一个几乎相同的词语"明智的实用格言"来赞美《国富论》(cited in O'Conner 1944,84)。
[2] 凯恩斯也受到了相同的指控(Blattner 1979,67)。
[3] 对"这个时期"的模糊提法似乎意味着暗示了早期重商主义者和后来的贡献者之间的区别,前者指出了他们社会的一个基本元素,而后者没有认识到提取剩余价值的重要性。

古典政治经济学的成功

从这一背景看重商主义,便可即刻认识到我们对古典政治经济学缺乏关注是无可争辩的事实,即马克思所说的:"在政治经济学的初步尝试阶段中,当形式还需要费力地从实质中剥离出来,并且需要付出巨大的努力才能确定为一个合适的研究对象时,历史价值就已经显现出来了。"(Marx 1973,852)在他的努力下,古典政治经济学进行了发展政治经济学抽象范畴的成功科学尝试,以"致力于研究资产阶级生产关系的真正内部框架……将多种固定且互异的资产形式减少至其内部统一"[1](Marx 1963—1971:3,500;Marx 1977,174—175n)。

今天,我们可以欣赏到苏格兰启蒙运动文学遗产的唯物主义本质如何将经济思想置于更加坚实的基础之上(Meek 1967b)。但是,我们在不贬低古典政治经济学的显著成就时,必须至少将重商主义者的遗产视为一项积极贡献。与后亚当·斯密主义者强调总体和谐相对的观点是各个阶级和利益集团间具体矛盾的重商主义主题。[2] 由于这些利益的不同,他们为国家证明国家干预是合理的(Osier 1976,esp. 13—27,Meek 1967c)。[3] 例如,早期重商主义者强调高粮价的必要性,迫使人们出售更多劳动力(Wermel 1939;Furniss 1920)。

在古典经济学尝试否认此类矛盾的存在时,政治经济学排除了构成谬误的可能性,它可被定义为一种单纯的信仰,即整体可被理解为个体研究之和(J. S. Mill 1872:8,818—819)。

这一错误结果仍令现代经济学家们吃惊。尽管保罗·萨缪尔森(Paul Samuelson)曾教导其学生,这一谬误是经济学最基本和独特的原则(Samuelson 1955,9),但是至少直到最近,人们仍未完全理解这一教诲的含义。

许多重大结果令当代经济学家对这一谬误的重要性感到震惊。阿罗(Arrow)的影响可能使得专业人员在观察总量的构成时至关重要(Arrow 1950;

---

[1] 斯密受"好奇感"驱使,因"不连贯性"而振奋。因此,他探寻"一些中间事件的连锁反应,这些中间事件的连锁反应可以使宇宙的整个过程保持一致,并且是一个整体"(Cited in Wightman 1975,50)。

[2] 一位匿名作家,将斯密与其最大的重商主义者竞争对手詹姆士·斯图尔特(James Steuart)相比,称赞了斯密,而强调了后者将注意力放在了细节上(Mill 1806,cited in Winch 1966,24—25)。马克思选出"因敏锐洞察到不同的生产模式间的显著差异而引人注目"的经济学家不是亚当·斯密,而是詹姆士·斯图尔特,这不是巧合(Marx 1977,450n)。

[3] 或许是在预测意识形态式使用机械的比喻时,斯图尔特认为经济学的规律性是由于利益的多样性而产生的,必然使得政治家们使用最精妙的语言(Steuart 1767:1,278—279)。安德森(Anderson)批判了这种比喻的应用(Anderson 1777,465)。

1951)。随后不久,李普西(Lipsey)和兰卡斯特(Lancaster)发表了他们的次优理论。斯拉法(Sraffa)的作品虽然出自非常不同的一种传统,但它也证明了个别公司的真实状况并不一定可推及整个经济(Sraffa 1960)。

这些思想的先例已经在诸如劳德戴尔(Lauderdale)(Maitland 1804)和约翰·雷(1834)等作家的作品中徘徊了不止一个半世纪。此前,它们的确隐藏在重商主义的作品中;但是,直到在数学的机械语言重述中这些思想才被认真对待。长久以来对重商主义这一方面的忽视并不是巧合。实际上,非市场力量可能引起重大后果的思想,正是重商主义者异端的核心。因此,重商主义思想最重要的遗产的利益可能缺失了。

一旦亚当·斯密成功摧毁了重农主义者的权威,并纠正了重农主义者的过度行为,一定程度的统一便会形成。公然宣传政治经济学的作品可以放在一边。甚至是教条李嘉图主义的积极倡导者詹姆斯·穆勒也认为:"那些对该问题如此了解的人,他们的意见是有分量的……在重要的观点上,无一例外,总体上是一致的;甚至在那些持续争议的观点上,争议关乎言论,几乎所有情况下的想法都是一样的。"①(J. Mill 1836,82;加着重号)例如,李嘉图冷静地指出,其理论与马尔萨斯理论之间的许多差异只是他对长期考虑相对更加强调的结果(Ricardo 1951—1973:7,120)。但这种分离并不表示理论是纯粹的相对主义的问题,金融和地产财产的利益一定不会受到最终政策选择的影响。

人们创造不同的理论用于倡导不同结论。李嘉图呼吁更快速积累,然而马尔萨斯则青睐将资源从投资中抽取,以保持社会经济稳定。

的确,李嘉图主义者和马尔萨斯主义确实存在显著差异。麦克库洛赫特别提出马尔萨斯,"就应被非常粗暴地对待"(Ricardo 1952—1973:7,165)。这种情绪不足为奇。毕竟,在立场分歧最小的人之间,政治可能最为激烈。

虽然争夺意识形态霸权的立场可能涉及麦克库洛赫这样的次要人物,但这样的活动并不是当时政治经济工作的核心。② 即使是切克兰德(Checkland),他认为政治经济俱乐部的建立也是"为了削弱马尔萨斯周围组织的影响力,承认

---

① 外界人士更有可能受到表达差异的影响,而不是分析背后的认同。例如,玛丽娅·埃奇沃思(Maria Edgeworth)在1822年的日记中指出:"有一天,当被问到他是否会成为著名的政治经济学俱乐部的一员时,一位绅士回答得很好,他会在任何时候,只要他能找到两名成员在任何一点上达成一致。"(cited in Checkland 1949,51)丹尼尔·韦伯斯特(Daniel Webster)甚至要更夸张。在读了20卷"从亚当·斯密到弗吉尼亚的迪尤(Dew)教授"的著作之后,他放弃了政治经济学;从整体上看,如果我用一只手挑出所有纯粹的真理,用另一只手挑出所有可疑的命题,那么剩下的就所剩无几了(Webster 1903:17,501;16:125)。

② 例如,麦克库洛赫也希望劝阻李嘉图不要出版探讨机械的章节。(Ricardo 1952—1971:1,viii)

马尔萨斯和李嘉图都没有意识到这个组织的建立在广义上是一种政治行为"(Checkland 1949,51)。

当时的作品的现代读者无一例外地受到其客观方式的冲击,其中这些事件看似是设计出来的。① 毋庸置疑的是,辩论的伎俩仍可看见,但整体而言,交流相当客观。以李嘉图写给马尔萨斯的众多信件之一所呈现的智慧完整度为例:"虽然我强烈感受到自己的理论中的真理,但我无法成功地将其描述清楚。我一直受到价格与价值问题的困扰,之前对这些问题的看法是错误的。我现在的观点或许仍不正确,因为它导致的结论与我所有先入为主的观点不一致。"②李嘉图与马尔萨斯互换的基调反映了当时政治经济的文雅本质。③ 马尔萨斯在一封信中向李嘉图做了自我介绍,并呼吁"私下友好讨论"(ibid.:5,21)。在收到这封信函之前,李嘉图也起草了一封写给马尔萨斯的信,其中包含着完全一致的说辞(ibid.:5,24)。

甚至是马克思也赞赏这种交流,称为"精彩纷呈的比赛",并指出"这一争辩无偏见的特点"(Marx 1977,96)。的确,无论是马尔萨斯还是李嘉图都不偏向工人阶级。两个人都展示出在自身理论中的偏好。但是,两人有时都表现出卓越的正直性。当李嘉图意识到其就技术变化的早期解释是错误时,他愿意公开

---

① 欧文(Owen)与古典政治经济学的核心人物的私交甚好,但他的看法有所不同。在谈到他与马尔萨斯、詹姆斯·穆勒、李嘉图、托伦斯等人的关系时,他声称没有目睹公开、直接、坦率、最有益和最令人愉快的真理语言,而是毫无保留地畅所欲言;社会上大多数人在公开场合和私下里的惯例只不过是传统的谈话,毫无意义,或者说虚伪。与生活的基本事务和人生幸福相关的最重要的真理在一般社会中是禁忌(Owen 1857:1,104)。

② 当然,无论结果如何,在寻求真理时,李嘉图并不总是维持相同程度的客观性。但是,他的信件确实透露出对其主观性的自豪。他观察到,"也许很少有人不受到本党之爱或其钟爱的制度的偏见"(Ricardo 1952—1973:7,205),这似乎表明,他把自己视为少数被选中的人之一。

③ "对于那些谈论政治经济学的女性来说,这已经不是什么时髦的事情了……有教养的太太们要求家庭教师为女儿教授政治经济学。"一位夫人对应聘家庭教师的人说道,"您教政治经济学吗?"虽然这位家庭教师精通法语、意大利语、音乐、绘画、舞蹈等,但是她对这意外的请求感到十分惊讶。她犹豫地回答说:"不,夫人,我不能说我教政治经济学,但如果您觉得这样做是有必要的,那我可以教。"(Maria Edgeworth,cited in Ricardo 1952—1973:10,172)但是,我们必须小心谨慎,避免对当时英国社会的一致程度一概而论。一些传统绅士仍坚持以前的方式,不符合其所处时代的资产阶级化。《布莱克伍德杂志》(*Blackwoods Magazine*)的一位匿名作家声称:"政治经济学迄今已经形成了党政政治的一部分。政治经济学家正在激烈争论,触及其中一些主要理论。这些理论给我们的政治体系带来了很大的问题。他们抨击英国社会的一些主要支柱。"(Anon 1825,542—543)政治经济学在政治斗争中未必是无法战胜的。有缺陷的结论须被视为过度抽象而不予考虑(Hilton 1977,9;Gordon 1976)。那些希望政治经济总是符合自身原则的人,就会从预期中被证明是毫无根据的。例如,听到罗伯特·托伦斯(Robert Torrens)的讲话,描述了由于资本涌入给爱尔兰带来的麻烦,罗伯特·皮尔爵士(Robert Peel)宣称:"如果自愿向爱尔兰转移资本是政治经济学的新发现之一,那将会是对爱尔兰的诅咒而不是祝福,那么他必须说,他对科学的信仰将会受到极大的动摇。"(cited in Black 1960,139)

承认错误。19世纪30年代,当李嘉图理论遭到攻击时,马尔萨斯拒绝了霍威尔(Whewell)请他引导对李嘉图的正面攻击的邀请,表达了与李嘉图无比相似的想法(March;and Sturges,1973)。

这一段时期,李嘉图会给朋友马尔萨斯写信,即"两人可能公平地向公众提出……不同的观点,以便从中吸引更多人参与思考"(Ricardo 1952—1973;加着重号)。难怪政治经济学可被视作一门科学!

政治经济学是如何达到这么高的客观程度的呢?答案便在于其相对独立的交流之中。例如,马尔萨斯对李嘉图的公开让步远不如他与霍威尔的私人交流慷慨。事实上,尽管他们的辩论刊登在精英期刊上,但这些机构只触及精英社会中相对同质的一小部分人。例如,《爱丁堡评论》(*Edinburgh Review*)称,在10万读者中,最多的时候达到了1.4万人(Graham 1930,236;Capplinger 1895,v)。因此,"公众(一般)在很大程度上不知道或对结果漠不关心"(Checkland 1949,417)。

这种对大众的排除有两大影响。首先,这意味着政治经济学家确实需关注其理论的意识形态含义。因此,它鼓励诚信。其次,它引起了对资产阶级视角的不加批判的接受。

因此,当马尔萨斯和李嘉图说到"有能力"之人时,他们理所当然地认为该词仅适用于处于相当类似的社会阶级中的绅士。西德尼·史密斯(Sydney Smith)是政治经济学俱乐部的创始成员之一,他表述了其所在阶级人士的典型态度,"年收入少于2 000或3 000(英镑)的男士若对重要问题有任何看法,都会被视为有些鲁莽"(S. Smith 1839,preface)。

以古典政治经济学的巨大发展为例,来证明这种理论工作所创造的进步。人们需记住,亚当·斯密在许多方面要比与他同时代的人有很大进步,只要考虑《国富论》与李嘉图原则之间政治经济发展的巨大程度就可得知。尽管在许多其他领域,发展速度已经加快,但在四十年之后,西尼尔和朗菲尔德的边际主义思想才演变成新古典主义思想。①

与新古典主义理论相比,古典政治经济学的成就更加突出。后者只不过是经济观念形式化,即经济是劳动和资本之间的和谐合作。例如,杰文斯评价自己的作品,人们可能会在此过程中得到全新之物。但阅读完杰文斯的书后,我们感到失望的是其新颖性主要在于他的数学应用。

---

① 霍奇森(Hutchison)同意我们对发展速度的判断。如果我们以马尔萨斯甚至边沁(Bentham)为出发点,就像霍奇森一样,那么我们的步伐可以说更慢(Hutchison 1953,15)。

更令人震惊的是,我们在杰文斯的作品中很少能看到 19 世纪 30 年代的作品中难以找寻的知识,例如西尼尔的作品。正如马歇尔所写,"我们可能深度阅读书作……但找不到任何实质的新观点"(Marshall 1925,94)。若由马歇尔来写,内容大概也是如此。这四十年的研究成果无异于一种系统化。

阶级和古典政治经济学

与大众对政治经济中鲜为人知的争议的无知相呼应的是,政治经济学家对普通民众的悲惨境遇也视而不见。当时政治经济学缺乏认识,并不一定是冷酷无情的理论家们刻意为之的结果。这是社会特殊结构的一部分。例如,恩格斯观察到,曼彻斯特"建造得很特别,所以人们可以住在这里多年,每天进进出出,只要他们把自己限制在商业或娱乐的范围内,就永远不会接触到一个住着工人的地区,甚至工人"(Eugels 1845,347—348)。例如,马歇尔和杰文斯都不得不在青年时有意探寻贫困的原因(Keynes 1933,137;Black and Koenigkamp 1972,17)。但是,杰文斯认为该经验无须制造对不幸之人的长期同情。

总体而言,英国政治经济学家更有可能在欧洲大陆或爱尔兰的旅途中看到贫困,从而确信英格兰人为工人阶级提供了相当好的生活条件。[①]

阶级之间的这种差距在很大程度上解释了 1776 年至 1830 年间政治经济学的客观基调。当时的政治经济学可以自由地研究其理论的意义,而不仅仅是为一种政策设计适当的理由。

到 1830 年,辩护的需要变得更加迫切。资产阶级遭受了英国斯温起义和法国七月革命的威胁(Berg 1975)。1830 年 12 月,马利特(Mallet)发现政治经济俱乐部充斥着农业动乱的消息,"我们太过于关注政治氛围,对机械的破坏等:一般的观点似乎是,如果这些动乱持续下去,就必须增加军事力量或某种形式的国民警卫队"(cited in Berg 1980,113)。最终,因其有力的反响:

[①] 在政治经济学界或许有人会表现出对阶级矛盾的意识。例如,穆勒写信给李嘉图:"奇怪的是,你所见到的几乎每一个人——辉格党和保守党——都同意发表他们对一件事的看法,即在这个国家富人和穷人之间的伟大斗争已经开始。人民最终必须获胜,而富人阶层却表现得好像他们完全确信相反的情况,因为如果人民必须取得胜利,却被迫承受巨大的痛苦,这些人除了激怒胜利者还有什么意义呢?古老的格言似乎是正确的,'当上帝要摧毁一群人时,他首先让他们疯狂'"(Richardo 1952—1973:9,42)。李嘉图回答说:"我们唯一能做的就是把他们所说的富人和其他阶级之间的斗争放在一边,富人应该对其他阶级做出合理的让步,但这是他们愿意采取的最后措施。"(ibid.,45)我们现在应该明白这些交流有多么抽象。此外,对"贫穷"的定义是开放的。回想一下,李嘉图曾认为普选权太过极端(ibid.,5,29,485,502)。难道李嘉图和穆勒的美好愿望不会比 1832 年的改革法案所赋予的财产所有者的权利更进一步吗?

资产阶级在法国和英国夺得了政权。从那时起,阶级斗争在实践方面和理论方面采取了日益鲜明的和带有威胁性的形式。它敲响了科学的资产阶级经济学的丧钟。现在问题不再是这个或那个原理是否正确,而是它对资本有利还是有害,方便还是不方便,违背警章还是不违背警章。无私的研究让位于豢养的文丐的争斗,不偏不倚的科学探讨让位于辩护士的坏心恶意。(《马克思恩格斯全集》第44卷,北京:人民出版社,2001年,第17页。)

马克思想到的经济学家显然是西尼尔(Marx 1977,333)。同样,西尼尔在《工资率三讲》开始时解释说,虽然他们是在一个安宁的时期写的,但该国目前处于"可能需要受过教育的阶级中的每一个人的努力,并且可能需要协助执行,甚至是发起救济劳动人民的措施,因为劳动人民还不太了解那些应该给予救济的原则"(Senior 1831,iii)。

大约在同一时间,宽容的约翰·斯图亚特·穆勒表示不愿意出版他的一些文章,因为他害怕"给科学的敌人一个把柄,像托伦斯和马尔萨斯,甚至西尼尔等人一直在做的事情,我都有系统地在避免"(J. S. Mill 1834,236)。穆勒和西尼尔的态度是可以理解的,因为中产阶级的知识分子正在发展与资产阶级相反的理论。马克思自己当时与工人的联系是有限的,他写道:"正如经济学家是资产阶级的科学代表一样,社会主义者和共产主义者是无产阶级的理论家。"(Marx 1963,125)

工人阶级的先进分子认识到政治经济的意识形态本质,已经为这种批评奠定了基础,使得像霍吉斯金(Hodgskin)这样的中产阶级激进分子的工作更加容易。1831年弗朗西斯·普拉斯(Francis Place)观察到,全国工人阶级联盟认为,劳工应该能够要求对其生产的所有产品拥有所有权。他说:"他们谴责所有不同意这些观点的人,称他们为非政治经济学家。在这些经济学家的称呼中,包含了工人阶级的死敌的概念,工人阶级的敌人不应该得到他们的怜悯。"(Place 1831,48—49)来自奥尔德姆的激进工作者约翰·奈特(John Knight)的话,反映了工人的智力追求探索:

在不到二十年的时间里,棉花工厂的工作已失去了三分之二以上的价值……没有任何东西在市场上失去它的价格直到它变得多余……现在是英国工人觉醒的时候了,而不该再被盲目的雇主伤害或驱赶。我们必须……逐渐把眼光放得更远,不仅包括具体商业部门的改善,而且要改善全体英国劳工的条件。鉴于此,我们应该确定劳动的内在价值;因为,在我们了解到这一点之前,是不可能确定我们在多大程度上被剥夺了劳动的果实的(cited in Foster 1974,109)。

杰文斯极度渴望告诉工人政治经济学的真相。他希望工人们相信,工会、慈善以及类似的组织只会影响工人阶级(Javons 1866)。他坚称:"所谓的劳动与资本间的矛盾是一种错觉。真正的矛盾存在于生产者与消费者之间。"(Javons 1882,110)尽管杰文斯擅长雄辩,但工人们依然坚定地反对他的科学。考虑到未能说服工人,杰文斯总结道:"我们必须从孩子们开始,在商业制造无法逾越的偏见之前,给他们灌输关于社会地位的简单真理。"(ibid.,51—52)

西尼尔发现在爱尔兰甚至是孩子们都受到了这一观点的影响,即杰文斯希望消除工人阶级。他参观了许多学校,观察课堂,并借机向孩子们提问以了解他们对政治经济学的知识:

我重复了我在其他学校问过的问题——"如果每个人的生产力都是现在的四倍将会发生什么?"

他们回答道:"所有人都会变得贫穷,因为那时便没了工作的需求。"

我说:"他们消费的物品不会更加丰富多样吗?"

"或许如此,"他们说,"但是他们没有钱购买。"

"为什么会这样?"

"因为现在只有富人有足够的钱,而且会雇用其中的四分之一。"

这必定是一种常见的观点,因为我常常遇到。穷人似乎未能意识到人类欲望的多样性和无限性。(Senior 1868:2,137)

对资本主义的此类激烈反对除了影响政治经济学,别无他用。我们在一位意识到阶级斗争的重要性的作家冯·蒂宁(von Thünen)的作品中发现了一个提示。他很担心:"法国是整个欧洲动乱的发源地,初步斗争的第一个迹象正出现在共产主义者的观点和教导中,目前仍未发生流血事件。"(Dempsey 1960,218)

更糟糕的是,同情工人阶级的困顿的人道主义中产阶级观察者,尤其是欧洲大陆的中产阶级,开始对市场经济失去兴趣。因此,梅里韦尔(Merivale)抱怨道:

同样,在英国,经济学说也不得不与之相抗衡,不仅要与那些始终存在的顽固守旧的对手相抗衡,而且还要与那些新近发生的巨大变化所激发出来的具有远见卓识的新种族相抗衡。因为这种变化总是会产生奇特的各种消失的猜测。人们对资本家和劳动者之间的竞争现状存在着广泛的不满。哲学世界似乎从来就不满足于简单地坚持同一体系,而是把斯密和杜尔哥的自由放任主义理论发挥到极致,随后仅仅因为厌倦,为了寻求新的刺激而把它们抛到一边(Merivale 1837,80)。

盛行的反对观点对政治经济学基调有着重大影响。马尔萨斯与李嘉图受公众关注度相对低时,他们的追随者先入为主认可工人阶级的存在。例如,冯·蒂宁提出阶级矛盾的解决方案即提倡工人领取自然工资,他根据其发明的公式计算得出。但是,几十年来,他一直避免发表自己的真实观点,从而避免卷入争议:

舆论强烈地反对它们,我害怕通过发表它们,会被认为是一个狂热者甚至一个革命者,而不能希望会有同情的理解,从而产生一些作用。自那时起,不到二十五年过去后,公众意见和国家前景在这短短的时间内发生了如此大的变化!(von Thünen 1826—1863,223)

意识形态

如果可以,我会创办一所学校来研究政治经济学,以使人们的心灵更加坚定。

——珀金斯(Perkins,19 世纪芝加哥、伯灵顿和昆西铁路公司的总裁)

(cited in Gutman 1977,69)

冯·蒂宁没有表态,这一领域向劳工的"敌营"敞开着。古典政治经济学著作中隐含的批判要素受到抑制。马克思对这些人的研究不屑一顾,称其为"坚韧的平庸之辈,越是令人作呕,就越是宣扬自己的科学主张"(Marx 1973,853)。

例如,西尼尔的节欲论"用同义词替代经济范畴"(Marx 1977,744)。随后,西尼尔将困难时期归咎至工人对政治经济学规律的忽略(Senior 1831)。他抱怨道:"穷人的政治经济学十分吸引未受过教育的人,虽然人类制度有能力让每个人都变穷,却不能让每个人都变富……它们会让痛苦弥漫,而不是幸福。"(Senior 1871:1,150;cited in Hunt 1979,124)在西尼尔写这段话的几年前,马克思曾用过相似的表达,很可能正是西尼尔脑海中的想法。马克思在 1864 年第一国际的就职演说中指出,西尼尔极度反对的十小时法案代表了:

这里的问题涉及一个大的争论,即构成资产阶级政治经济学实质的供求规律的盲目统治和构成工人阶级政治经济学实质的由社会预见指导社会生产之间的争论。因此,十小时工作日法案不仅是一个重大的实际的成功,而且是一个原则的胜利;资产阶级政治经济学第一次在工人阶级政治经济学面前公开投降了。(《马克思恩格斯全集》第 16 卷,北京:人民出版社,1964 年,第 11—12 页。)

除西尼尔外,斯克罗普(Scrope)和隆菲德(Longfield)着手创造了一种更安全的政治经济学（Berg 1975；Meek 1967；Dobb 1973，23）。隆菲德曾警告其读者（注意）那些人"（他们的）目标是……通过刺激贫民和无知者的情绪制造混乱，并使其相信自身贫困是由压迫和暴政引起的"（Longfield 1834，158）。

怀特利（Whately）认为市场的完美完全是奇迹（Whately 1831；McVickar 1835，34，cited in O'Connor 1944，77），他担心政治经济学已落入"努力将其占为己有的反基督教主义者"的手中（Whately 1868，66，cited by Moss 1976，15）。这些"反基督教主义者"中最引人注目的属霍吉斯金，他是所谓的李嘉图派社会主义者中最著名的人物。

詹姆斯·穆勒是霍吉斯金的朋友，他担心"如果霍吉斯金的想法能够传播，将颠覆这个社会"（cited in Bain 1882，364）。对霍吉斯金最直接的攻击来自好斗的托马斯·库珀（Thomas Cooper），他的信件写于南卡罗来纳州查尔斯顿，这里引发了一场可怕的人民运动。库珀挑战了霍吉斯金的《通俗政治经济学》，"如果这些建议是机制结合起来实施的，那么是时候让那些失去财产和保护家庭的人联合起来自卫了"（Cooper 1830，353）。在这样一种心理状态下，真相只能让位于宣传的需要。

例如，庞巴维克将西尼尔理论的普遍性归功于"其作为一种理论的优越性，因为它被用来支持对已经对其进行的严重攻击的兴趣"（cited in Dobb 1973，105n）。政治经济学让位于一种被称为"庸俗经济学"的意识形态。

在边际主义进一步发展中，意识形态的重要性一直存在。我们有克拉克（J. M. Clark）的证词，他父亲的工作就是这样一个真实的事实："他的言论是以马克思为导向的，最好被解释为对马克思主义剥削理论的一种认真的、而不是精心修饰的反驳。"（Clark 1952，610）根据维克塞尔（Wicksell）的观点，甚至连瓦尔拉斯（Walras）的纯理论似乎也是与在圣西蒙尼亚人的讨论中促成的，他随后希望提供一个简单的证明，证明自由交换产生最佳结果（Wicksell 1934，73—74）。杰文斯似乎也受到他对"工人阶级数量越来越多，团结力越来越强"的恐惧的高度影响。[①]（Jevons 1866，43；Dobb 1973；Meek33 1967a，1973；J. Henderson 1955）

如果个人倾向不足以引起对资本的同情，则需要实行复杂的奖励制度。阿什利（Ashley）指出，政治经济学教授的职位"被视为政府官职的垫脚石或政治事业的附属物"（Ashley 1907，485）。

---

① 尽管米克（Meek）在1977年的作品中改变了探讨的核心。

客观的伪装

若将政治经济学规律视作除资本工具之外的其他事物,则需将极端的个人利益的影响一直放在考虑之中。因此,经济学家不得不学习如何将意识形态与尽可能科学的工作结合起来。例如,熊彼特(Schumpeter)将经济学中价值中立的最有说服力的论据归功于西尼尔,他是诸如十小时法案等众多劳动改革的党派反对者(Schumpeter 1954b,82)。

当经济学家们无法说服其听众时,他们将自己视作客观公正,而怀疑论者们则是由卑微的动机驱使的。例如,欧文·费雪(Irving Fisher)曾抱怨道:

货币数量论是经济学中最激烈争议的理论,主要是因为人们对其真伪的识别影响了商业和政治的强大利益。毫不夸张地说,人们一直认为,如果涉及金融或政治利益,欧几里得(Euclid)的定理将会引发巨大争议(Fisher 1922,14—15)。

杰文斯代表着社会学中的一种奇特案例研究,即表面上追求政治经济学的客观性。他的理论是熊彼特所称的李嘉图恶习的最佳案例,他将其定义为"永不会被驳斥的绝佳理论,并且包含的一切事物都有意义。我们将把这一特征的结果应用于解决实际问题的方法的习惯称为李嘉图恶习"(Schumpeter 1954a,473)。为了试图避免其作品招致批评,杰文斯使用了数学。他希望自己的话可以像皇家天文学家一般权威,就如同费雪(Fisher)期盼获得与欧几里得(Euclid)相似的接受度一样:

在涉及经济和政治的问题中,人们未冷静聆听科学与推理的要求。人人都认为自己大概有能力且有权利通过未经外界帮助的智力形成自己的观点。然而,在其他任何学科或科学中却不是这样……任何心智健全的人都不会质疑皇家天文学家的计算……因为人们不仅知道天文学家的正确率是多么高,还知道天文学本身就是一门未经长期学习就无法理解的科学。

如果皇家天文学家不仅要确定和预测月球的位置,而且要不时地向那些没有受过教育的人解释月球理论的细节,从而使竞选中的一群人信服的话,那他的地位就不值得羡慕了。如果他们立即指责他为了利益,为了保持自己的薪酬或他的阶级的特权而捏造其一切,情况将会更糟(Javons 1876,44)。

实际上,长期以来,杰文斯所写的一切都支持其自身所处阶级的利益。他在其作品中注入了强烈的意识形态力量。例如,他利用自然科学来论证市场的显著缺点是由太阳干扰或熵引起的自然问题,而非不理想的社会形式(Mirowski 1984)。

然而,杰文斯却在社会政策中表现出冷酷的傲慢,他建议反对慈善,支持用于博物馆、管弦乐团、图书馆和公共钟表等有利于中产阶级便利的公共开支(Hutchison 1953,47)。这究竟是怎样的一种科学?

不同于现代的时间分配理论,杰文斯的功利主义仅限于严格意义上的经济活动(Becker 1965)。在呼吁工人阶级更加努力工作的同时,他还半开玩笑地建议中产阶级通过轮滑来提高效率(Javons 1876,5)。难怪他未能说服工人阶级!

在任何关于客观性伪装的探讨中,凯恩斯也值得一提。思考他写给萧伯纳(Shaw)的著名的信为例,其中预言了《通论》(General Theory)的改革影响。阅读凯恩斯的著作本身可能给人的印象是,他打算采取自由放任理论。实际上,凯恩斯在信中所写暗示了他仍有其他重要事情。凯恩斯预测"未来会有重大变化,而且尤其是马克思主义的李嘉图基础将会被摧毁"(Keynes 1935,493)。然而,凯恩斯有效地伪装了他的意图。在《通论》一书中,我们只能了解到,马克思创造了"古典经济学"这个术语(Keynes 1936,3),他与西尔维奥·格塞尔(Silvio Gesell)或道格拉斯(Douglas)少校一起生活在地下世界(ibid.,32),最后,前者提供了"马克思主义的答案"(ibid.,355)。多么难得的一次直白展示啊!甚至连熊彼特也开始说,"我不是马克思主义者,但是我完全认可马克思的伟大。看到他被归为西尔维奥·格塞尔和道格拉斯少校一类我感到很不高兴"(Schumpeter 1936,193)。

萨缪尔森(Samuelson)似乎在准备他的原则文本时已经有了意识形态的目标。其《经济学》(Economics)第六版的指导手册表达了他希望"典型的学生将会对我们这种混合经济的有效性产生新的尊重,这种尊重不是基于口号,也不是建立在对可能的不完善的无知上,而是基于理论和事实知识的尊重,而且这种尊重不会在困难时期的首次威胁中衰败"(cited in Linder 1977,v—vi)。尽管为了维持意识形态霸权付出了很多努力,但是经济学家仍经常发现自己受到拒绝接受客观性的人的挑战。因此,政治经济学试图强化其正统观念。

政治经济学家从一开始就构成了监督邪教观点的权威(Coats 1964),例如,政治经济俱乐部的规则使其成员"把他们自己的相互指导和传播别人的政治经济学的公正原则看作是一种真正而重要的义务"(Political Economy Club 1860,23—24)。

这个高调的目标只是意味着成员有义务"监督新闻界,以反驳它可能传播的任何错误的经济学说"(ibid.)。另外,政治经济学也试图通过在广大工人阶级中传播政治经济学以扩大其影响力。①

事实上,以霍奇金为联合创始人的机械协会,成为向工人阶级灌输政治经济学知识的主要力量之一(Gilmour 1967;Halevy 1956)。

资产阶级经济学家成功地建立了其专属的合法性要求,至少令大多数专业人士满意。像托伦斯(Torrens)或约翰·斯图尔特·密尔级别的作家有时会宣称,真理时代实际上已经开始了,这种混乱终于从政治经济领域中消失了。然而,在政治经济学领域中,真理是次要考虑的因素。

新古典主义理论延续了19世纪30年代早期边际主义的意识形态传统。它小心翼翼地避免承担阻碍后期李嘉图理论的警告。它轻视理论的作用。思考罗伯特·索洛(Robert Solow)对斯拉夫经济理论批判的回应。据索洛的说法,"若主流'新古典主义'理论的论点正式宣布被推翻,几乎没有任何人,或许根本就没有人会做任何不同的事情"(Solow 1975,277)。换言之,经济学家将忽视这样一个事实,即价格不能被视为经济合理性的有效指标,并将继续假装它们是经济合理性的指标。

相反,它凭借最大化的数学原理来宣称普遍性。通过使用数学的方法来确定市场,我们就有了一个适用于一切时代和地点的理论。② 事实上,"二战"后许多数学经济学的进步并不是无私地努力理解经济进程的结果,而是为了反抗法西斯而制定的计算方法(Boland 1982,191)。尽管如此,这些技术很容易被纳入经济分析中。

让人们从数学领域跳跃到社会领域而不进一步思考的超级自信,表明了经济学作为一个科学的空洞。一个理论一旦打着伪科学的幌子,它将被视为微调经济的一套工具。③ 用彼得·魏尔斯(Peter Wiles)的话说,"这样,这只步履沉重的牛,从平庸、低调和宽容的世界观出发,被拴在了一条公理方法论的赛马上"(Wiles 1979—1980,161)。

一旦经济学家们被数学所左右,相信其工具的科学性质,他们的信心就变得无比强大。在肯尼迪·约翰逊(Kennedy-Johnson)政府期间,经济学家曾自

---

① 查默斯(Chalmers)可能因在其著作《大城镇的基督徒和城市经济》(The Christian and Civic Economy of Large Towns,1816)中预言了这一运动被排除在外。

② 瑟罗(Thurow)在主流经济学之下进一步指责了虚假的科学主义。在他看来,复杂的实证主义研究并非用于检测理论,相反它是展示这些理论的平台(Thurow 977,83)。

③ 值得称赞的是,奥地利学派从未落入这一圈套。相反,他强调理论的不可量化性。因此,它可能会用数据描述既定的一系列情形,但是数据关系无法在未来用于管理世界时传递有用的信息(Von Mises 1949,55—56,348;1953,662—665;Rothbard 1976,34—35)。因此,人们认为理论只是背诵自己对市场的信念。

豪地宣称，这个商业周期被他们的奇妙工具所淘汰。亚瑟·奥肯（Arthur Okun）认为："更有力和更一致地应用经济政策工具，导致了商业周期模式的过时和对停滞神话的驳斥。"（Okun 1970，37；Okun 1980，163）

无论新古典主义经济学多么珍惜其作为科学的地位，但这种地位只是一种错觉。19世纪的经济不是机器，正如重商主义者的经济不是动物一样。但是，杰文斯将这种规律视作"一系列几乎严苛、相互联系的定义、原理和理论，就如同众多几何问题一样"（Jevons 1871，13）。这种方法的简单性是诱人的；然而，正如凯恩斯所观察到的那样，它也对现实产生了暴力，因为它"明确假设所涉及因素之间的严格独立"[①]（Keynes 1936，297）。因此，新古典主义者可享受"无尽的自信"状态，他们可以在不被那些认真思考方法论的人的纠缠不清的质疑所困扰的情况下，研究其理论中的细致问题（Veblen 1898）。

伪科学的机械经济学受到另一个失败的困扰：不适用于任何非静态状况。理论家不时建议通过生物类比来重构经济理论；然而，该项目说着简单、做着难。

即使是宣称"经济学的圣地存在于经济生物学中"的马歇尔，也将其读者带回了亚当·斯密的古老理论（Marshall 1920，xiv）。首先，他认为，由于"生物概念比机械更复杂"，它们不适用于一本原理书。此外，马歇尔对其方法的描述表明，他无法弥合其机械世界和"心中圣地"之间的差距。

他一开始就解释说"需要处理的力量……数量众多，所以最佳方法是一次同时处理几个"（ibid.）。随后的进展有可能使我们成为"第二个国家，有更多的力量从假设的沉睡中释放出来"（ibid.，xvi）。逐渐地，根据马歇尔所说的方法论，"临时静态假设的作用变得更小"，而应许的真理之地将会出现。实际上，除几篇提及树木生命周期的文献外，生物学鲜见于马歇尔的著作中。逐渐放开的限制性假设不能转变马歇尔认为存在根本性缺陷的机械分析。我们是否要相信亚当·斯密的一般均衡系统，增加流动性陷阱或永久收入效应的调整？不。"推理的短链"与政治经济学的关系太过复杂，无法用它来理解（ibid.，773）。

凡勃伦（Veblen）更有力地证明了马歇尔对经济学的非机械论方法，他呼吁"一种过程理论，即展开其连续的序列"（Veblen 1898）。不同于马歇尔，他不允许自己陷入熟悉的倾向；然而，他也没有就如何提供这样一个理论提出任何建设性的建议。他指出："所有的经济变化……总是在最后的关头改变思想习

[①] 大多数20世纪经济学的重要批判性作品，与被人们忽视的依赖性相关。例如，凯恩斯的《通论》便阐明了工资率与有效需求之间关系的意义。我们可能还会注意到，相较于被灌输了机械思维模式的新古典主义者，徘徊于机械类比和有机类比之间的重商主义者不太可能落入假设独立性的错误。

惯。"极端主观主义使他总结道:"知识的终极术语或理论具有形而上学的性质。"(Veblen 1899—1900,pt.3,241)简而言之,凡勃伦随后将我们带回了库恩的理论,尽管韦布伦自己也认识到经济理论的确进步了(Veblen 1919,126)。

马克思经济思想的科学性

一切都是虚荣和精神的烦恼。弯曲的不能变直,缺少的不能足数。

——《传道书》(1:15—16)

新古典主义理论是试图摆脱政治经济学一切不必要影响(如李嘉图理论)的努力的高潮。尽管如此,我们也应该抵制过度把马克思关于庸俗政治经济学与古典政治经济学区别开来的诱惑,特别是当我们从狭隘的自我利益的角度来理解前者时,就像马克思比较"无私的询问者"和"雇用拳击手"所得出的结论(Marx 1977,97)。

李嘉图可相对充分地发挥其对理论问题的猜测,因为他对政治经济学细节的讨论似乎只有有限的听众。之后,由于理论家认识到工人阶级可以说是站在他们的肩膀上看问题,因而这个问题的意识形态信息变得突出。我还应该提到,就实际政策而言,李嘉图与那些理论上更加意识形态化的人相差不大(Perelman 1983;esp ch. 4)。

确实,隆菲德和怀特利的重要性显然次于李嘉图,但是穆勒和麦克库洛赫也一样。更重要的是,我们不应该过度强调其中的个人性格特征。英国一定有许多人和李嘉图一样有才华。

李嘉图不应被视为一个特殊的人,而应是更广泛的社会现象的一个代表。像其前辈坎蒂隆一样,李嘉图是世界金融的产物,对他来说,整个世界几乎本能地变得抽象起来。鉴于李嘉图的职业所提供的闲暇和尊重,他着手从市场关系方面来解释社会。① 如果他的一些同事得到詹姆斯·穆勒的鼓励和指导,他们可能与李嘉图的成就不相上下。

让我们从另一个角度考虑古典政治经济学和庸俗政治经济学,从先前探讨的抽象概念的角度反映了二者的区别。对于该问题的分析并不透彻。我们也可以像麦克弗森(Macpherson)那样,从伽利略到霍布斯来追溯原子社会的起源(Macpherson 1962;30,101)。

---

① 非常有趣的是,李嘉图的事实经济视角或使其更好地理解真正的劳动过程的本质,这要比其作为乡绅甚至是直接监督生产的资本家能更好地实现理解。

或者,我们可以跟随索恩—雷塞尔(Sohn-Rethel)的提示性领导,他假设抽象思维一般是货币交换经验的产物(Sohn-Rethel 1978)。我恰巧更青睐笛卡尔的阐释路径,因为它遵循着一个马克思的方法。笛卡尔主义与政治经济学之间关系的早期探讨,仅仅在于引入生产体系与思维体系相互作用的本质。①

至此,我们面临着一个棘手的问题:如何在连续出现在我们面前的众多表象之中识别出现实真相? 由于资本主义社会的本质,人们屈服于拜物教思想。因此,马克思反对圣经中的格言,即"人类一定会看外表"(I Samuel 16:7)。例如,马克思在预测荣格心理学时指出,资本主义社会中的人用他称为"特征面具"的要素确定其实际行为。遗憾的是,英文翻译版本中删除了马克思作品的这一方面(Marx 1973:23,100,591;1973,179,711;167:2,388)。

尽管打破虚假表象困难重重,但马克思仍相信科学最终能通过抽象概念发现潜在的真相(Marx 1977,90;Perelman 1978)。实际上,科学被马克思认为是避免虚假外表造成的困惑的力量(Marx 1865,209;Marx 1967:3,817)。在马克思看来,这种困惑和错误在某种程度上是可以避免的,因为我们可以称为科学实践的东西"正在起作用"。

毛泽东准确地反映了马克思对实践的理解,他写道:"只有人们的社会实践才是人们对于外界认识的真理性的标准。"(Mao 1937b,283)在现实中,知识只有在社会实践过程中才能被验证。例如,莫里斯·克莱恩(Morris Kline)认为,现代数学本身就是把自己的工作视为一种纯粹的抽象,而不是把它当作现代科学的实际需要,这严重妨碍了现代数学的发展(Kline 1980,esp. 167ff,278ff;Sohn-Rethel 1978)。

阿尔都塞(Althusser)采取了更加怀疑的态度。他断言,抽象不能捕捉到现实的本质,这一立场与接受过海森堡原理和哥德尔定理教育的那一代人的现代怀疑论立场有些相似(Althusser and Balibar 1970,88—89)。

显然,阿尔都塞在严格的认识论意义上是正确的。大多数哲学家表示认同。但我们无法确信自己了解真理。给定一组特定的目标,必须形成一套适合当前任务的概念。而且一方的概念不适合朝向另一方的目标努力。

马克思的方法与阿尔都塞的很相似。与古典经济学家不同,他探索的不是最终真理,而是实践真理。在这一方面,恩格斯的观察非常具有指导意义。1895年,恩格斯致信康拉德·施密特(Conrad Schmidt):

---

① "通过重复这一过程(满足需求),事物的属性在他们的脑海中留下了深刻的印象。人类为这些事物赋予一个特定(一般)的名称,因为他们已知其用于满足自身需求。"(Marx 1879—1880,190—191)

您把价值规律贬为一种虚构,一种必要的虚构,差不多就像康德把神的存在贬为实践理性的一种假定一样。

您对价值规律的责难涉及从现实观点来看的一切概念。

封建主义是否曾经和它的概念相适应呢?……而它最接近于它的概念是在短命的耶路撒冷王国。(《马克思恩格斯全集》第39卷,北京:人民出版社,1974年,第408页。)

那么抽象概念有何价值呢?根据恩格斯的说法,为避免人们"过分投入于细节"从而未能"关注整体的相关性"(ibid.,457),抽象概念是有必要的。用索恩—雷塞尔的语言描述,即"抽象可比作概念思想的研讨会"(Sohn-Rathel 1978,18)。

因此,在马克思和恩格斯看来,理论概念有利于分析复杂相关的现实结构。虽然我们不能用此类概念直接掌握事实的本质,但是它们让我们实现了知识的累积扩展。正如恩格斯于1890年写给施密特的信中所述,"科学史是逐渐消除……无稽之谈或是用新鲜但更为合理的说法替代无稽之谈的历史"(Marx and Engels 1975c,400—401)。恩格斯指出了一种通过逐次逼近以获得真理的方法。我们发现库恩的作品中埋藏着一种相似的乐观主义,它强调抽象概念的发展使得人们可通过科学更好地掌控世界。

马克思强调了一种反向因果关系。对他来说,组织物质环境的经验为创造更好的经济范畴提供了机会,并用此掌握世界。[①] 尽管如此,库恩的科学进步观可能通过一系列无根据的假设有助于解释传统经济学,但他的反智主义不能把握马克思主义政治经济学的本质。

换言之,马克思和库恩都认同偏见可能决定了人类的先入之见。库恩认为,人类必定是偏见的"囚徒";马克思认为,在一定限度内,理论工作能超越当下的主流观点,甚至预见到在实践中尚未明确表现出来的某些矛盾。他认为政治经济学仍需要此类重要的理论工作的完成。

马克思与经济学范畴批判

因此,对马克思和恩格斯而言,政治经济学为社会本质提供了尤为重要的见解:"一切社会变化和政治革命的最终原因,不在于人类大脑中,也不在于人类对永恒真理和正义的优化思考中,而在于生产方式和交换方式的变化之中。人们可从每一个具体时代的经济学中、而非哲学中找寻得出。"(Engels 1964,

---

[①] 傅科(Foucault 1978,22)也曾描述这一过程。

316)马克思回应了这种想法,他表示:"对社会的详尽剖析须在政治经济学中寻找。"(Marx 1859,20)而且古典政治经济学的作品相当宝贵。它通过研究其周围世界而提取的范畴包含了纯化的资本主义体系的本质,这种体系不受具体的时间或地点的影响。

马克思未对所有经济范畴一视同仁。他认为人们必须关注生产过程。因此,资本主义的主导范畴必定是资本(Marx 1967:3,826-827)。由于"资本的主要矛盾包含着当今社会的全部矛盾的根源"(Engels 1964,321),所以用于分析资本的范畴也必须反映这些矛盾。

在这种意义下,古典政治经济学成功了。它铸造了反映该系统本质的,包括其矛盾的范畴。因此,马克思认为:

> 诸如重农学派、亚当·斯密、李嘉图这样的政治经济学家渴求理解现象的内部联系的愿望,什么(是)……是在矛盾的"肥料"中,从矛盾的现象中强行推论出来的。作为他的理论基础的矛盾本身,证明理论借以曲折发展起来的活生生的根基是深厚的。(《马克思恩格斯全集》第26卷第三册,北京:人民出版社,1974年,第499,87页。)

马克思对政治经济学的分析,在很大程度上是对这些范畴的一种批判。他告知《资本论》的读者"此处所指的个体仅是经济范畴的人格化"(Marx 1977,92)。早些时候,他将自己在政治经济学领域的工作描述为"对经济范畴的批判"(Marx to Lasalle,February 22,1858,in Marx and Engels 1975c,96)。

马克思对政治经济学范畴的批判有两种形式。一方面,马克思承认古典政治经济学的伟大智力成果。另一方面,他试图证明古典政治经济学的不足。他的分析使其相信"经济范畴反映在极度扭曲的思想中"(Marx 1963-1971:3,163)。例如,诸如工资和竞争等概念模糊了剩余价值产生的过程(Marx 1977,ch.19;Marx 1967 3,ch.50)。

通过古典政治经济学的范畴,体系中固有的矛盾仍未明显显现。古典政治经济学在分析合理概念中取得了一定进展,但是这一工作尚不完善。在此意义上,沙宁(Shanin)评论道:"因此,《资本论》的理论结构将是对政治经济的辩证否定,资本主义的自我意识将其最高的成就转化为对其根源的批判,揭示资本主义的本质,从而颠覆和改造资本主义。"(Shanin 1983,3-4)例如,在1877年8月1日马克思写给恩格斯的一封信中,他引用了俄国经济学家考夫曼(Kaufmann)的论断,并表示赞同:

> 在我们概述各种价值学说时……我们看到政治经济学家们非常了解这个范畴的重要性……尽管如此……一切研究经济科学的人都知道这一事实,即人

们在口头上把价值的意义提得极高,而实际上,在序言中或多或少谈过它之后,很快就把它忘记。举不出来任何一个例子,其中对价值的论述同对其他问题的论述是有机联系的,表明序言中关于价值的阐述对以后的论述有影响。(《马克思恩格斯全集》第 34 卷,北京:人民出版社,1972 年,第 66 页。)

马克思继续阐述其发现:

这确实是一切庸俗政治经济学的特征。这是亚当·斯密创始的。他对价值理论的为数不多的、深刻而惊人的运用是偶然表现出来的,对他的理论本身的发展没有起任何影响。李嘉图从一开始就把他的学说弄得令人费解,他的很大过错在于他企图利用那些恰恰是同他的价值理论显然最矛盾的经济事实来证明他的价值理论的正确性。(《马克思恩格斯全集》第 34 卷,北京:人民出版社,1972 年,第 66 页。)

更重要的是,政治经济学未能贯彻相关问题(Marx 1977,173—174)。甚至即便当其在此方面成功时,它仍未意识到自身的结果(ibid.,679;Marx 1967:3,830)。正如马克思所述,"古典政治经济学几乎是跌跌撞撞地接近事物的真实状态,但没有有意识地加以阐述。只要披着资产阶级的外壳就永远无法实现这一点"(Marx 1977,682)。马克思成功脱去了其自身的资产阶级外壳,他能够触及其前辈无法讨论的领域。在这一过程中,他用政治经济学范畴的批判来呈现这些范畴所包含的深层次矛盾。

在此意义下,马克思发挥了古典政治经济学的最佳传统。例如,他基于古典政治经济学发现商品包含使用价值和交换价值。此外还补充道,这种双重性同样适用于劳动力这种特殊商品。因此,劳动力与资本之间的矛盾是看似无害的商品范畴的固有矛盾。

马克思认为自己引出了一个曾经由李嘉图派社会主义者提出的过程。在评论其作品时,他写道:

李嘉图的理论在它自己的前提基础上产生的对立面具有如下的特点:政治经济学,随着它的不断发展——这种发展,就基本原则来说,在李嘉图的著作里表现得最突出——越来越明确地把劳动说成是价值的唯一要素和使用价值的唯一(积极的)创造者,把生产力的发展说成是实际增加财富的唯一手段,而把劳动生产力的尽可能快的发展说成是社会的经济基础。实际上,这也就是资本主义生产的基础。特别是李嘉图的著作,在它证明价值规律既不受土地所有权也不受资本积累等等的破坏的时候,其实只是企图把一切和这种见解矛盾或似乎矛盾的现象从理论中排除出去。但是,正像劳动被理解为交换价值的唯一源泉和使用价值的积极源泉一样,"资本"也被同一些政治经济学家,特别是大卫·李嘉图(在他以后,托伦斯、马尔萨斯、贝利等人更是这样)看作是生产的调节者、财富的源泉和生产的目的,而在他们的著作里,劳动表现为雇佣劳动,这种雇佣劳动的承担者和实际工具必然是赤贫者……他们只是生产费用的一个项目和单纯的生产工具。(《马克思恩格斯全集》第26卷第三册,北京:人民出版社,1974年,第284页。)

现在我们看到了马克思对其政治经济学批判最清晰的评论。他继续写道:"在这个矛盾中,政治经济学只表现出资本主义生产的本质,或者说(如果你喜欢的话),也可以是雇佣劳动的本质,或者是与自身相异化的劳动的本质,它面临着其自身生产力所创造的财富。"(ibid.)古典政治经济学的这一方面并不是一个错误。它是古典政治经济学家处境的必然结果:

由于受到资本主义生产视野的局限,他们把社会劳动在这里借以表现的对立形式说成和摆脱了上述对立的这一劳动本身一样是必然的。这样,他们一方面把绝对意义上的劳动(因为在他们看来,雇佣劳动和劳动是等同的),另一方面又把同样绝对意义上的资本,把工人的贫困和不劳动者的财富同时说成是财富的唯一源泉,他们不断地在绝对的矛盾中运动而毫无觉察。(《马克思恩格斯全集》第26卷第三册,北京:人民出版社,1974年,第285页。)

随后的内容值得仔细阅读:"同样的现实发展也为资产阶级政治经济学提供了这个令人震惊的理论表达,揭示了其中蕴含的现实矛盾……在李嘉图理论中,这些矛盾即使是无意识的,但在理论上也是令人信服的。"(ibid.,259—260)遗憾的是,李嘉图派社会主义者的工作是不完整的:

站到无产阶级方面来的思想家抓住了在理论上已经给他们准备好了的矛盾,是十分自然的。劳动是交换价值的唯一源泉和使用价值的唯一的积极的创造者……另一方面,你们说,资本就是一切……你们自己驳倒了自己。资本不过是对工人的诈骗。劳动才是一切……

李嘉图不懂得他的体系中所论述的资本和劳动的等同,同样,这些著作的作者也不懂得他们所论述的资本和劳动之间的矛盾。(《马克思恩格斯全集》第26卷第三册,北京:人民出版社,1974年,第285,286页。)

总而言之,古典政治经济学和李嘉图派社会主义者的不同失败形成了一种辩证统一。古典政治经济学发现了揭示重要社会真相的理论范畴。李嘉图主义的社会主义者很快否定了古典政治经济学的理论成就,转而专注于经济范畴隐藏的矛盾和扭曲上。

相较而言,马克思赞赏古典政治经济学的成功,但他没有就此止步。他还坚持认为这些范畴的内在矛盾的重要性,并可通过对政治经济学的理论分析发现。此外,古典政治经济学在区分两类经济范畴上存在困难,即揭示资本主义更深层次特征的范畴和仅是"基本关系反映形式"的经济范畴(Marx 1977,677)。这种失败并不是政治经济的独特之处:"在它们的表面上,事物往往以相反的方式呈现,这在每一门科学中都很常见。"(ibid.)

仔细思考政治经济学范畴的这些局限性是一项重要的活动。它揭示了当今社会隐藏的一面。此外,它为未来提供了一个窗口,通过该窗口可以窥见未来,而不用等待通过危机感受。

此外,马克思在强调政治经济学范畴反映了其形成的社会的部分具体特征上花费了大量笔墨。通过了解这一特征,人们可为更好地了解未来扫清障碍。因此,马克思指出,将普遍有效性归于政治经济学范畴是荒谬的。他坚持认为:"对于属于这种历史上确定的社会生产方式的生产关系而言,它们的思想形式(尽管如此)在社会上是有效的,因此也是客观的。"(Marx 1977,169)

此外,经济范畴不是一成不变的。随着时间的推移,"适用于早期生产模式的经济范畴在资本主义生产的影响下获得了新的特定的历史特征"[①],而新的思维模式也在不断发展,并且这一过程不会因资本主义的出现而停止。在股份公司和现代金融的兴起时,马克思指出,"在资本主义生产不发达阶段具有一定意义的概念,在这里变得毫无意义"(Marx 1967:3,439),至少,除非是根据最近的情况加以完善。人们再一次需要新思维模式。通过思考这种思维模式发展的方式,我们可以更深入地了解系统的内部运作。

实现政治经济学的任务因其研究物体的本质不断变化而更加困难。例如,新的经验使我们可以回溯性地了解到更多关于特定生产模式的知识,但生产模式本身必然会让位于另一种模式。尽管我们对过去有了深刻的认识,但我们可能无法更深入地理解不断变化的现实。

因此,当马克思指出,"资产阶级经济包含着通往古代的钥匙,就像人体解剖学包含着通往猿的钥匙一样"(Marx 1973,105),他似乎使用了一种误导性的比喻,因为人类进化的步伐与社会变革相比,是十分缓慢的。

但是,如果我们在生产关系的结构上设想一种生产方式,那么我们可能会考虑在相当长的一段时间内保持固定的因素,然后变化非常大,就像封建关系让位于工资劳动关系。

我们必须小心谨慎以免过度推理。不同的生产模式在相当长的时期内彼

---

① 我们还可以补充一点,新的范畴包含了旧的范畴(Marx 1973,104)。因此,例如"剩余价值"这一范畴,尽管严格地说,它不适用于奴隶制或封建社会体系,但可用于像马克思在《资本论》第一卷第十章第二节中所提到的那样来解释这些早期形式。

此共存。此外，即便在资本主义生产模式之下，同样会发生重大变化。例如，计件工资与计时工资并不相同。然而，例如，资本主义确实呈现了充足的持续性，以至于使马克思认为他能用抽象概念来发现贯穿资本主义生产模式发展史的持续潜在趋势。

概括而言，政治经济学的范畴以及它们所反映的社会的范畴的荒谬和矛盾的特点在所有的社会中都是不必要的。人类能够创造更好的体制。政治经济学应是为实现该目标的一种工具。

马克思坚信。由于他对范畴的批判，工人阶级可能会认识到如何利用最低限度的人力和社会成本消除资本主义生产模式[①]（Marx 1977,92）。用恩格斯的话来说：

经济科学的任务在于：证明现在开始显露出来的社会弊病是现存生产方式的必然结果，同时也是这一生产方式快要瓦解的征兆，并且从正在瓦解的经济运动形式内部发现未来的、能够消除这些弊病的、新的生产组织和交换组织的因素……它从批判封建的生产形式和交换形式的残余开始，证明它们必然要被资本主义形式所代替，然后把资本主义生产方式和相应的交换形式的规律从肯定方面，即从促进一般的社会目的的方面来加以阐述，最后对资本主义的生产方式进行社会主义的批判……证明这种生产方式由于它本身的发展，正在接近它使自己不可能再存在下去的境地。（《马克思恩格斯全集》第 26 卷，北京：人民出版社，2014 年，第 157—158 页。）

辩证法之需

辩证法是鼓励人们将经济视为持续进行的动态过程并如实处理的唯一方法。此外，辩证法未将经济视为与其他存在分离的事物。它是整体的一部分。然而不幸的是，辩证法却没有说明书。它是艺术，又是科学。

辩证方法需将抽象与理论融合，但适用需谨慎。即便马克思能活得再久一些，写完《资本论》的第二卷、第三卷以及第四卷，使用辩证方法仍不是一件易事。

尽管马克思的生前著作不完整，但研究其辩证法的使用方式仍给我们上了宝贵的一课。政治经济学的每一个概念必须经过广泛的审视：这一范畴中固有

[①] 这也是马克思和库恩主义者的一大区别。对后者而言，采用何种"范例"是一个无关紧要的问题。对马克思而言，这却是生死攸关的问题。

的矛盾是什么？它对阶级斗争又暗示了什么？人们必须始终警惕恩格斯称为"最简单的事"，它出现在先前的一节的开篇。一切都不可视作理所当然。人们必须提问，社会中有什么会导致对当前盛行理论和类别的选择。尽管这一步骤不需要黑格尔主义的哲学高度，但仍值得被称为"辩证的"，至少在我看来是如此。

当然，这些作品是被称为"辩证的"还是"马克思主义的"，并没有什么持久的重要性。除影响实践的做法外，认识论问题也不是人们的首要关注问题。如今，和马克思所处的时代一样，政治经济学仍有许多未完成的重要工作。不同于本文开篇我们想象的那群观察蚁丘的孩子，相当多的人仍旧听信于经济学大师的理论，而不是尝试了解他们周围的世界。我们有责任阐明科学，让懒惰者与劳动者的差别显而易见。

第四章

价值理论和马克思方法论

分析卡尔·马克思的理论是一项艰巨的任务,不仅是因为其理论各部分紧密相连,而且他的分析涉及许多不同程度的抽象层次。因此,解释马克思理论要求至少应大致了解其分析的过程。

马克思方法中范畴的运用

作为超越同等认识的第一步,马克思的方法论首先要求马克思应像资本家一般认识世界。正因如此,马克思运用古典政治经济学中的常用概念作为自己研究政治经济学的开端。需要认识的是,马克思本人将《资本论》看作"对经济范畴的批判"(Marx to Lassalle, February 22, 1858, in Marx and Engels 1975c, 96)。马克思认为,从政治经济学沿袭下来的这些范畴,反映出了世界及资本的世界观。他着手使用这些经济范畴来研究如何加速社会主义社会转型。在此过程中,他创造出了一套分析资本主义社会演变的重要方法。

马克思研究资本主义社会的方法与黑格尔的研究方法有许多相似之处。正如1891年11月1日,恩格斯在给康拉德·施密特的信中写道:"如果你将马克思'从商品到资本的发展'的研究方法与黑格尔'从要素到本质的发展过程'进行比较,你会发现它们十分相似。"(Marx and Engels 1975c, 415)

列宁更是突出强调了黑格尔的贡献,"若不事先对完整的黑格尔逻辑进行全面的研究和理解,那么想要完全理解马克思的《资本论》,尤其是《资本论》的第一章,几乎是不可能的事。因此,此后的半个世纪里,没有一个马克思主义者

能够理解马克思！！"（Leaia 1914—1916,180）

当然，理解马克思的经济危机理论无法脱离其经济分析方法的背景，特别是他对待价值和价格的分析方法。尽管如此，对马克思经济危机理论的现代分析似乎忽略了《资本论》中辩证法的存在。我将试图从这个角度展现马克思对政治经济学范畴的分析与他对经济危机理论研究这两者之间的相关性。

马克思对政治经济学范畴的研究，是《资本论》的重要组成部分。在对商品进行辩证阐述时，马克思推导出了政治经济学的相关范畴，它们首先出现在古典政治经济学中。进而马克思通过研究它们的潜在矛盾，在旧有范畴的基础上进行了新的分类。因此，尽管在古典政治经济学中价格与价值的概念是模糊的，但是对价格的进一步分析得出了更基本的价值概念。同样，劳动力价值这一概念的发现揭示了传统工资范畴掩盖下的经济发展过程。

价值理论和经济分析

价值理论是马克思对政治经济学的主要贡献。然而，一些作者关注的并不是马克思价值理论的重要意义，而是将焦点移向一些相对次要的观点上。他们持有这样的立场的绝大部分原因是，发达的资本主义市场并非明确承认价值是决定交换价值的重要因素。相反，交换价值往往以价格的形式出现在资本主义市场里。

但马克思的分析没有因为价格与价值的背离而失效。他的观点是，即使"在资产阶级社会中，金钱是劳动力的普遍表现形式"，但是"劳动（仍然是）价值的内在衡量标准；……金钱只是价值的外在衡量标准"（Marx 1859,98；Marx 1963—1971:2,403）。更重要的是，在最抽象的层面上，价格只不过是调整过的价值，以致资本在各行业间获得同样的回报率。随着资本主义生产模式发展愈加完善，这样的调整变得愈加普遍。因此，马克思指出："将商品的价值不仅在理论上，而且在历史上都视为生产价格的前提，这是很恰当的。"（Marx 1967:3,177）

由于生产条件因公司而异，产品价值要么由生产同一商品的所有公司的平均值所决定，要么由在最差条件下运作的公司的价值所决定（Marx 1967:3,179；Itoh,1980,83；Uno 1980,92—95）。尽管这场辩论本身是有趣的，但是它现在不应阻碍我们。纵使分析机制不总是尽如人意，我们仅需知道，一旦确定价值的合理释义，那么决定市场价格的因素就一目了然了。大卫·莱伯曼（David Laibman）已对价值做出了一个较好的阐释（Laibman 1973—1974）。

所谓的转形问题研究已经非常多了，该问题旨在揭露价格与数量之间的矛盾关系，诸如保罗·萨缪尔森(Paul Samuelson 1971)和琼·罗宾逊(Joan Robinson 1967)等一些作家认为，价值的范畴与马克思的分析无关。因为马克思在《资本论》第三卷中，引入了价格的概念后便忽视了价值范畴。但这样的批评是不可取的。对马克思而言，价格只是一种量化的方法。"价值的客观属性仅是其社会性"(Marx 1977,138)。这些反映在价值关系体系中的社会因素正是马克思研究的核心问题。

为了让自己的分析更全面，马克思在《资本论》的第一卷中归纳出实体经济的诸多重要特征。他在写《资本论》第三卷的时候，开始介绍其中一些有关资本主义更具体的特征。最重要的是，他有意允许价格与价值的偏离。然而，引入价格概念并不是为了否定价值分析，而是为了考察竞争的力量如何改变价格的影响。尽管引入了价格，价值仍在第三卷中起着至关重要的作用。

马克思的转换价格不过是古典政治经济学中常见的长期自然价格。虽然所有的价格可能都不处于均衡水平上，但在其他条件不变的情况下，竞争的压力会驱使所有的价格向同一方向发展，但工资除外，因为工资主要是阶级力量的产物。

这些竞争力量是马克思在分析过程中重要的考量因素。他曾一度认为，根据供求规律，罢工可能是合理的(Duttou and King 1981)。在写1853年普雷斯顿罢工之时，马克思注意到，《伦敦时报》要求工人们应表现得更令人钦佩。马克思对此回应道：

但是罢工证明了什么呢？不是仅仅证明了工人们宁愿用自己的方法来检验供求关系，不愿轻信雇主们的偏私的担保吗？在某种情况下，对工人说来，唯一能验证他是否真正取得了他的劳动的市场价值的方法，就是举行罢工或声言要举行罢工……1853年初，这些罢工总是成功的，这一方面促使罢工遍及全国，另一方面也再好不过地证明了罢工是符合规律的；而在同一个工业部门里一再罢工，同一些"干活的"一次又一次要求再增加工资充分说明，按照供求规律，工人们早已有权得到更高的工资，他们之所以没有得到更高的工资，只是由于企业主们钻了工人们不熟悉劳动市场状况的空子罢了。(《马克思恩格斯全集》第9卷，北京：人民出版社，1961年，第376,377页。)

在后来的十几年，马克思得出了一个类似的观点："若在繁荣阶段，当产出额外利润时，工人没有为工资的增长而奋斗，那么他(工人)会拿着一个工业周期的平均工资，甚至不会得到他的平均工资，或者他的劳动价值。"(Marx 1865,70)考虑此现象并不会使价格机制理论失效。同样，价格也不会使价值的概念过时。

在对价值和价格的早期分析中,马克思不过是遵循了同新古典经济主义学常用的类似原则,即将价格理论建立在完全竞争的假设之上。虽然竞争力很重要,但是基于完全竞争的假设不足以反映真实世界运作的方式。例如,垄断行业能赚取的高于一般水平的回报率,或需求能够毫无征兆地发生改变。

因此,一旦由标准的新古典主义价格理论发展价格理论,那么为解释不完全竞争,价格理论会被修改。马克思与新古典主义分析的不同之处在于,他把自己的分析追求到了一个更基本的理论层面,即价值。然而,无论是马克思主义理论或者是新古典主义理论,都需运用不同程度的抽象层次以解决各种各样的理论问题。

同新古典主义理论一样,马克思也认同,价格可根据具体的市场行情进行调整。但是,市场并不能成为经济现实的最终决定者。因为市场也令其参与者迷茫。市场价格,尤其是资本品的市场价格,可以暂时独立于基础价值结构而变动。我们将会在马克思的术语中看到,一些资本的元素呈现出虚拟价值的性状(见第六章)。但归根结底,商品和服务的交换必须遵循商品再生产的逻辑。

这些互相矛盾的力量——一个倾向于将价格和价值联系起来,另一个则允许价格呈现出虚拟价值的性状,都反映在马克思矛盾的方法中。正如曼德尔(Mandel)指出的那样,一方面,马克思试图为他的理论提供实证价值(Mandel 1975, ch. 1),但是另一方面,实证方法看起来似乎并不适合马克思的黑格尔式方法。比如,抽象劳动价值不能被精准量化。

总之,马克思的计划是去分析存在于资本主义社会中的商品,在那里商品一般都是在市场上出售。虽然在资本主义的生产模式下,一些货物的生产并非用于销售,但是马克思正确地将那种复杂的情况放置在一边,直到讨论租金时才对其进行解释。

一般而言,在资本主义制度下,商品是由出卖自身劳动力的工人所生产的。所以,资本主义社会中生产的商品可大致定义成在工人为了工资而工作的社会中,通过劳动生产出的有用的东西或者是过程。

这一定义的趋势反映出历史和理论的平行发展。它开始于这样的世界:一个未指定的事物和过程的集合。它以雇佣劳动结束,在资本已是主导力量的世界中,雇佣劳动是这一世界的特征。

当然,很早以前,少数工人有工资可赚,但是大多数的劳工在资本主义兴盛之前受雇于不同的社会关系中。其中的部分商品,尤其是那些要外销出口的商品,其生产是为了在市场上销售。虽然在古代社会中,商品生产会偶尔出现,但商品并未得到重视,直到发展到历史后期,商品才渐渐变得重要。因此,不断变化的商品定义反映出不断发展的历史进程,也反映出以商品最抽象的特征为伊始,以商品最具体的特征为结尾的理论发展顺序与历史发展进程相一致。

商品的定义是资本结构的核心内容。实质上,《资本论》的写作是根据商品特征的扩展而发展起来的。正如马克思于 1867 年 6 月 22 日给恩格斯的信中写道:"最简单的商品形式在其胚胎阶段便蕴藏着整个秘密。"(Marx and Engels 1975c,176—178)他继续在《资本论》中阐述这一观点:"商品中隐含着秘密,作为资本的产品的商品更是如此,这是生产的社会特征的物化,也是生产的唯物主义基础的人格化,它描述出整个资本主义的生产方式的特征。"(Marx 1967:3,880)所以,马克思对这一分析的阐述是非常符合逻辑的。每个类别都以黑格尔的方式自我展开,因为商品的每一个重要特征都是从上述特征的矛盾中推断出来的(Marx 1973,101)。

事实上,马克思研究商品的特征,最早是从其最基本的方面入手,展示了每一步的分析如何形成一个更复杂的规范体系。商品最基本的特征是什么?商品是一个有使用价值的有用物或过程。但是一个有使用价值的东西不一定就是商品。以古典政治经济学最常用的例子——水来说,尽管水一般不会像商品一样被生产出来,或用于交换,但是它的使用价值是十分重要的。

商品的另一特征是,它们是由劳动生产出来的实物或服务。在市场尚未形成的社会里,这样的产品并不是商品,其生产仅是为直接消费。在这样的社会里,"大部分的生产是生产者为满足自身的需求而进行的,或者,在这样的社会里,劳动的分工进一步发展,也是为满足其他生产者的需求。作为商品,被交换的部分是剩余部分,而且这剩余的部分被交换与否并不重要"(Marx 1963—1971:2,508—509)。当商品首次在这样的情形下出现,主要是物物交换的形式。在简单的物物交换体系内,商品兑换成等价物,尽管等价物无须经由严密的经济计算来确定交换(Dalton 1982)。在那时,商品形式受习俗和传统的影响,根据交易习惯,即使商品具有相对价值,但是仍要以固定的比例进行交换(Marx 1977,182;Mandel 1970:1,73ff;Polanyi 1957;Oppenheim 1957)。

这种传统的交换关系最初与"社会的稳定性及独立于纯粹的机会和任意性之外,密切相关"(Marx 1967:3,793)。之后,随着市场关系愈加重视习俗与传统,生产者开始对比自给自足的生产优势和将商品放置市场上出售以购买他人商品的优势(ibid.)。价格不会立马调整:"尤其是在资产阶级社会欠发达的阶段,大部分商品仍将以之前的价值尺度被衡量,而今这种方式已过时且不复存在。"(Marx 1977,214)

恩格斯在《资本论》第三卷所附的关于价值规律的详细讨论中,描述了这一转变:

我们都知道,在社会的初期,产品是由生产者自己消费的,这些生产者自发地组织在或多或少是按共产主义方式组织起来的公社中;用这些产品的余额和外人进行交换,从而引起产品到商品的转化,是以后的事……以致家庭或家庭集团基本上可以自给自足。

因此,中世纪的农民相当准确地知道,要制造他换来的物品,需要多少劳动时间。村里的铁匠和车匠就在他眼前干活;裁缝和鞋匠也是这样,在我少年时代,裁缝和鞋匠们还挨家挨户地来到我们莱茵地区的农民家里……他们在生产这些产品时耗费了什么呢?劳动,并且只是劳动。

但是,在这种以劳动量为尺度的交换中,对于那些辅助材料的劳动量又怎样——即使只是间接地、相对地——计算呢?显然,只有通过一个漫长的、往往是在暗中不断摸索、经过曲折才逐渐接近的过程。(《马克思恩格斯全集》第46卷,北京:人民出版社,2003年,第1015—1017页。)

拙劣的易货市场产生了对某种特殊商品——作为交换手段的货币的需求。一开始,标准的货币单位是一头牲畜(Marx 1977, 183; Einzig 1966, chs. 5, 6, 10, 13, 16)。显然,早期的货币是以牲畜为单位(ibid.; Marx 1849—1851, 197)。拉丁词语"金钱"(pecunia)、英语词汇"费用"(fee)以及印度词语"卢比"(rupee)的词根均与牲畜有关(ibid.; Keynes 1920—1926, 258; Marx 1977, 193)。根据这些信息,恩格尔继续阐释他上述所引的内容:

事实证明,哪怕是花了长时间也无法将这些产品的相对价值量准确的固定下来,事实上,牲畜是第一个大众所能接受的货币商品,牲畜看起来是最不可能成为商品的商品,因为每头牲畜的生产需要耗费很长的时间。为实现牲畜的价值,其对大量其他商品的交换率一定已事先固定下来了,并为许多部落所接受(Engels 1894, 897—899)。

货币不仅仅是一种商品:"它是完全不同于商品的东西,它最初是为求得交易的平衡而产生。"(Marx 1973, 148)从这个意义上说,黄金更适合作为一个交换单位。

随着货币的引入,易物市场被商品生产所替代。商品生产与资本主义有一定的相似之处,但还不是资本主义。货币的使用侵蚀了传统以及人与人之间的关系,为许多人开辟了通往贫穷的道路。此次转变是由许多因素造成的。人们以往的生活来源可能通过技术进步,或原始积累而消失(Perelman 1983, ch. 1)。最重要的是人们开始以工资为生。他们的劳动力成了一种商品。在这一情形下,这些价值的客观特征是具有社会性的(Marx 1977,138—139)。每笔公平的交易都是根据商品的价值而进行的,而且每件商品的价值反映的是其生产所需的必要社会劳动量。正如马卡托·伊藤(Makato Itoh)所指出的:

单是由下面这样一个事实就可以得到证明:像牲畜这样的商品,由于每头牲畜的生产时间很长,它的相对价值似乎是最难确定的,但它成了最早的、几乎得到普遍承认的货币商品。要使牲畜成为货币商品,牲畜的价值,它对一系列其他商品的交换比率,必须已经具有比较不寻常的、在包含有许多部落的区域内已经得到一致承认的确定性。(《马克思恩格斯全集》第46卷,北京:人民出版社,2003年,第1017页。)

同理,价值是协调经济市场中分离劳动力的纽带。价值的本质对理解《资本论》至关重要。

资本的逻辑及资本主义的历史

上述对价值发展的历史解释需要一些更正。理论和历史的发展路径偶尔会出现分歧。例如,虽然地租在历史上先于利润出现,但是在马克思的理论阐述中,利润的范畴先于租金的范畴被引入,其原因是利润是剩余价值的一个更为抽象的成分(Marx 1973,106—108,252)。我对马克思方法的理解源于恩格斯对马克思《政治经济学批判》一书的评论:

马克思过去和现在都是唯一能够担当起这样一份工作的人,这就是从黑格尔逻辑学中把包含着黑格尔在这方面的真正发现的内核剥出来,使辩证方法摆脱它的唯心主义的外壳并把辩证方法在使它成为唯一正确的思想发展方式的简单形式上建立起来。

对经济学的批判,即使按照已经得到的方法,也可以采用两种方式:按照历史或者按照逻辑。既然在历史上也像在它的文献的反映上一样,整个说来,发展也是从最简单的关系进到比较复杂的关系,那么,政治经济学文献的历史发展就提供了批判所能遵循的自然线索,而且,整个说来,经济范畴出现的顺序同它们在逻辑发展中的顺序也是一样的。这种形式看来有好处,就是比较明确,因为这正是跟随着现实的发展,但是实际上这种形式至多只是比较通俗而已。历史常常是跳跃式地和曲折地前进的,如果必须处处跟随着它,那就势必不仅会注意许多无关紧要的材料,而且也会常常打断思想进程;并且,写经济学史又不能撇开资产阶级社会的历史,这就会使工作漫无止境,因为一切准备工作都还没有做。因此,逻辑的研究方式是唯一适用的方式。但是,实际上这种方式无非是历史的研究方式,不过摆脱了历史的形式以及起扰乱作用的偶然性而已。历史从哪里开始,思想进程也应当从哪里开始,而思想进程的进一步发展不过是历史过程在抽象的、理论上前后一贯的形式上的反映;这种反映是经过修正的,然而是按照现实的历史过程本身的规律修正的,这时,每一个要素可以在它完全成熟而具有典范形式的发展点上加以考察。

我们采用这种方法,是从历史上和实际上摆在我们面前的、最初的和最简单的关系出发。(《马克思恩格斯全集》第 13 卷,北京:人民出版社,1962 年,第 532—533 页。)

恩格斯对马克思方法的描述与价值分析直接相关,因为价值分析是基于商品交换的经济的独特特征。

恩格斯曾因提出价值可能于资本主义前期代表一种能施以影响的力量而遭受批评(Morishima and Catephores 1975a;1978,ch. 7)。马克思本人也表达过这样的观点——决定交换价值的程度会随资本主义生产模式主导地位的加固而逐渐扩大(Marx 1923,156)。在《资本论》中,马克思再次强调这一观点:"商品交换的数量比率一开始是十分随意的……持续的交换和更有规律的再生产逐渐减少了交换的随意性。"[1]森岛通夫(Morishima)和凯特佛瑞斯(Catephores 1975a)认为竞争在原始经济中常受限制,这一观点确实是正确的。结果是价值并不能与交换价值准确对应。因此,价值规律在资本主义社会前期并不完全准确。只有恩格斯的基本观点有效,该经验观点才能站住脚。

上述引自恩格斯的核心观点并不认为以具体劳动时间衡量的价值与价格完全成正比。即使他在对牛群贸易的讨论中,确实暗示了在价格和价值间存在精确的数学等价关系,但是他并没有对其进行深入讨论。他主要的观点是,竞争推动价格向价值靠拢。

在技术和市场行情都众人皆知的农村经济或牛群交易中,倾向于使价格和价值趋同的力量是最强的。恩格斯明确指出价值规律并不是决定交换价值的唯一因素,从而使他关于价值规律在早期社会中开始生效的论断受到限制。但不管怎样,今天的交换价值也不是完全由价值规律所决定的。

戴维·哈维(David Harvey)采用了与森岛通夫和凯特佛瑞斯研究相似的推理方法(Harvey 1982,ch. 5)。他的立场是,尽管现代工业结构更为垄断化,但在所谓的竞争型资本主义阶段,高昂的交易成本、交通费用和其他限制竞争的因素都很大程度上促使价格与其价值发生偏离的程度比近代更大。哈维的

---

[1] Marx 1967:3,330.

观点却与大众对资本主义演变的解读大相径庭,他认为在亚当·斯密时期,竞争压力已处于顶峰。但是不管怎么样,他的观点至少在某些程度上是正确的。

事实上,哈维和恩格斯的观点在一定程度上都是准确的。在恩格斯所描述的农村贸易中,我们期待发现一套高度统一的价格结构。在不考虑生产者因素的情况下,小麦、面包或质量相近的鞋子都能以相同的价格出售。与此同时,另一个村庄实行的是一个完全不同的价格体系。经过一段时间,随着交通设施的完善,交换价值将逐渐在两个不同的村庄间实现统一。因此,一个地区、国家或者世界的价格结构会因为不同地区、不同生产者之间更广泛的竞争而演变。

随着市场规模的扩大,典型公司的规模也会随之扩大。只有这些规模更大且更具实力的行业才拥有足够的资金整合大规模的信息资源并发挥必要的影响力,使价值规律能在广泛的地理区域内实现更统一地运作。接着,这些公司也发展得足够强大,以至于能实行垄断策略,这在一定程度上不受价值规律的约束,即使他们的成功会招致更偏远的生产者加入竞争。

总之,价值规律不是线性发展的,而是辩证发展的。资本主义的发展在某种程度上促进了价值规律更有效的运作;但一定程度上也造成价格与价值的愈加偏离。价值规律并不是通过严密的数学所能计算出的,而是由其揭示出的有关资本运动规律的内容来衡量的。恩格斯给康拉德·施密特的信中写道:

您把价值规律贬为一种虚构,一种必要的虚构,差不多就像康德把神的存在贬为实践理性的一种假定一样。

您对价值规律的责难涉及从现实观点来看的一切概念。

封建主义是否曾经和它的概念相适应呢?……而它最接近于它的概念是在短命的耶路撒冷王国。(《马克思恩格斯全集》第39卷,北京:人民出版社,1974年,第408页。)

那么什么价值是抽象的概念呢?根据恩格斯的说法,抽象的概念应避免"在细节上太过饱满",以致人们无法"聚焦于整体的互相关联性"(ibid.,457)。

恩格斯在给施密特的信中并未对抽象概念进行深层解释。抽象不仅仅是简化的工具。如宇野弘藏(Kozo Uno)所指出的那样,"对政治经济学的研究需运用三种不同程度的抽象思维——对资本主义纯理论的研究需运用最复杂的抽象,而实证分析仅需最简单的抽象,分析资本主义发展的阶段理论则需中等抽象"(Uno 1980,xxiii)。换句话说,理解生产模式的演变过程,首先需分析资本主义最抽象的特征,其次再对分析的结果与现有的实证信息进行比较。

哈维对资本主义社会早期出现的价格差异的实证观察可能是正确的,但该观察停留在马克思一直使用的抽象层面上是不合适的。马克思仅仅尝试提出资本主义生产模式的"理想平均"这一概念（Marx 1967：3，831）。事实也是如此，纯粹抽象的资本主义生产模式的部分特征或许只能在十分成熟的资本主义社会中才能寻得，但马克思认为，十分成熟的资本主义社会也蕴藏着最后将会长成社会主义的种子（ibid.，440－441；Marx 1977，875；1967：3，883；1859，21）。

该讨论看似与危机理论并无多大关联，但事实并非如此，因为危机的特征是价格和价值异常迅速的变化。因此，这里所探讨的问题是为日后合理分析危机理论做必要的铺垫。考虑到《资本论》第一卷的结构，其中政治经济学的主要分类多基于商品的特征而发展形成。马克思对经济危机的分析展示了该过程的延伸："现在……我们必须执行一项资产阶级经济从未尝试过的任务，即我们必须去展示该货币形式的起源，我们必须追溯商品价值关系中所包含的价值表现形式的发展，其表达是如何从最简单的、几乎不易察觉的形式发展到令人眼花缭乱的货币形式。"（Marx 1977，139）马克思最终的目的是将其读者引上一条能够理解资本主义最根本的矛盾——危机的道路。该项目意在指导"资本主义生产真正的障碍是资本本身。资本及资本的自我扩张是生产的起点和终点，是生产的动力和目的。产品的生产只是为了追逐资本，反之亦然"（Marx 1967：3，250）。

该理解并非仅限于把周期解释为一种抽象的思维的范畴，而是意在指导经济危机是如何在现实中展开的，无论是过去还是未来。在《资本论》第一卷第二版刊后语的结尾处，马克思自信地预测，即将到来的危机将会印证其项目的正确性。但是他也警告道："由于危机发生的普遍性及其影响的强烈性，危机将会把辩证法敲入那些自命不凡的新圣普鲁士德意志帝国统治者的脑海里。"（Marx 1977，103）

机械马克思主义的呼吁

只有为数不多的写危机理论的马克思主义者会遵照马克思所说的去做。就危机理论而言，绝大多数的马克思主义者忽视了辩证法。相反，他们以一种极为粗糙的方式描写危机的前景，以至于使马克思看起来像极了一个死板、简单、毫无辩证可言的，仅仅只是提出过危机理论的简单化的作家之一。

因此，在继续发展马克思危机理论之前，需考虑马克思主义危机理论的传统。拉塞尔·雅各比（Russell Jacoby）曾说过，马克思主义危机理论的次要文献源于俄国的民粹主义者提出的消费不足理论（Jacoby 1975，9ff）。因此，根据民粹主义者的说法，农民的贫穷意味着国内市场的缺位。因此，随着危机的爆发，除非得到政府的支持,否则俄国的资本主义将自行退出历史舞台。凭借马克思与学派带头人的密切联系,民粹主义分析赢得了相当大的权威(ibid.)。

针对消费不足的中心问题,我可以补充一点。每个人都同意,危机的其中一个症状是工人消费的缩减。而分歧在于,有人认为消费不足是造成危机的原因。通常为解释消费不足而援引马克思的解释,该内容出现在马克思所写的《资本论》的第三卷中:

我们假定整个社会只是由产业资本家和雇佣工人构成。此外,我们撇开价格的变动不说。这种价格变动使总资本的大部分不能在平均状况下实行补偿,并且,由于整个再生产过程的普遍联系(特别是由信用发展起来的这种联系),这种价格变动必然总是引起暂时的普遍停滞。同样,我们撇开信用制度所助长的买空卖空和投机交易不说。这样,危机好像只能由各个不同部门生产的不平衡,由资本家自己的消费和他们的积累之间的不平衡来说明。然而实际情况是,投在生产上的资本的补偿,在很大程度上依赖于非生产阶级的消费能力;而工人的消费能力一方面受工资规律的限制,另一方面受以下事实的限制,就是他们只有在他们能够为资本家阶级带来利润时才能被雇用。一切现实的危机的最后原因,总是群众的贫穷和他们的消费受到限制,而与此相对比的是,资本主义生产竭力发展生产力,好像只有社会的绝对的消费能力才是生产力发展的界限。(《马克思恩格斯全集》第46卷,北京:人民出版社,2003年,第547—548页。)

记住,对金融市场中混乱现象的讨论一直在持续,而该引文就是夹在两种争论的中间。谈及讨论的背景需要"分析商业信誉"(ibid.,479)。在对这个问题讨论的过程中,马克思观察发现,如果从金融市场中抽象出来,那么只能用比例失调和消费不足来解释危机。于是,读者可以合理地假设,该引文中的消费不足无足轻重。这个解释会被一些强有力的词所覆盖,如"根本原因",而这些词正是低消费主义者通常摘录的开头。在这件事上,我个人的理解是"仿佛"一词是为抵消引文中"根本原因"所传达出的坚定态度。

与民粹主义者不同,正统的马克思主义者认为资本主义创造了自己的市场。杜冈—巴拉诺夫斯基(Tugan-Baranovsky)提出了资本主义极端的发展形式,即资本主义即使是在消费市场完全缺位的情况下,也能实现无限扩张。

双方在代数框架下隐含地提出了自己的论据。在代数框架中,某些总量被假定为可成比例增长。理论应是用于发现假设的方程是否与充分就业相一致的过程(Jacoby 1975)。

就他的结论而言,列宁将自己置于两个思想学派之间,但是他分析的背景截然不同。对列宁而言,资本主义很有可能创造出自己的市场,但不能说资本主义能独立于消费而生存。市场是资本主义一个重要但又不可预测的因素。列宁认为,危机是资本主义不可或缺的一部分,但是危机是生产系统无政府状态的结果,这与最终消费者的需求没有直接的关系。用他的话说"危机的基本成因是社会生产下的无计划和私人占有"(Lenin 1902,21—22)。

虽然列宁的简要陈述忽略了危机理论的复杂性,但是他将危机放进社会背景中予以讨论。他的陈述帮助我们意识到简单的代数公式对理解危机本质没有一点作用。然而,列宁自己从来没有把他早期对危机性质的敏锐直觉与他后来对斗争阶级政治经济学的成熟分析联系起来。列宁政治分析的拥护者们因忽略了他对危机理论的深刻见解,而重新陷入乏味的机械马克思主义中。相反,诸如伯恩斯坦(Bernstein)等一些理论家认为,无论任何有影响力的工人阶级参与政治活动,经济力量都将自动引领社会主义的出现,并且为自动崩溃理论赢得很大的影响力(Jaccby 1975)。

这样的观点将社会主义者们从为社会主义未来奋斗的责任中解脱出来。诚然,诸如考茨基等官方的德国社会民主党预言,他们自己的危机理论变体基本是标准的消费不足论。雅各比引用了考茨基的大胆说辞,"我们的危机理论与弱化阶级矛盾无关",但是这样的说法与任何理论或实践的发展都毫不沾边。事实上,考茨基实际的政治主张和他的理论,无论是从官方的社会民主党或修正主义阵营中流出的华丽修辞,都与伯恩斯坦的观点没有明显出入。

由于机械马克思主义的形式化本质,危机理论成了越来越多的学术类型施展拳脚的领域。鉴于数学理论的盛名,哪怕是马克思主义经济学也变得越来越依靠代数分析。在某些方面,这样的实践是十分成功的。诸如萨缪尔森和森岛通夫等高素养的数学家们最后也承认马克思是有史以来伟大的数学经济学家之一(Morishima 1973;Samuelson 1974)。尽管如此,马克思危机理论的绝大部分仍有待人们去挖掘与探寻。

相反,研究危机理论受到了虚拟的数学的限制。经济数学意在将潜在形式中的随意变量剔除。在这个永无止境的地方,给定的微分方程组会自动产出一个高度可预测的结果。

当然,马克思未长久驻足于那个抽象的数学世界里。他是生活在现实社会中的公民,在他所处的社会里,政治经济学规律允许在一定范围内的行动自由。不确定性是这个环境中的一个重要方面。因此,数学的价值在这方面受到一定的限制。

危机理论和马克思方法

马克思对预测事件的实际需求与资本家了解经济事务的兴趣是十分相似的。在这一点上，马克思十分合适担任《纽约论坛报》的商业经济学家（见第一章）。

作为一个学者，马克思对世界事务的掌握，也会出现许多失误。他往往过于乐观。在他的私人信函中，常常可以看见他对即将到来的革命所做的预测。尽管预测错误，但是在马克思所写的一些商业文章中常见一些敏锐的感知以及重要的理论发展。

这些文章在一个方面特别值得注意。虽然它们看起与马克思的劳动价值分析的重点内容毫无关系。但是，我们发现价格受预期的影响，生产受信贷的驱动。芝加哥学派的推崇者对这些文章没有太大异议，不像现代凯恩斯主义者对其颇有微词。在这方面，马克思不会为取悦保守的读者而故意将文章写得像狡诈的战略读本。反而，他经常将一些相同的材料写进《资本论》，例如，《纽约资本论》第三卷第五章，题为"利润分为利息和企业主收入、生息资本"。马克思在《论坛报》工作期间从事相关金融事务的处理，这使他更专注于研究一般金融市场，尤其是对虚拟资本的分析。

从货币的视角分析危机并不会削弱劳动价值理论的重要性。早在1827年，西斯蒙第（Sismondi）就指出，只要一些商品可以作为价值储存手段，那么循环将会成为资本主义社会的常规特征（Sismondi 1827）。对单个公司来说，这些危机似乎无法以"正常"利润率的价格销售其提供的所有商品。

货币通过促进商品交换，有助于克服危机，因为在个别公司看来，危机使销售商品困难。货币至少在周期上涨时期，提供了一种利于健康积累的灵活性。就像资本主义社会形态中所有的新事物一样，资本也具有双重性。虽然使用货币的优点显而易见，但是另一方面，货币的使用也加剧了危机的严重性。信贷比货币提供更大的灵活性，导致价格过度偏离潜在的劳动价值。因此，社会劳动过程变得极不协调以至于需要危机来修复价格与价值之间的关系。

危机的分析内容未能表明是货币或信贷造成的危机，但是通过金融部门的运作，使人们感受到经济活动的资本主义组织所固有的矛盾。马克思独到的见解代表了一项重大贡献，这个贡献应由马克思的学生及那些想更好地了解经济运作的人来做更好地解读。

一旦我们意识到马克思的这些文章是其经济学的组成部分，它们就富有全新的重要意义,将会为我们展示马克思是如何运用其理论的。

我们现在将要探讨马克思价值理论的另一个主要贡献——再生产的概念在马克思危机分析中的重要意义。

危机理论和再生产理论

马克思认为,价值并不是由生产的成本决定的,而是由再生产的成本决定的。他使用"再生产"一词时,是非常谨慎的。因此,马克思说道:"每件商品的价值——也就是构成资本的商品的价值——并不是由商品所包含的必要时间决定的,而是由商品再生产所需要的社会劳动时间所决定的。"(Marx 1867:3, 141;103,398;Marx 1963—1971:1,109;Marx 1977,528)马克思对再生产中心性而非生产成本的坚持,不仅仅是语义上的问题。再生产对马克思危机理论有实质性影响,它将动力学引进了价值理论中。

只要技术进步足以抵消下降的收益,那么价格和价值都会下降(Perelman 1979)。确实,19世纪下半叶的特点是"产品价格趋于缓慢但平稳的下降"(Friedman and Schwartz 1963,8)。再生产价值理论和价格下跌模式都是马克思资本动态分析的重要部分。

持续的贬值给潜在的投资者们构成严重威胁。实际上"用固定资产进行投资的企业家们,在接下来的日子里只能听天由命了"(Hicks 1932,183)。这样的投资者面临两大危机。

首先,他们的大部分投资价值有随时被吞没的风险,公司不愿意在漫长的投资回收期里占用投资资金(Marx 1967:2,235;3,617)。

另一个危机是,对长期固定资产的大量资金投入会增加罢工的风险。马克思引用过英国实业家埃德蒙·阿什沃思(Edmund Ashworth)对纳索·西尼尔所说的话,"当一个劳工放下铁锹时,18便士就化成了泡影。当我们的一个工人离开工厂时,他就会把一个价值100英镑的资本变成无用的资本"(Marx 1977,529—530;citing Senior 1837,14;Baldwin 1983)。

马克思沿着这条逻辑解释了国家支持此类资金密集型投资项目的必要性,如铁路建设项目:

一个国家,例如美国,甚至可以在生产方面感到铁路的必要性;但是,修筑铁路对于生产所产生的直接利益可能如此微小,以致投资只能造成亏本。那时,资本就把这些开支转嫁到国家肩上,或者,在国家由于传统而对资本仍然占有优势的地方,国家还拥有特权和决心来迫使全体拿出他们的一部分收入而不是一部分资本来兴办这类公益工程。(《马克思恩格斯全集》第 30 卷,北京:人民出版社,1995 年,第 529 页。)

即使在私人投资的范畴内,资金也多流向投资周期较短的项目中。除此之外,投资回报期可通过机器提高劳动强度及延长生产时间而缩短(Marx 1977,528;1967:2,355;1967:3,113;Marris 1964,40—41)。

该做法有助于缩短固定资本的周转时间,但是它们不足以克服企业的投资阻力。贬值的问题仍在持续。即使新技术有助于降低生产成本,拥有固定资本结构的公司仍在犹豫是否将其引进,毕竟引进的新机器会破坏现有设备的价值(Marx 1967:2,171;1967:3,262;Sweezy 1956,276)。例如,1889 年,《资本论》第三卷出版后的 5 年,安德鲁·卡内基(Andrew Carnegie)写道:"生产商年复一年地在平衡他们的账目,竟然发现他们的资本在连续的平衡组合、辛迪加、信托中减少了——他们愿意去尝试一切。"(cited in Bowles et al.,1983,244)商业企业偏好保护其资本资产的价值,这在更大程度上是有可能的,因为不断增加的资本要求导致的运营规模削弱了竞争力量。随着大规模工业的兴起,卡内基提到的信托、卡特尔和其他反竞争的手段也随之出现。

只有残酷的竞争压力才能加强投资。随着卡特尔和其他反竞争手段的崛起,竞争力不再那么激烈,直到再一次受到危机的刺激。用马克思的话是:

一方面,大量固定资本投在一定的实物形式上,并且必须在这个形式上达到一定的平均寿命,这一点就成了只能逐渐采用新机器等等的一个原因,从而就成了迅速普遍采用改良的劳动资料的一个障碍。另一方面,竞争斗争,特别是在发生决定性变革的时候,又迫使旧的劳动资料在它们的自然寿命完结之前,用新的劳动资料来替换迫使企业设备提前按照更大的社会规模实行更新的,主要是大灾难即危机。(《马克思恩格斯全集》第 45 卷,北京:人民出版社,2003 年,第 190—191 页。)

该引文尤其重要,因为它基于几个不同但是相互排斥的再生产过程的形式的逻辑之上,展示出了马克思危机理论之丰富。他和现代凯恩斯主义者一样清楚需求在刺激投资中的作用。然而,在认识到危机也是投资激励结构的一个重要组成部分方面,他远远超越了凯恩斯。确实,当今的美国经济的困难反映出了曾经一度占主导地位的自由主义潮流优于凯恩斯式的错觉,即再生产的过程可被忽视,由此推断商业周期并不是资本主义的一个重要特征(Perelman 1987)。

要想对马克思思想成就有充分理解,就需要对他的危机理论进行再解读。广为人知的马克思处理危机的办法强调有效需求不足或利润率下降的理论。

我试图关注基于再生产过程的马克思危机理论中的其他线索。这些分析的线索应被整合到其他更广为人知的主题分析中,以便使马克思得到应有的评价。

再生产危机最简单的版本反映了固定资本的生命周期。固定资产的生命周期这一概念是马克思在读查尔斯·巴贝奇(Charles Babbage)的作品时提出的。马克思对巴贝奇所提出的这一观点"大多数资本设备在五年内就会移交"持怀疑态度(Marx to Engels, March 2, 1858; in Marx and Engels 1983, 278)。他请恩格斯为自己提供一些关于固定资本周转的典型模式的资料。恩格斯很快为马克思提供了一些数据,但这些数据与巴贝奇的猜测相悖(Engels to Marx, March 4, 1858; in Marx and Engels 1983; 278—281)。根据恩格斯的估计,平均每件设备能工作 13 年(ibid.)。更重要的是,没有一份数据提到贬值和投资替代,这是恩格斯对该话题简要的分析未涉及的。他在开头处写道:

> 资本周转率最可靠的标准是每个厂主每年在自己机器设备的折旧和修理上扣除的百分率,这样,厂主在一定时期内就全部补偿了他的机器费用。这一百分率通常为百分之七点五,因此,机器设备的费用在十三年零四个月内就可以由每年收入中的扣除部分而得到补偿,这样,也可以没有亏损地使机器设备完全得到更新……的确,十三年零四个月是个长时期;在这期间会有许多起破产事件和变化发生,人们急速转向其他生产部门,出售旧机器,进行革新;不过,如果这种计算总的说来是不正确的话,那么实践早就会加以修改。卖出去的旧机器也不是马上就成为废铁,它们有还要使用它们的小纺纱厂厂主这样的买主。我们这里使用的机器大概还有不下二十年的,如果到这里的衰败的旧企业去看一看,就可以在那里看到至少有三十年的非常陈旧的机器。大多数机器只有小部分被磨损,过五六年就必须更换,而如果机器的主要原理没有被新的发明所排挤,那么磨损部分甚至在十五年以后也是非常容易更换的,因此对这种机器的寿命就难于指出精确的界限。而且近二十年来的纺纱机的革新几乎全部都是在现有的机架上进行的,大多数情况是改进个别细小部分。(《马克思恩格斯全集》第 29 卷,北京:人民出版社,1972 年,第 281—282 页。)

马克思一反常态地忽视了恩格斯的许多微妙见解。相反,他甚至把书中所提的设备完全贬值的必要时间和设备的经济使用寿命这两个概念混淆了。所以,他在给恩格斯的回信中写道,典型的商业周期大概和设备的平均年限相近(Marx to Engels, March 5, 1858; in Marx and Engels 1983: 282—284)。

沿着这条思路,马克思进一步提出猜测,商业周期可反映出固定资本的再生产周期。此外,他还指出,该方法能在大规模的工业领域内找到经济周期的引擎(ibid.)。四年之后,当马克思邀请恩格斯来帮助他了解对《政治经济学批判》的贡献的细节之后,他又一次提出了固定资本持久性的问题(Marx to Engels,August 20,1862; in Marx and Engels 1973:30,279—281; Marx to Engels,May 7,1868; in Marxand Engels 1973:32,82; Engels to Marx,May 10,1868; in ibid.,83—85)。

在棉花歉收的压力下,恩格斯显然已无暇顾及马克思对机器设备磨损的看法。他觉得马克思已经"误入歧途"了。当然,折旧时间并非对所有机器都一样(Engels to Marx,September 9,1862; in Marx and Engels 1985,p.414)。

不同寻常的是,马克思并没有了解过恩格斯对工厂和机器设备周转的见解。相反,他经常提及由固定资本更新模式所带来的十年周期(for example, Marx 1967:2,185—186;1963—1971:1,699)。

马克思所揭示的生产模式与生产力间的矛盾理论也可被解释为再生产体系内的危机。危机的形式深深植根于马克思的由固定资本周期更新引起的循环理论之中。早在1846年初,马克思和恩格斯就写过,"据我们的观察而言,历史上的每一次冲突都有其渊源,它们都扎根于生产力和生产关系的矛盾中"(Marx and Engels 1846,74)。虽然一般来说,危机与再生产没有具体的关联,但是再生产和危机的关系还是很明显的。

危机及其矛盾反映在定价的过程中。因此,马克思的危机理论要求在由对立因素组成的矛盾的社会里综合考虑价格机制。但是,马克思对危机的细致分析并未得到应有的重视。相反,由于错误强调马克思通常认为的机械经济周期理论,它已经变得模糊不清。要对马克思这方面的著作做出更全面的解释,还有待于对虚拟资本这一范畴的考察。这时候,提出这一观点,仅仅说明了马克思对待价值和价格的方法反映出他在具体阐述商品本质时的辩证一致性。

第五章

资本、不变资本与劳动的社会分工

引 言

> 价值是财产存在的国民形式。通过这个逻辑表达,价值才能在社会中被理解。
>
> ——马克思(1842,229)

本章基于将不变资产作为社会关系进行的分析。首先是建立不变资产与劳动的社会分工的关系,其次研究马克思对待这一主题所使用的方法。为此,本章将呈现两种视角:商品生产作为一系列过程的串联,与作为一系列平行步骤的组合。基于以上讨论,我尝试重构马克思对于这两种方式的运用。然后,我将解释以下问题:为什么不变资本之间无法相加?为什么必须否定利润的确定下降率理论?在接下来的部分,我将介绍马克思的资本贬值理论以及该理论与利润的确定下降率理论之间的关系。最后,我将探讨不变资产的种类与原始资本积累之间的关系。

什么是资本?无可否认,资本是一种社会关系——对这一点,马克思反复强调。不变资本属于资本的一类。它自然不能被描述为机器、建筑、原材料等简单物质的集合。它们仅仅是物。那么,我们是否可以将不变资本看作"物化工资劳动"的结晶?这也是不对的。

马克思,在某种程度上,提出了一个不同的观点。他说:"资本是无生命力的死劳动,如同吸血鬼一样,它只能吸收活劳动,吸收得越多,活得越久。"(Marx

1977，342)这个隐喻带有极强的说服力，以至于深入探究的必要也看似不存在了。"死劳动"一词经常与不变资本这个概念一起出现。另外，两则关于这一引言的观点好像并没有引起后来评论家的注意。其一，在引言出现的地方，马克思所考虑的对象是普遍意义上的资本，而非针对不变资本。从来没有人表明过"马克思认为资本是'死劳动'"。恰恰相反，对于马克思来说，资本是一种社会关系。其二，如果我的理解是正确的，吸血鬼并不是简单地处于"死"的状态，而是同时处于"生"与"死"两个状态。

另一则引述为马克思如何使用"死劳动"来暗示一种社会关系提供了参考："资本家之于工人所存在的规则，是事物之于人类所具有的规则，是'死劳动'之于'活劳动'，是产品之于生产者。那些变成用来统治工人的商品仅仅是生产这一过程的产物——它们是生产者所创造出来的产品。"(Marx 1977,990)因此，"死劳动"中"死"所指向的是这一事实：一旦劳动被消耗在生产资料上，它便不在生产过程中发挥积极的作用，亦即"活劳动"。然而，"死劳动"所带来的产品让拥有它们的资本家们得以在他们所雇佣的"活劳动"中行使权力。

一个简单的说明也许可以用来更好地强调这里存在的问题：想象一个农民看见他的工人们正在为他耕地，此时劳动已经被消耗掉，是否有不变资本被生产出来？在回答这个问题之前，回忆一下马克思关于不变资本与可变资本之间的区分：不变资本"不会在生产中经历任何价值上的变化"，而可变资本"既生产出它本身的价值，又生产出一个剩余价值"(Marx 1977,317)。前者"是简单地在产品中被再生产"(Marx 1963—1971:2,297)。"资本家必须以其本身价值支付这部分资本"(ibid.)。不变资本是"资本化的剩余价值"(Marx 1977,734)。

在公司内部生产出来的财物不是不变资本，因为它们虽然可能在账本上被列为生产过程中的货品，却并没有得到等同于它们价值的报偿。比如说，一个农夫在一块土地经过耕地得到价值提升后买下它，耕地所付出的劳动将凝结为不变资本。耕地这一行为本身不会为土地的购买者创造任何剩余价值。然而，对于继续土地耕作这一业务的农夫来说，为耕地而支付的薪水能够带来剩余价值。马克思并不是第一个发现所有权形式与资本归类之间关系的人。约翰·雷在《资本论》出版的三十年前早已发表过如下评论："雇佣的分类，和继之而来的交换体制的流行，提供了一种为资本分类的方式。"(Rae 1834:2,170)

通常，在一个商品的生产周期中公司所使用的所有劳动都应被认作"活劳动"。当马克思提出价值等于不变资本、可变资本与剩余价值之和这一公式时，他并没有打算写一个微分方程，在这个微分方程中，可变资本限于在商品入市最后关头所付出的劳动力。

相反，可变资本是由资本家所直接雇佣的劳动组成，资本家有权出售这些劳动生产出的最终商品。此外，把耕地所消耗的劳动当作不变资本将使马克思在《资本论》第二卷中所提出的再生产计划变得毫无意义。耕地消耗的劳动应该被归为生产资料资本的一部分，还是被归为商品价值实现后以工资形式存在的可变资本？两个提议都无法令人满意。

不变资本并不只是"死资本"，或只是已经凝结在生产资料中的雇佣劳动。虽然被所有马克思理论的译者所忽略，甚至有时被马克思本人所忽略，这一看似平淡的结论却是此类分析的出发点。接下来对马克思不变资本理论的再度考量能使我们更好地理解积累的过程，而这能够进一步增强马克思理论。

在马克思的作品中，积累过程与另一个重要方面密不可分——劳动的社会分工。后者在马克思主义文学中很少被研究，就连马克思也只是稍稍提及——虽然马克思对此的只言片语非常深刻（Marx 1977, 471）。同时，劳动的社会分工也通常为马克思的追随者所忽视。

商品生产与劳动的社会分工

一切发达的、以商品交换为中介的分工的基础，都是城乡的分离。可以说，社会的全部经济史，都概括为这种对立的运动。（《马克思恩格斯全集》第44卷，北京：人民出版社，2001年，第408页。）

据马克思所说："劳动的社会分工……是所有商品生产的基础。"（Marx 1977, 471; Lenin 1974, 37）

普遍忽视劳动的社会分工造成了现代经济原理中的严重脱节（Marx 1977, 486）。早先，卡尔·罗贝图斯（Karl Rodbertus）就声称：如果没有对劳动的社会分工的预先概念铺垫，就无法想象如何正确分析国家经济的基本分类。而斯密的劳动分工只能提供对个人行为的研究（Rodbertus 1899, 93—109）。因此，斯密的方法是不完整的。劳动的社会分工必须在资本的背景下进行。不幸的是，很少有人采纳。

马克思以及大多数古典政治经济学家所考虑过的劳动的社会分工并不是在亚当·斯密那著名的大头针工厂中存在的那种每个工人都被分配一个特定任务的劳动分工。早在1846年，他就提出："劳动分工从一开始指的就是关于劳动条件，劳动工具和劳动材料的分工，从而将聚集的资本分给不同的持有人。"（Marx and Engels 1846, 73）事实上，马克思甚至告诉恩格斯说，他想用资本来展现"在机械工厂中，亚当·斯密所描述的构成制造的基础的劳动分工并不存在"(Marx to Engels March 6,1862;in Marx and Engels 1985,351)。

劳动的社会分工的种类意味着将经济分割到独立的公司和产业中,而这所导致的关于劳动过程的分隔将经济划分为擅长制造特定物品(如针、熨斗、食品等)的分离个体。从而,劳动的社会分工包含了现代经济学家称为"产业组织"的部分,虽然它的范围更广且不限于商品生产(Perelman 1983)。

近代经济文学将重心放在熟悉的斯密分工理论上,而每次涉及劳动的社会分工,生产关系方面几乎从未被考虑到(Marx 1977,486;Perelman 1983)。

作为分析劳动的社会分工的起点,我想向读者们介绍约瑟夫·洛(Joseph Lowe)在《英国现状》(*The Present State of England*)中的一段文字:"在伦敦,鞋匠的等级是有所区分的,格雷先生将鞋匠分为为男士做鞋的鞋匠,为女士做鞋的鞋匠,以及为儿童做鞋的鞋匠,鞋匠甚至可分为切割者和制造者。就连裁缝也可以分为做衣服的、做背心的、做马裤的、做绑腿的,虽然对于大众来说每个裁缝都应负责其生意的每个方面。"(Lowe 1823,61)事实上,洛认为一个产业的定义有赖于所生产商品的性质而不是工人们表面的职业。他所强调的差异与现代文献中所出现的一致,即使他不可能预见到现代商品种类繁多。

幸运的是,马克思比洛更不愿意相信表面的东西。他不能只因为一件物品是背心或儿童的靴子而将它当作商品:

使用物品成为商品,只是因为它们是彼此独立进行的私人劳动的产品……因为生产者只有通过交换他们的劳动产品才发生社会接触,所以,他们的私人劳动的独特的社会性质也只有在这种交换中才表现出来。换句话说,私人劳动在事实上证实为社会总劳动的一部分,只是由于交换使劳动产品之间、从而使生产者之间发生了关系。(《马克思恩格斯全集》第44卷,北京:人民出版社,2001年,第90页。)

与洛相反,马克思的方法以商品形式间的社会关系对工业进行定义。这一点也许看起来很明显,但无论是工业的概念还是商品的概念都不甚清晰。例如,马加齐纳(Magaziner)和里奇(Reich)问波音公司和赛斯纳是否应该归为同一类工业(Magaziner and Reich 1981,67)。阿格列塔(Aglietta)认为人们应该以工业的分支为重点进行研究,并以将公司组织成发展议价策略团体的方式来定义(Aglietta 1976,290)。根据他的定义,"工业分支是因相同的资本生产与交换规范所形成的经济空间"(ibid.,291)。

在这个背景下,无可否认,对劳动的社会分工进行分析是十分复杂的。正如马克思所说:

把自己的"分散的肢体"表现为分工体系的社会生产有机体,它的量的构成,也像它的质的构成一样,是自发地偶然地形成的……

……整整一系列不受当事人控制的天然的社会联系发展起来了。(《马克思恩格斯全集》第44卷,北京:人民出版社,2001年,第129页,第134页。)

在一定范围内,劳动的社会分工根据其特有的规律展开。最终,分工依赖于生产的社会关系。恩格斯在于1890年10月27日给康纳德·施密特写的信中说道:

凡是存在着社会规模的分工的地方,单独的劳动过程就成为相互独立的。生产归根到底是决定性的东西。但是,产品贸易一旦离开生产本身而独立起来,它就会循着本身的运动方向运行,这一运动总的说来是受生产运动支配的,但是在单个的情况下和在这个总的隶属关系以内,它毕竟还是循着这个新因素的本性所固有的规律运行的,这个运动有自己的阶段,并且也反过来对生产运动起作用。(《马克思恩格斯全集》第37卷,北京:人民出版社,1971年,第485页。)

值得注意的是,对劳动的社会分工进行分析需要重新考虑商品的本质。马克思自己提出了这一观点:"市场……商品通过劳动的社会分工而得到发展;有生产力的劳动分工将产品与商品进行双向转换,让两者都作为市场发挥作用。"(Marx 1967:3,637)这一商品与劳动社会分工间的关系在马克思的发现中已非常明显:"独立劳动间的纽带……是它们各自的产品都是商品这一事实。"(Marx 1977,475)金钱只是"社会纽带的物质化"(Marx 1973,160)。

我们只需问一问自己:商品所共有的特质是什么？它们都是被放在市场中进行销售的劳动产物。换句话说,商品是"作为商品销售的产品……因为它们若不被销售则不能被视作产品"(Marx 1977:952,166)。那么什么是产品？

马克思从美国制伞业的角度研究了这个问题(Marx 1977,476—477a)。在内战之前,雨伞制造商只是雨伞部件的组装者。从而,独立部件如伞柄是商品。如果生产这些伞柄的公司同时也组装这些雨伞,那么伞柄就不再是商品。

由于内战期间所制定的流转税,如何区分部件是不是商品这一问题在美国国会被提出。马克思同意国会的最终判断,即"一个东西'在它被制造出来时'被生产,而它在可以进行销售时被制造"(ibid.)。恩格斯在他加入《资本论》的注记中也提到了相同的观点:"为了成为一个商品,产品必须通过交换被转给一个让它有使用价值的人。"(Marx 1977,1317)我们也在剩余价值理论中读到:"作为价值,商品是社会的规模……价值实际上'暗示交换',但交换是人们之间的交换。实际上,价值这一概念是以产品交换为前提的。"(Marx 1963—1971:3,129)这个观点是否微不足道？完全不会。虽然这些引用可能看起来只是老生常谈,大多数关于不变资本的讨论错误地将一种完全不同的商品性质作为前提。这导致不变资本的重新定义反过来促使马克思的资本有机构成理论的典型理解得到大幅修正,包括其利润率下降趋势中的作用。

以上关于国会立法的引用反映了一个重要观点:商品表现的形式也许是模糊的。当美国制伞商只是伞的零部件的组装者时,每个独立部件都是一件商品。然而,如果伞柄制造商同时承担组装这一步骤,伞柄就不再在市场中出现。

在生产过程中,"不变资本存在的物质形式"可能发生变化(Marx 1967:2,141)。例如,伞柄制造商所购买的不变资本会先变成伞柄,再变成雨伞。而伞柄本身不再是商品。英国枪支和珠宝产业也提供了类似的例子(Stigler 1951,147—148,citing Allen 1929,56—57,116—117)。同样,家庭只能买面包或面粉。如果面粉被专门用来做面包,这种烘焙工业中的关系将把面粉从商品中除名。同样,若家庭普遍恢复自制烘焙,面包这一商品将消失。

所以,虽然一个观察者可以不经意地发现垂直整合或瓦解这类行为在人们所熟悉的现存商品中存在的可能性,潜在可能的数量是无穷的。几十年以前,没有人能料到一个喜欢吃面包的人可以在买烤好的面包、冰冻的面团或预先添加好黄油的面包中做选择(Lancaster 1966)。马克思发现仅仅在伯明翰,生产的锤子种类就多达 500 种(Marx 1977,460)。所以,产品多样性在某种程度上反映出具有多种可替代现有劳动社会分工的模式的可能性。

这样的新安排同样出现在生产过程中。对于乔治·斯蒂格勒(George Stigler),劳动的社会分工的洗牌对于资本主义制度来说是至关重要的。他的证据证明了马克思的假设:同更多地被研究的垂直整合一样,现代工业经历着显著的垂直瓦解(Stigler 1951;Marx 1967:2,33—34)。

关于正在进行的对于劳动的社会分工的重构,马克思注意到:

例如,英国的大玻璃工场自己制造土制坩埚,因为产品的优劣主要取决于坩埚的质量。在这里,制造生产资料的工场手工业同制造产品的工场手工业联合起来了。反过来,制造产品的工场手工业,也可以同那些又把它的产品当作原料的工场手工业,或者同那些把它的产品与自己的产品结成一体的工场手工业联合起来……在这种场合,不同的结合的工场手工业成了一个总工场手工业在空间上多少分离的部门,同时又是各有分工的、互不依赖的生产过程。(《马克思恩格斯全集》第 44 卷,北京:人民出版社,2001 年,第 402 页。)

这个结果是不确定的。此外,不像劳动分工已"凝结,并最终由法律永久规定"的印度村庄一样,它动态地进化着(Marx,1977,477)。

尽管如此,马克思承认:持续增长的对更大规模机器的依赖性将最终决定劳动的社会分工。他写道:"这一制造商的组合虽然带来了许多益处,但在其自身的基础上,它从来没有得到充分的技术利用。这一利用只有在它被转换成一个由机器实施的工业时才得以实现。"(Marx 1977,467)我在马克思主义者的文章中只发现两处提到变化的社会分工所带来的困难。其一,吉尔曼(Gillmann)在计算资本的有机构成的时候发现了将垂直整合考虑在内的需要:"曾经是消耗的不变资本的一部分并在其总体价值中出现的,现在成了在生产过程中货品账目的一部分。它作为原材料的单独价值消失了。所有关于它的内容在关于一体化公司的书中都不再出现,没有财产是从一个公司转到另一个公司的。"(Gillman 1957,43)其二,苏联人在尝试发展关于产业间流通的分析时遇到了将产业进行划分的难题,显然他们并没有注意到与此相关的理论问题:

总体上来说,精确区分农业和工业是很难的。黄油既可被当作农产品,也可同样被当作通过处理农业原材料得到的工业产品。同样的道理对小磨坊所输出的植物油、面粉等也适用。这种疑问甚至在考虑谷物脱粒的第一步时即产生。如果国民经济平衡被看作一个单纯的有劳动分工的生产过程,那么关于农业和工业的区分必须基于科技上的考量。公众不消费原材料状态下的谷物或含油种子(Litcshenko 1926,35)。

因此,资本主义产业这一概念只在一个变化的社会市场关系网络中存在。同理可得,特里芬(Triffen)对于产业作为一个概念的抗议也许暗示了变化的社会分工会给新古典理论带来的种种困难(Triffen 1940,89)。博耶(Boyer)所提议的复杂程序也暗示了经济学必须到一定的地步才能定义产业。

简言之,一个东西是或不是一个商品取决于劳动的社会分工。我将通过如下主张来强调这一依赖关系:商品是在将产品或服务从一个公司或家庭送到另一处的社会劳动过程中变化的物质表现。所以,我们可以说商品是用来在市场上销售的劳动的产物。通过它们在市场中的呈现,它们有了价值。正如马克思所说:"劳动产物只有在被交换时才得到社会上的一致的价值……"(Marx 1977,166)

人们可能觉得英文翻译中的疏漏曲解了他的意思,但法语版本与我的阅读更一致(Marx and Engels 1973:23,87)。因此,马克思写道:"原则上是不存在产品交换的——但在生产中进行合作的劳动的交换是存在的。"(Marx 1963,78;Marx 1963—1971:3,129)多布(Dobb)评论道:

价值规律是包括劳动力在内的产品之间交换关系的原则。它同时也是一般劳动社会分工中劳动在不同工业间进行分配的模式以及阶级间产品分配的决定性因素。商品有一定的交换价值是社会的劳动力以一定方式被分到各种

职业的另一种说法。(Dobb 1931,70—71)

总之,价值是将经济中不同商品生产者连结在一起的力量。马克思对他的朋友库格曼(Kugelmann)解释道:"劳动的按比例分配……在一个社会劳动中,社会劳动的相互联系通过这些产品的私人交换价值来展现。"(Marx to Kugelmann, July 11,1868; in Marx and Engels 1975c,196; Marx 1963—1971: Pt. 2 529)从本质上来说,马克思对价值概念的定义反映了"社会劳动之间联系展现"的方式。通过追踪经济中的商品流通,我们可以在不同商品生产者之间绘制这种物质联系网络。

几乎所有的经济学家都认为这一网络十分明显以至于这一话题无须考虑就被忽略,但它是有重要影响的。与主流经济学的循环流程图类似,劳动的流通被相反方向的货币流通所平衡。以马克思在第一卷《资本论》中所采取的高度抽象形式来表达,这些货币流通代表购买约等于价值所交换的劳动价值的能力。这一商品显示出马克思与古典政治经济学之间的一个主要区别:与用劳动当作衡量价值的标准的斯密和李嘉图相反,马克思将价值理解为衡量劳动的工具,这个工具可以在现实中用来协调独立生产商间的社会劳动过程。

除此之外,这一网络强调了在社会关系上,而不是技术层面关系上的劳动社会分工。的确,就连马克思有时也好像开始想象社会分工响应着技术方面的条件而形成:

> 因为商品生产和商品流通是资本主义生产方式的一般前提,所以工场手工业的分工要求社会内部的分工已经达到一定的发展程度。相反地,工场手工业分工又会发生反作用,发展并增加社会分工。随着劳动工具的分化,生产这些工具的行业也日益分化。一旦工场手工业的生产扩展到这样一种行业,即到目前为止作为主要行业或辅助行业和其他行业联系在一起、并由同一生产者经营的行业,分离和互相独立的现象就会立即发生。一旦工场手工业的生产扩展到某种商品的一个特殊的生产阶段,该商品的各个生产阶段就转化为各种独立的行业。前面已经指出,在制品是一个由局部产品纯粹机械地装配成的整体的地方,局部劳动又可以独立化为特殊的手工业。为了使工场手工业内部的分工更完善,同一个生产部门,根据其原料的不同,根据同一种原料可能具有的不同形式,而分成不同的有时是崭新的工场手工业。(《马克思恩格斯全集》第 44 卷,北京:人民出版社,2001 年,第 409 页。)

这一陈述展现了马克思的一个偶然失误。

相反,主流经济学家几乎完全忽略了劳动的社会分工。凯恩斯是一个例外,他发现"使用者成本明显依赖于行业集成度以及企业之间进行交易的程度"

(Keynes 1936,24n)。

弗里德里希·冯·哈耶克(Friedrich von Hayek)也注意到垂直整合对聚集的重要性。货币主义者拥护货币增长率的持续增长,冯·哈耶克对此进行回应,认为一个变化的劳动社会分工可以改变对市场提供同样最终输出所需的货币交易数量(von Hayek 1932,61ff)。

实际上,货币主义者已趋于接受哈耶克的立场。例如,弗里德曼(Friedman)和施瓦茨(Schwartz)现在用他们称为"金融复杂性"的概念来解释伴随工业而增长的货币速度(Friedman and Schwartz 1982,145-147)。他们想要说的是随着农业部门的相对衰退,经济变得更加货币化,但这一现象与传统农民很少依赖购买的投入品有关。

同样,如果雨伞组装商开始生产而不是购买伞柄,那么伞柄的花费不再包括伞柄的加价,而只包括支付伞柄制造过程花费的足够资金。这种伞柄被运给组装商的过程就是在与市场交换进行比较时冯·哈耶克所说的"内部交易"(von Hayek 1932,60)。因为消费品的最终价值只是在生产资料上全部花销的十二分之一,所以在内部交易与劳动社会分工中的一个小变化可以产生一个对金钱需求的巨大转变(ibid.,43)。

变化的社会分工也在最近试图解释巨型公司存在的尝试中被提及。据这个尝试的发起人罗纳德·哈里·科斯(R. H. Coase)所说,"在公司外,价格变化通过一系列市场中的交易指导生产。在公司内,这些市场交易被消除,并且企业协调人代替了复杂的存在交易的市场结构来指导生产"(Coase 1937,333)。因此,"可见的管理的手取代了不可见的市场机制的手来管理和协调每天的生产和分配"(Chandler 1977,286)。这些作者认为商业遵循理性。分层的公司代替了市场的功能,而这只是因为对公司内部进行管理比让市场交易代理公司内正在实行的措施具有更大的内在效率(Williamson 1975)。在公司内投入产出的优势随着输入的专业度和复杂度的增大而增大(Masten 1984)。

这些作者没有以整体的社会计划比依靠市场更好这一观点作结。虽然存在一些限制,但这一想法注意到劳动的社会价值是由公司通过调整其边界而获得对劳动过程的最好控制而决定的(Williamson 1975)。就这个意义来说,它超越了传统马克思主义文献,因为后者只考虑了独立公司的"活劳动"。无论是这个团体还是冯·哈耶克好像都没有从马克思早先关于劳动的社会分工的构想中受益。

图1展现了关于围绕着一个独立生产单位的商品关系图。与在其他任何公司中一样,在这个特定的公司中,劳动是通过市场调节而协调的,这把劳动的

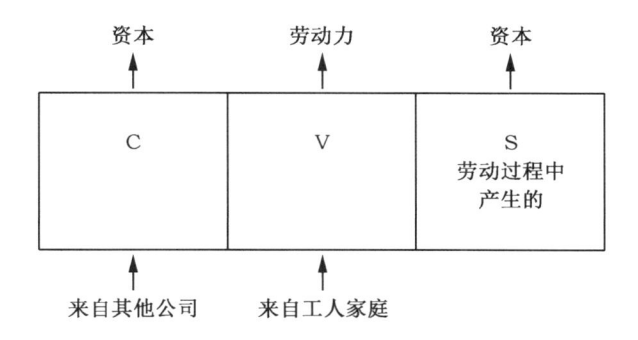

```
        资本            劳动力          资本
         ↑              ↑              ↑
    ┌─────────┬──────────┬──────────────┐
    │         │          │      S       │
    │    C    │    V     │  劳动过程中    │
    │         │          │    产生的     │
    └─────────┴──────────┴──────────────┘
         ↑              ↑
    来自其他公司      来自工人家庭
```

图 1　商品关系程序图

独立类别减少到"人类无差别的劳动"(Marx 1977,142)。因此,所有社会的不同的生产活动能以同样的标准衡量:每个商品都被分到一个等于社会上为其生产所需的必需的抽象劳动量。

总而言之,马克思认识到价值"以商品的语言"展现自己(ibid.,142)。虽然马克思是第一个解读这一"象形文字"的人,但他并没有清楚说明这一语言如电报出现早期的摩斯密码一样只有在距离长到需要它的时候才被使用这一点。在价值方面,所要考虑的距离由社会劳动过程中的差距形成,这一差距是因为一个资本家的直接命令不能传达到其他资本家所雇佣的工人耳里而产生的。

这里我们将不变和可变资本进行本质的区分。不变资本是通过价值转移而得到的。公司以不变资本的形式得到的价值是在其他同样雇佣劳动力将不变资本转为新的商品形式的公司中生产出来的。

这些公司的价值的转移反映了这个公司与其他的经济结构之间的物质联系。正如商品的定义所表现的一样,它们依赖于劳动的社会分工。

现在我们回忆一下马克思对于"私人劳动之间纽带"的评论。在资本主义社会,一个公司与其他公司或家庭间的这一纽带是通过价值关系来实现的。忽略价格与价值间的偏差,以商品形式进行的商品流通被等量的流回公司的价值所平衡。从这个意义上说,不变资本是不变的。它跨越一个公司与其他公司或家庭的界限的移动与相反方向上的等价流动相匹配。

同时,这些商品生产的独立团体通过价值关系连结在一起;在任何工作场所,"(独立雇员间的)纽带……是简单的合作"(Marx 1977,467),而这是通过资本家的直接权力得到保证的。① 受雇于公司中的工人间的合作由雇主确保,雇

---

① 这一区别是詹姆斯·斯图尔特的问题的中心。

主"要注意让工作以一种适当的方式完成"(Marx 1977, 291; 986; Marx 1977, 881)。

这一责任远不仅是给予工人正确的指导那么简单。在一个早期的公司里，用马歇尔的话来说，"主人的眼睛无所不在；无论是领班还是工人都不能偷懒，责任的分割是不存在的，传递半知半解的消息是不允许的"(Marshall 1920, 284)。用海默尔(Hymer)更为有力的表达来说，理想情况下，雇主"看见一切，知道一些，并决定一切"(Hymer 1972, 122)。

企业决策不仅控制公司内的活动，还进行公司间的资源分配。马克思注意到每个雇员"在专家的敏锐眼中，……选择那种最适用于其特定贸易的劳动力"(Marx 1977, 291)。这一劳动"如劳动过程的客观条件一般有效地属于他"(ibid., 982)。早些时候，魁奈给出了一个简短的同一关系的原始版本。他写道："劳动支出决定工匠的产品的价格，工匠间的竞争限制了他们劳动的支出。"(cited in Weulersse 1910: 1, 272)

简短地说，这些边界的安排有赖于科技和社会力量的结合。一个19世纪作家捕捉到了劳动的社会分工与公司内社会关系的交互，发现：

> 机器的使用伴随着比存在于制造的初始状态更为明显的劳动分工；物质材料经历更多的过程……建造一台磨机，并建设了一个水轮，而不是许多，这很经济。这一安排也使得熟悉生产细节的大师能够监督管理制造的各个阶段；它给了他更大的免于浪费或不诚实的材料消耗的安全性，也节约了移交工作的时间(Baines 1835, 184—185; cited in Smelser 1959, 102)。

对马克思来说，在任何情况下，在一个公司内实行的权威并不是价值关系所特有的；我们可以认为同样类型的管理规定适用于奴隶主，或在一定范围内适用于封建领主。(Marx 1977 345; the comments on that page in Genovese 1965, 23)独特的是市场在生产的资本主义模式中所施行的间接权力。

这一间接权力与资本的直接权力并非互相独立；"劳动社会分工的无序与劳动的生产分工的专制相互制约"(Marx 1977, 477)；然而，"虽然它们之间有许多类似的地方与联系，社会内部的劳动分工和车间内部的劳动分工不仅在规模上有区别，在种类上也有区别"(ibid., 474)。

资本家安排了工人在工厂内的具体劳动，由此侵吞了这一多产活动所制造的剩余价值。

在使用不变资本时，资本家只是别处所雇劳动产品的被动购买者。"被动"一词用来表明不变资产的购买者缺乏对于直接生产了这些不变资本的劳动力的直接权力。因此，我们可以想象：一个新集成的伞工厂使伞柄成型，然后将它们传递到其他工人手中,他们将手柄和其他零件组装到一起。想象一个薄纸板墙被建在将制造伞柄这一部分收尾与开始组装完成的产品的工人之间。此外,把纸板所做的分隔当作独立公司的标志。

就工作内容来说,制造过程不会改变,除了一些工人会听命于不同的雇主。就劳动的社会分工来说,如果穿过纸板墙的传送伴随着公司间的产品销售,情况就变了。突然,在组装线第一部分的劳动就要被控制第二部分的资本家视为"死劳动"了。所以,由添加一面纸板墙所带来的关于生产方式所有权转变的,暗示将影响"活劳动"与"死劳动"的核算。

对于现代读者,这一公司分隔也许听起来有些牵强,但实际上,在19世纪,一些工厂的工人和矿工是独立的承包人,他们收取工钱来完成特定的任务,甚至有时是他们受雇于工厂里的雇员而不是工厂所有人(Stone 1974;Butrick 1952)。

这一对劳动的社会分工与不变资产间关系的重新解读与以下用来提供对这一主题传统解读最大支持的引言相一致:

这一物化劳动与"活劳动"之间的区别在实际劳动过程中展现出来。生产方式……包括一定的、有用的、实在的劳动行为……然而纺纱这一工作是一种与众不同的特定劳动模式。它作为"活劳动"处于实现自己的过程中,不断生产自己的产品,与那些已经得到物化的奇特产品形式的劳动不同。同样从这一有利地位出发,我们发现一方面以一种既有形式存在的资本与另一方面作为工人的即时任务而存在的"活劳动"之间的对立关系。此外,在劳动过程中,物化劳动构成一个客观因素,一个实现"活劳动"的元素(Marx 1977,993)。

回到马克思之前的例子,雨伞的制造是所有直接或间接参与制造的工人共同努力的结果。无论是否存在将它们分成不同公司的商品关系,还是华勒斯坦(Wallerstein)所说的"商品链"(Wallerstein 1983,29),都无法推翻这一点。用于生产雨伞部件的劳动如最终将它们组装的劳动一样是确凿的"活劳动"。然而,在社会劳动生产过程中,商品作为从一个公司传输到另一个公司的材料这一间断的安排不会影响雨伞制造总体的具体劳动需求。

为了确保我的观点被正确理解,来看一下马克思提出的另一个例子。在鞋子的生产中,谷物转化为奶牛,奶牛转化为皮革,而皮革最终转化为鞋子(Marx 1977,475)。[①] 忽略联合产品的复杂性以及其他使用谷物、奶牛和皮革的情况,把生产鞋子想象成农场工作者、屠夫、制革工人、皮革工人的平行工作的成果,

---

[①] 我们在克拉克对奥地利资本原理的攻击中发现了一样的例子。

而不是一系列同样的过程。无论这些工人受雇于分散的商业还或受雇于一间大的生产所有提到的材料的大型集成工厂,这一平行生产过程的表现都会产生。①

在任何一种情况下,"每个人的产品都是人们专门劳动的混合产品"(Marx 1977,474)。看看鞋子这一商品,当垂直整合不存在时,忽略皮革加工厂中所有其他投入,不变资本以皮革形式出现。在一个集成公司中,购买每双鞋所花的不变资本将得到大幅削减——它将只由肥料、拖拉机和其他培育农作物时用到的所购买的输入,以及生产一双鞋所需屠宰、制革过程中的外部需求组成。

在一个例子中,马克思明确提出了与前一段中相同的观点。在讨论在同一农场中种植与生长的种子时,马克思坚持认为:如果它们被看作资本,那么"所有原材料都应被如此看待"(Marx 1973,717)。他补充说明道,"作为原材料,它总被包含在生产过程内"(ibid.),并因此不该被当作一个商品。这一态度与马克思认为"商品间的真实关系是他们的交换过程"这一立场一致(Marx and Engels 1973:13,28; the translation in Marx 1970a,47 is slightly different)。

我只发现了两个马克思看似与此处解读相矛盾的观点,写出来好像这个例子中不变资本的数量可能保持不变。基于这些段落所处的背景,这两个都不能作为不同于我所提议的对于不变资本解读的证据。

第一个例子是一个有点混乱的关于在自己生产过程中被消耗的商品,如煤、铁和木材的价格提升的讨论。他提到"以实物被交换的不变资本部分":

> 照旧是同量的铁、木材、煤炭以实物形式自行交换,以补偿用掉的铁、木材、煤炭;价格的上涨在这里会互相抵销。但是,现在形成煤炭业者的一部分不变资本并且不加入这种实物交换的那一部分煤炭余额,照旧要同收入交换。(《马克思恩格斯全集》第26卷第一册,北京:人民出版社,1972年,第191页。)

这一引言的出现是为了通过展示"多余的煤……为获得收入而被交换"来改正之前对于"以实物交换的不变资本"的引用。这一进步在某种程度上被之后"现在成了产煤者不变资本的一部分的剩余煤炭,并不是以实物形式进入这种交换,而是像以前一样,被交换为收入"这种描述所削弱。除了这一引述,就我所知,没有人能确定公司产品与不变资本的关系。

因为这一引述在很多方面如此混乱,并且它与一个非常不同的主题相关,所以它并不能被高度重视。那么第二个例子呢?马克思写道:

> 既然连普通粪便这样的肥料都成了交易品,骨粉、鸟粪、碳酸钾等就更不用

---

① 我们将需要为每个公司选择一个范围的运作,以使得两种情况下对劳动的需求是同样的。

说了。这里,生产要素用货币来估价,不只是生产中的形式上的变化……这也不单纯是资本主义生产方式和它以前的生产方式之间的形式上的差别。随着人们认识到换种的重要性,连种子交易也越来越重要了。因此,就真正的农业来说,如果说没有"原料"—— 并且是作为商品的原料—— 加入农业,那是可笑的。如果说机器制造业者自己使用的机器不作为价值要素加入他的资本,那是同样可笑的。(《马克思恩格斯全集》第26卷第二册,北京:人民出版社,1973年,第15页。)

这一观点的背景说明这一观点实际上并不与我的例子相矛盾。来自马克思—恩格斯—列宁主义研究所的编辑们认为,马克思为了与洛贝尔图斯(Robertus)进行辩论而改变了他的用词(Marx 1963—1971:2,634),但这一假设对我的解释来说并无必要。

马克思尝试回答一个特定的问题:原材料并不被实际卖出这一事实是否"增加了利润率(而不是剩余价值率)?"(ibid.,205)他接着继续解释说,一个农场主在计算其商品的成本基础时将把生产过程中非市场因素(如种子)的市场价考虑在内。在《资本论》第三卷中,马克思又提到了种子:"迄今为止,它们不需要被作为实际商品被购买,而是以实物形式从产品中取出,为了重新作为生产条件进入其再生产……在书中它们扮演记账货币的角色并作为成本价的元素而被减掉。"(Marx 1967:3,788)这一陈述是在他对实体租金"是中世纪的货币地租的一种表达"进行解释时写下的(ibid.)。像这样,利润率和租金的货币价值将与它们在一个等价货币地租中的价值相等。再一次,种子包含在内,但没有价值。

在一封给恩格斯的信中,马克思再一次将种子作为不变资本进行探讨。在那个时候,他发现种子贸易"重要性得到提升"。所以,一些种子一定被包括在不变资本的范畴。

马克思对于种子工业的阐述反映出劳动社会分工将"随着独立资本相互缠绕"而更趋于复杂(Marx,1967:2,353)。对于一个既存的种子市场,一个追求利益最大化的农夫会考虑种子的机会成本。因为种子需要被逐年储存下来,这些费用将反映出这些种子所具有的潜在价值被使用的时间长度。但是,生产种子所用的劳动仍被资本主义农民视作"活劳动"。农场主将获得那以劳动所创造的剩余价值。因此,种子不会是不变资本。

总而言之,不变资本可以说是"死劳动",但需要满足一定条件:不变资本只有对于一个独立商品生产者来说的时候才是"死劳动"。但这一作为"死劳动"的不变资本是马克思《资本论》中所考虑的不变资本吗?

不变资本作为过去的劳动

  不变资本是累积劳动的产品,亦即有人类活动这一源头的持续劳动所产生的已完成的劳动;因此,资本与劳动在本质上是一样的,只在时序上作为过去的与现在的而有所不同。在这两者之间必有一定关系存在——这关系是什么呢?

  ——冯·蒂宁(1850,240,cited in Dempsey 1960)

  仅凭对《资本论》第一卷稍加熟悉就足以得出不变资本种类是这一作品结构的一个重要组成部分。然而,几乎与马克思的其他任何概念都不同,这一种类被作为一个简单的对于事实的定义。

  实际上,所有经济类别都是复杂的。更多时候,为了解释重要的联系,在它们的构造中,一部分现实被扭曲,以便将重心放在其他方面。这些被挡在我们目力所及范围外的部分未必是不重要的;常常,它们只是为了提供分析上的便利而被暂时搁置。在《资本论》第一卷中,马克思就是这样处理不变资本的。

  在马克思之前,政治经济学设计了两种令社会生产能被轻易理解的表达方式(Schumpeter 1954a,565)。第一个取自实现过程,从而将经济表示为合作劳动的聚合。例如,亚当·斯密以这句话开始对《国富论》的介绍:"每个国家每年的劳动都是为它提供所有生活必需品与便利的基金。"(A. Smith 1776, lvii)这一共存劳动的版本在亚当·斯密对在一件羊毛大衣生产过程中进行合作的大量工人的描述中十分明确(ibid., bk. 1,ch. 1,1;A. Smith 1762—1766,339)。这一例子可能是斯密从曼德维尔那儿发现的,在他的作品中,大衣是深红或猩红的精细布料所制(Mandeville 1723,356—357)。

  在曼德维尔的第一版出版的同一年,约翰·劳(John Law)也提出了共存劳动的意象。他提到"秩序,经济与国民社会的存在……完全建立在我们需求的多样性上……所以上层建筑是由人们相互提供的服务组成的"(Law 1705:2,64)。这一观点可溯源到从柏拉图到布阿吉尔贝尔(Boisguilbert),再传至萨伊(Say)。这一合作劳动的视角代表了宏观经济理论的萌芽。

  第二个方法从本质上来说是微观经济学的。生产过程被认作"旧劳动"而被简化。换句话说,生产在任何公司内消耗的方式皆由过去聚集起来的"死劳动"组成。在这种情况下,物质关系的复杂系统凝结为一个简单的衡量标准,即不变资本。

  这一处理资本的方式揭示了资本主义的拜物性:"他们私人劳动之间的社会关系并不以他们工作中的人与人的直接社会关系而体现,而是以人们间的物

质关系与事物间的社会关系表现出来。"(Marx 1977,166)在讨论"死劳动"与"活劳动"的本质时,马克思声称:

在我们面对的是一定的生产的社会关系时,我们在资本主义生产过程中发现资本以生产资料和被定义为资本的对象的形式存在,这种使用价值的融合是不可分割的。因此,在这种生产模式中存在的产品被那些需要处理它们的人等同于商品。正是这一点形成了政治经济学的拜物性(Marx 1977,983)。

虽然"旧劳动"必须根据将现存资本货品重新定价的变化的科技进行调整,将生产过程以这种方式表达对于洛克的意识形态上的支持提供了便利,亦即生产方式的所有权可以追溯到资本主义者早先的生产活动。根据托伦斯(Torrens)所说,"从第一块原始人投向他追赶的野生动物的石头里,从第一根他拿来打下他头上悬挂的用手够不到的水果的木棒里,我们看到一件物品被用于获取另一样,由此我们发现了资本的来源"(Torrens 1821,70—71)。马克思对此回应道:"毫无疑问,这'第一根木棒'(德语中的股票)可以解释为什么股票是资本的同义词。"(Marx 1977,291,n.10)

然而,古典政治经济学通过用"旧劳动"表示生产而取得了显著的进步。通过这么做,政治经济学称劳动的对象是资本;"也就是说,不是'劳动所采用的方式',而是使用劳动的方式"(Marx 1977,1008)。除此之外,以这种方式表示生产准确地反映了资本主义的实际状况:

生存方式具有购买工人这一特定经济特性的事实,或生产方式如皮革和鞋楦使用修鞋匠的帮助这一事实——这种人与事物间的反转已成为生产因素物理特性不可分割的一部分,无论是在资本主义生产中还是经济学家的想象中(Marx 1977,1008fn)。

在这一关于资本的展示中有着明确的对于资本的批判。政治经济学家没有意识到这一信息。他们想要尝试说明的是"工作只生产一种一定的有用形式下的价值……工作的任何一种特定形式都需要具有特定实用价值的材料和工具"(Marx 1977,1008)。除了这种目的,古典政治经济学传达了不同的一课。通过强调"劳动过程,(政治经济学家)主张资本只是一件物品"(ibid.,1001;Sismoncli 1827,239)。以此来看,"成为纱的棉花,成为布的纱,又或者成为用来印染的材料的布,只作为棉花、纱、布存在于劳动之中。它们本身并不作为劳动产品、作为物质化劳动而进入任何过程,而只作为具有一定自然特质的材料存在"(Marx 1973;302,258)。在这一生产过程的表达中,我称为"间接劳动"的于一个特定公司使用的不变资本中具象化的劳动(Rodbertus 1899,236ff),永远是过去的劳动。换句话说,"无论来源如何,所有的资本都会被转化成累积资本或资本化的剩余价值"(Marx 1977,734)。

种植棉花的人的工作在纺纱者之前,而纺纱者的劳动在裁缝之前。这样,商品的生产变成一系列关于棉花纤维的运作。材料在成为成品过程中的状态可反映生产阶段(Marx 1977,464)。根据所在阶段,在这个过程中使用的资本可包括棉花、纱或布。在任何情况下,这一资本代表过去劳动的体现。

实际上,将生产过程表示为一系列对于一定材料的操作使古典政治经济学能够轻视劳动的贡献。根据这种学说,当前进行的劳动活动当然是有用的,但是古典政治经济学会让我们相信这一活动的最终结果是"活劳动"和过去累积劳动的共同产品。弗朗西斯·韦兰德(Francis Wayland)解释道:"资本家贡献他过去的劳动而劳动者提供他现时劳动。"(Wayland 1837,166—167;cited in O'Connor 1942,182)在这一背景下,"过去的劳动永远将自己伪装为资本,也就是说,既然亏欠于劳动的债务……伪装成非工作者的所有物,……资产阶级公民以及政治经济学家对过去的劳动做出的服务赞不绝口,而这……应当以利息、利润等形式获得特殊报偿"(Marx 1977,757)。重农主义者因为他们继承下来对于过去的劳动的热情,而使其将具生产力的劳动仅归功于从事生产原材料的工人(Weulersse 1910:1,258)。然而,进一步的研究本应令他们发现其他劳动种类在原材料生产之前发生(Marx 1977,285n)。例如,农民经常使用犁和其他制造出来的体现非农业劳动的工具。

若所提出的过去的劳动的重要性属实,马克思觉得资本家可以对劳动需求索取对于韦兰德称作"他的……过去的劳动"的报偿:"工人们只用他们的手臂和腿,能凭空生产出商品吗?我是否提供给他体现他的劳动所必需的材料……通过提供我的生产工具、我的棉花和纺锤,我难道没有为社会创造无可估量的服务?"(Marx 1977,229)。实际上,托马斯·库珀提供了一个表现这一态度的更富情感的例子。他非常严肃地问道:

没有土地和种子,劳动者能生产棉花吗?不能。因此,土地和种子与劳动一样必要。谁拥有土地和种子呢?劳动者吗?不,是资本家。劳动者是否有这样的权利:走到土地与种子所有者的面前,说"我想种棉花,给我你的土地和种子,这样我可以为了我自己的利益与报酬做这些事"?难道土地所有人没有说"不"的权利?你可以做我已经做过的事:节省二十年的收入,剥削你自己,使用你这样得来的自己的土地(Cooper 1830,351)。

虽然是在一个抽象模型的壳内发声,萨缪尔森与马克思的理想资本家有情感上的共鸣:"如果工人不存储——不'弃权',不'等待'——他们将不能提供他们提供劳动工作时所需的原材料。"(Samuelson 1971,407)把劳动过程用之前的劳动来表示,对没有名气的工资基金来说是很重要的,根据该学说,对劳动的报酬"并不直接联系到劳动的生产贡献"(Eagly 1974,131)。然而,伊格雷(Eagly)错误地认为工资率会受到影响(ibid.)。路易斯(Lewis)的描述看起来更忠于古典政治经济学(Lewis 1954)。

从而,朗菲尔德(Longifield)将这一问题以一种工人可以选择剥削状态的形式提出来:"一个为自己工作的劳动者会发现将他自己劳动所得产品的二十分之十九给借给他(铲子)的人是对他自己有益的,如果另一选择是用他的双手翻地。"(Longfield 1834,195)在新古典理论中,这一分析更进一步。举个例子,杰文斯的教条"过去的永不再来"被用来证明边际分析胜过生产成本理论(Jevons 1871,186)。

在古典政治经济学的理论建设中:

劳动(的物品)仅为吸收其他人的劳动而存在……而劳动工具只是这一吸收过程中的一个导管、一个机构……

但是,(亚麻和纱锭)是过去劳动的产品这件事,对这个过程本身来说是没有关系的,正如面包是农民、磨面者、面包师等过去劳动的产品这件事,对营养作用来说是没有关系的一样。(《马克思恩格斯全集》第44卷,北京:人民出版社,2001年,第213页。)

马克思继续说道:"相反,只有通过他们的不完美,任何过程中的生产方式才会令我们注意到他们是过去劳动的产品这一特性。把无法用来切割的刀,一根持续断裂的线,令我们想起刀匠 A 先生、纺纱匠 B 先生。"(Marx 1977,289)就这个观点来看,"资本家、工人和政治经济学家这些只能把劳动过程看作一个属于资本过程的人,都只因为其物理特性而认为劳动过程的物质元素是资本"(ibid.,1008-1009)。总而言之,不变资本种类的使用使得间接劳动、间接致力于一个特定商品生产的所有劳动合起来的成果被当作过去的劳动、"死劳动"来对待,也就是说,当作一个东西来对待。

共存劳动的范畴

马克思对另外一种观点持开放态度。若不是从不变资本的种类的传统中展开,他也可以通过发展作为劳动序列的生产和作为共存劳动合作系统的生产之间的辩证关系来完成对不变资本的批判。

用输入输出矩阵来看,过时劳动系统将技术生产关系矩阵的扩张作为投入产出的矩阵的幂的无限和。共存劳动的系统与逆矩阵(I-A)相似。弗兰克·陶西格(Frank Taussig)预先考虑了其他选择的技术细节(Taussig 1896,12;Clark 1895)。

为什么过了这么久才有人把资本同时看成共存劳动和先前的劳动？当然，马克思很容易便可以把纺织工业描述成一个合作的劳动过程,在这之中,棉花种植者、纺纱者和裁缝在纤维生产中肩并肩工作。这一观点看起来如此明显以至于令人以为它已经是普遍的看法。

例如,朗菲尔德写过"……资本就像资本的父母和后代"(Longfield 1834,190),但之后他就没再继续这个话题。在朗菲尔德的书出现两年之后,纳索·西尼尔在回应亚当·斯密对《国富论》第二卷的介绍时把这一联系变得更明显。斯密认为:

然而,当劳动分工被彻底引入之后,一个人自己劳动的产品只能供应他偶尔需求的很小一部分……因此,不同种类货品的库存必须被储存在某处,且足以保持并提供给他工作所需的材料和工具,至少到这两项活动都能执行的时刻。一个裁缝无法全身心投入他特定的工作,除非事先在某处有所储备——或者归他所有,或者归他人所有——足以供应他工作所需材料和工具的库存(A. Smith 1776,bk 2,259—260)。

西尼尔写道:

的确,他必须有这些物品的供给,但是它们不需要在他第一次开始工作之前就存好,它们可能在工作进行时被生产出来……而这些工人所需要的商品……如果他所依赖的资本是有生产力的、与他的需求同步增长并在无形中分离出来回应他的需求的,那就足够了(Senior 1836,78—79)。

西尼尔认为这一观点是离题的。之后,他马上就转向了另一个主题。然而,哈耶克(Hayek)错误地认为,生产可以用不同工人团队的平行劳动来代表,是他首创了这一观点(von Hayek 1941,85—86)。

是不是因为认为这一问题微不足道,西尼尔和郎菲尔德才没有继续他们的见解呢？我不这么认为。鉴于先前的劳动这一视角是为了支持资本主张被发展出来的,与之相反的共存劳动的视角是从对劳动者利益的明确捍卫中产生的。

我们在托马斯·霍吉斯金(Thomas Hodgskin)于1825年和1827年出版的作品中第一次发现这一概念。虽然现在人们不常看霍吉斯金的作品,但在他的时代,他的作品被经济学家严肃对待。在那时,托马斯·霍吉斯金是一个"吓唬女人和孩子"的名字(Meek 1973,124;Meek 1967a,69—72;Dobb 1973,98)。

詹姆斯·穆勒在对布鲁厄姆(Brougham)的信中写道:如果霍吉斯金的想

法"若被散播，将颠覆社会"(cited in Bain 882, 364)。斯克罗普(Scrope)将布鲁厄姆描述成一个"比欧文派更具毁灭性的"影响。(Scrcpe 1832, 411—412)在他的《政治经济原理》(*Principles of Political Economy*)一书中，他把霍吉斯金当作一个"反对资本这一社会的毒药，并认为资本拥有者可以获得利息是一种滥用、一种不公正的做法、一种对劳动者阶级的抢劫"的雄辩家(Scrope 1833, 150; cited in Berg 1980, 116—117)。

对霍吉斯金最为直接的攻击来自好斗的托马斯·库珀，那个询问工人是否使用没有种子的棉花的托马斯·库珀。库珀通过直接回应霍吉斯金的《通俗政治经济学》(*Popular Political Economy*)发布了他早先被引用的挑战："如果这些是机制合并起来执行的提议，那现在就是那些拥有可能失去的资产、有需要保护的家庭的人合并起来进行自我防卫的时候了。"(Cooper 1830, 353)霍吉斯金是一个有说服力的对资本的批判者，但他的说服力并不完全是自创的。他将资本视为一个"神妙词语"，一个"人们被呼吁来拜服的偶像"(Hodgskin 1825, 60)的描述是雷文斯通(Ravenstone)已经提出过的(Ravenstone 1821, 293, 355)。雷文斯通认为资本"只有抽象的存在"以及"虚幻的本质"。雷文斯通意识到了在意识形态上攻击资本这一概念的重要性。他声称："要获得一个民族的财富和权力依赖于其资本这一观点，必须让工厂附属于富人并且人们对财产卑躬屈膝。"(Ravenstone 1825, 7)此外，威廉·汤普森(William Thompson)尝试过令资本存量贬值，但只得到数量上的变化(Thompson 1824; Marx 1967, 2, 322)。甚至之后在穆勒提出同一观点时，也无人注意(J. S. Mill 1848, 71—72)。

霍吉斯金，比起所谓的李嘉图派社会主义者以及他作为一个经济理论学家的恶名，更为显著的贡献在于他对共存资本的表达所具有的分析力(Hunt 1977)。他最深刻的作品的名字《保护劳动反对资本的要求》(*Labor Defended Against the Claims of Capital*)把他的目的清楚地表达了出来。他把劳动过程作为平行系统而不是连续的行为这一概念用来作为促进劳动利益的理论工具。确实，它在传统政治经济学家(包括朗菲尔德和西尼尔)中引起的恼怒说明他在某种程度上成功了。

例如，西尼尔抱怨说"穷人的政治经济学"对未受教育的人有吸引力是因为"虽然是人类机构的力量使得每个人都贫穷，但他们并不能令每个人都富有……他们可以散播痛苦却不能散播幸福"(Senior 1871: 1, 150; cited in Hunt 1979, 124)。朗菲尔德抱怨那些"通过激发贫穷和无知的人的热情并说服他们认为他们的贫穷是由压迫或暴政导致的从而制造麻烦"的人(Longfield 1834, 158)。确实，马克·布劳格(Mark Blaug)提到过，整个强调效用的经济学家群

体,其中朗菲尔德和西尼尔为其著名成员,有意识地将他们的理论进行塑造以便驳斥霍吉斯金以及其他同情劳工的作者的作品:

值得注意的是,那些攻击"劳动理论学者"的观点的作家——斯克罗普、里德(Read)和朗菲尔德——同时也是最早提出利润节制理论的人。从这个意义上来说,"被忽略的英国经济学家"的理论创新并非与1830年后的阶级斗争的性质无关(Blaug 1958,245;Berg 1975;Meek 1967;Dobb 1973,23)。

无可否认,无论是朗菲尔德还是西尼尔都不想加强托马斯·霍吉斯金关于政治经济学最为有力的诽谤观点的可信度。因此,他们匆忙地发表他们对于共存劳动的评论以免搅乱了意识形态的塑造。

马克思本人对于共存劳动概念的理解可能受益于他与霍吉斯金的接触,但我不认为这是实际情况。《剩余价值理论》中所记录的马克思在读斯密作品的过程中对于这一概念的艰难探索,表明他独立地得出了一个类似的结论(见下文)。

无论如何,马克思之后接受了共存劳动的概念,这是不言而喻的。引用《政治经济学批判大纲》中生产方式的概念,马克思说它"是一种不需加以解释的东西"(Marx 1973,767)。他之后所举的雨伞组装商的例子显示出,这一问题并不像他之前所想的那样简单。

虽然马克思可能曾经从阅读霍吉斯金的作品中受益,但他仍认为对霍吉斯金的领悟之外的存在进行探索是有必要的。在他对于霍吉斯金的拓展讨论中,马克思赞赏了他反对"经济拜物教"的行动而批评了他对于旧劳动的价值的低估(Marx 1963—1971:3,276)。

不变资本与马克思方法

马克思自己对于不变资本影响的认识在他于18世纪60年代早期撰写《剩余价值理论》时得到了发展。是什么促成了他的发现呢?

两股力量看起来可以提供解释。棉花的极度缺乏激发了马克思对于不变资本的极大兴趣(见第二章)。在一个更理论化的层面,差不多在同一时间,马克思与亚当·斯密关于将国家收入分解为工资和利润的解决方法进行了斗争。

我经过考虑之后用了"斗争"这一词。马克思,这个经常表现出对于古典政治经济学进展速度不耐烦的人,在检验这一问题时极度考虑细节。他几乎用了《剩余价值理论》第一卷的六十页来阐述这一看起来简单的问题(Marx 1963—1971:1,92—151)。当他的磨难完成时,他用以下警句赞扬了斯密,或者说是他自己更为恰当:"亚当·斯密的矛盾是很重要的,因为它们包含了那些……他通过自相矛盾来展现的问题。"(ibid.,151)确实,马克思对斯密的研究最终证明是值得的。在他结束折磨人的检验时,他对不变资本的理解得到了显著提高。他学到生产可以表示为相继的步骤或共存过程系统。它也提供了他用来建立《资本论》第二卷中两部门模型的工具。

刚开始,马克思坚信"对于独立商品来说正确的,一定对商品总和也正确"(Marx 1963—1971:1,100)。几页之后,他反驳了那一过于简单化的观点。他发现改变社会分工可以通过创造"重复计算"的问题而影响到聚集不变资本的数量(ibid.,145)。所以,不变资本需要现象上的分析。在他的讨论结尾处,他总结道:

> 麻布即一年内生产出来的消费品所必需的很大一部分不变资本,在一个阶段上表现为不变资本,在另一个阶段上则表现为新加劳动,因而实际上分解为利润和工资,成为一些人的收入,而同一价值额对另一些人来说则表现为资本。例如,(织布业者的)一部分不变资本归结为纺纱业者的(新加)劳动,等等。(《马克思恩格斯全集》第 26 卷第一册,北京:人民出版社,1972 年,第 131 页。)

所以"一部分不变资本……只是看起来是不变资本"(ibid.,147)。他解释道:"一部分每年规划好的在独立资本家或特定生产领域看来是不变的资本,可以从社会的立场上或资本阶级立场上分解为可变资本。"(ibid.;3,414—415)马克思将这一新见解应用于部门间平衡的分析:

> 现在假设,煤炭加入铁生产者、木材生产者、机器制造业者的不变资本。另一方面,铁、木材、机器加入煤炭业者的不变资本。这样一来,既然他们的这些产品以相同的价值额彼此加入(他们的不变资本),那它们就是以实物形式互相补偿……
>
> 通过不变资本同不变资本的交换,即通过一种实物形式的不变资本同另一种实物形式的不变资本的交换来互相补偿的这全部数量的煤炭、铁、木材和机器,既与收入同不变资本的交换毫无关系,也与收入同收入的交换毫无关系。这一部分产品所起的作用,完全像农业中的种子或畜牧业中的种畜所起的作用一样。(《马克思恩格斯全集》第 26 卷第一册,北京:人民出版社,1972 年,第 185 页。)

这是马克思《资本论》第二卷两部门模型的精华。到这里,马克思掌握了斯密提出的问题。确实,当再次讨论亚当·斯密的分析时,马克思只是写道:"这一问题在之前已被解决。没有再次研究的必要。"(ibid.,251)马克思解答的日期是有问题的,然而在 1863 年 7 月 6 日,他自豪地向恩格斯宣布了他的发现:

你知道,亚当·斯密认为,"自然价格"或"必要价格"由工资、利润(利息)和地租构成,也就是全部分解为收入。李嘉图也承袭了这种谬论,不过他把地租当作只是偶然的现象排除出去了。几乎所有的经济学家都接受了斯密的这种见解,而那些持不同见解的人,又陷入了另一种荒唐见解之中。

斯密自己也感到,把社会总产品分解为单纯的收入(可能每年都被消费掉)是荒谬的,而他在每一个单个的生产部门中,把价格分解为资本(原料、机器等等)和收入(工资、利润、地租)。果真是这样,社会就必须每年都在没有资本的情况下从头开始。(《马克思恩格斯全集》第 30 卷,北京:人民出版社,1974 年,第 358 页。)

在同一封信中,马克思附上了他自己版本的魁奈经济表,"它囊括了生产的整个过程"(ibid., 133)。这封信也说明了马克思反思斯密提出的问题的经验支付了可观的利息:它好像使得他发展出在《资本论》第二卷两部门模型中关于"两个阶级间的卓越交换"的模型(ibid.)。

不变资本在马克思陈述中的作用

在马克思撰写《资本论》时,他之前关于不变资本的困惑已经消失,但他还是继续使用它。是的,不变资本的种类暗示了简单劳动作为旧劳动来表示的可能性。在生产过程的任一阶段,现存材料以过去劳动、"死劳动"的产品来表达。马克思把这一呈现方式称作"先前的劳动"。

用先前的劳动来代表生产过程,与将资本的子类即不变资本当成一个东西来对待是非常危险的。当然,马克思非常了解资本并不是一个东西,而是一种社会关系。他对这一种类的使用与他的黑格尔哲学相一致(Marx 1977, 102—103)。他看起来从他通过指出古典政治经济学自身种类的关键内容来批判它的能力中取乐。

马克思在关于对商品拜物教的章节中巧妙地展示了这一过程,那一章大可以"以及对于可以用来分析这些货品的种类的盲目崇拜"作为副标题。这里马克思嘲笑了政治经济学者:"如果我说大衣或靴子与棉有关是因为后者是抽象劳动的普遍化身,那么这一陈述的荒谬性是不言自明的。"(Marx 1977, 169)虽然他的意图很明显,马克思让读者自行理解这一荒谬性如何延伸到整个价值系统。在任何情况下,不变资本都不只是"死劳动"。

不幸的是,马克思在生前没有完成他将不变资本种类转为反对其本身的项目。所以,在飞逝的资本世界中,它得以以一种坚实持久的形象延续至今。

的确，马克思继续使用不变资本的种类，但是他表明了这一对待不变资本的方式是暂时的。而且，不变资本并不是一种聚合的价值。相反，马克思把不变资本的种类用作了削弱资本主义作为整体的复杂性而虚构出来的一种抽象表达。他用这一意象时完全理解他这样做并没有将资本作为整体来描述，而是作为独立商品的生产。

这一抽象反映了在资本主义社会中劳动产品展现自己的最简单的形式（Marx 1879—1800；Himmelweit and Mohun 1978）。它令马克思得到重要的结论。他不仅能够专注于对"孤立的商品"、资本主义社会"经济囊形式"的分析（Marx 1977：90，969），他还能将他对劳动过程的表示集中于资本与劳动在剩余价值被创造出来的独立工作场所中的直接接触。

在这一成就之上，马克思可以正当地将他的作品与显微镜的发现在对人类身体的研究中的地位相比较（Marx 1977，90）。注意，他并没有说细胞生物学的研究和解剖是一样的。事实上，在一定程度上，它们是对立的。在活体中，分子存在于一个确定的或在阿尔都塞（Althusser）看来由大量力量"决定性的"复杂环境中（Althusser 1970）。在微观现象的研究中，这种"扰乱作用"被控制在最小范围内（Marx 1977，90）。

对于一部分真实的暂时抑制使得研究员能穿透这一主题引人误入歧途的表象。就算微观现象和宏观现象的适当研究方式有所区别，对于前者的了解也充实了我们对于后者的理解。这就是《资本论》第一卷的前言所要传递的信息，以及接下来两卷的实践。

在《资本论》第一卷中，马克思有意识地将他的研究限制在分子现象上——我们称为"微观经济学"。《资本论》第一卷自然不是新古典意义上的微观经济学，它并没有预先假定微观与宏观理论间的严格区分。对马克思来说，辩证地看，单一的商品中存有关于整个经济的秘密。所以，他以这些话开始《资本论》："生产的资本模式占上风的社会财富表现为一个'巨大的商品收藏'；独立商品表现为其基本形式。所以我们的研究从分析商品开始。"（Marx 1977，125）保险起见，马克思研究了独立商品之外的范围。例如，他在讨论"资本积累的普遍规律"或"所谓原始积累"时这样做了，但是，就像我们将要看到的一样，他从未偏离到需要对不变资本种类做任何明确修改的地步。我将论证，这一份克制是有意为之。

事实上，虽然马克思意识到霍吉斯金的共存劳动概念的批判力量，但他似乎艰难而有意识地将关于那一观点的人和讨论都从《资本论》第一卷中去除了。这可能是为了让它在之后几卷中的现身更有震撼力。

在第一卷的一处,马克思间接提到了一个共存劳动的系统,但只在一个限制范围内。这一情况出现在他关于"两个基本制造形式——异质和有机"的章节中。马克思在试图区分一个产品在其中经历线性接替的各阶段的传统制造形式,与他描述为"有机的"现代制造。通过这个词,他指的是关于复杂设备如机车的生产。他发现:"如果我们把作坊看成一个完整的机制,我们就会看见原材料在同一时间在生产的各个阶段出现……这一过程之前在时间上是承续的不同阶段,现在变成同时的并在空间上相邻。"(Marx 1977,464)甚至在他关于"剩余价值到资本的转换"的一章中,虽然讨论"资本主义生产在不受干扰的自我重建过程,以及……代替独立资本家和独立工人,……(来)从整体上观察他们,在资产阶级和工人阶层面对面的时候"的趋势最强烈(Marx 1977,732),马克思为自己做出这样一个分析辩解。他所陈述的原因是这么做会需要"应用一种对于商品生产来说完全是外来的标准"(ibid.)。可能说它"对于分析独立商品生产者来说是外来的"更为准确。

甚至在他关于"制造中的劳动分工和社会中的劳动分工"的简短章节中——在这讨论共存劳动看起来是合适的——马克思依旧只暗示了这一话题。另一个提到共存劳动的简短讨论出现在关于"商品拜物教"的章节中,这里马克思描述了"一个用同样生产方式工作的自由人的社团"(Marx 1977,171)。在这种情况下,没有不变资本存在,虽然"这个产品的一部分作为新鲜生产方式发挥作用并保持社会性"(ibid.,171—172);然而,在这个时候他并没有指向资本主义经济。

因此,马克思意识到独立商品生产最好在先前劳动的背景下表达,即作为一系列隔离劳动过程(Marx 1977,464)。然而,他继续写道,共存劳动将适用于讨论"在持续运动及完整状态下的生产过程,而非作为一个隔离的行动或其有限的一部分"(Marx 1963—1971:3,279)。

所以,马克思不需要在《资本论》第一卷中详细说明共存劳动的概念。若那样做了,将会混淆视听。接下来一卷将足以消除任何困惑。毕竟,马克思对他的著作以及其组成部分的完成日期一直持有过分乐观的想法。最后,在不完整的《资本论》第三卷第七部分中的第四十九章,马克思提供给读者一个对于他的两种呈现方式的部分综合。在那里,他解释道:

单个资本家的产品和社会的产品之间的区别只在于:从单个资本家来看,纯收入不同于总收入,因为后者包括工资,前者不包括工资……

就每个单个资本家来说,他的一部分产品必须再转化为资本……不仅要转化为可变资本……而且要转化为不变资本……要认识到这一点自然是非常容易的。(《马克思恩格斯全集》第 46 卷,北京:人民出版社,2003 年,第 952—953 页。)

总而言之,马克思展示了对于共存劳动意向的广泛理解,但没有提供一个关于这一重要概念的讨论,说明他确实在他的分析逻辑需要前有意识地对这一主题保持了沉默。甚至在《资本论》第二卷的开头,马克思仍然不需要仔细区分先前的劳动与共存的劳动。然而,在三章之后,他突然停下来警告读者:他至今的讨论"只呈现了商品的普通变形"(Marx 1967:2,100),但没能抓住资本间的联系。

马克思用第二卷中的再生产体系透露了这些联系的一些信息。在他分析这一阶段时,共存劳动的观念已完全建立了。在这个观点中,实物资本部门中的劳动不再以"死劳动"的形式出现,而是以与消费品部门共存的"活劳动"的形式出现。经济上的平衡需要建立两部门"活劳动"间适当的比例。与使用"死劳动"威胁利润率这一见解相反,在两部门模型中,对"死劳动"的投资是稳定消费品部门的"活劳动"价格所必需的。

马克思对于呈现的策略也许看起来复杂,但我们只需回想一下马克思在将第一卷中抽象分析引导至第三卷中更具体的材料时所发展的精妙方法,如租金及流通等现象都留到之后几卷再讨论。

简短地说,先前劳动的方法指在给定生产资料库存量的情况下对生产过程的一种表示;然而,共存劳动的方法与一个再生产系统有关系,在此系统中需要有生产力的努力来保持资本库存不受影响。先前劳动的方法普遍适用于或多或少微观经济的部分平衡分析;然而,共存劳动暗示了宏观经济的观点。

马克思从未提供一个清晰而明确的关于先前劳动和同时劳动的表现形式之间的区别的描述。常常,他给人的印象是不变资本持续增加的重要性是一个关于大机器更为高强度使用的问题。偶尔,他指向劳动所使用的"巨型机器"(Marx 1977,507;497,780,319)。他甚至断言道:"这一资本技术构成方面的变化,这一大规模生产的发展,与使之生动起来的大规模劳动力相比,是通过以可变组成部分为代价的资本的不变组成部分的增长反映到它的价值组成中的。"(Marx 1977,773;加着重号)当然,资本技术构成方面的改变不需要影响价值关系中的变化。马克思通常有比将大多数生产方式以资本有机组成进行辨认这种漫不经心的推理更好的想法(Fine and Harris 1979,59)。回想一下,马克思将设备价值的降低当作一件具有重大理论重要性的问题(见第四章)。

总而言之,将一个有意义的宏观衡量分配给不变资本是不可能的。不变资本只对一个独立生产者的观点有相关性。虽然先前劳动的观点不一定限于部分平衡分析的问题,不变资本的种类是受限的。不变资本只有从一个独立公司来看是不变的。

不变资本和下降的利润率

根据我的论证,马克思称作"以可变组成部分为代价的资本的不变组成部分的增长"的东西是对利润率下降的一种不适当的解释。如果一个人想要聚集不变资本,它的测量可能会受劳动社会分层中变化、增长的资本耐久性或庞巴维克(Boehm-Bawerk)所说的平均生产周期的影响。马克思并没有重点说明这一困难,虽然他像其他人一样理解这些复杂的问题。考虑到他对这一问题的警告:

> 从总的计算来看,只要一个生产部门的利润加入另一个生产部门的成本价格,这个利润就已经算在最终产品的总价格一方,而不能再算在利润一方……把这种计算方法应用到社会总产品上,必须做一些修改,因为就整个社会来看,例如,亚麻价格中包含的利润不能出现两次,不能既作为麻布价格的部分,同时又作为亚麻生产者的利润的部分。
>
> 就例如 A 的剩余价值加入 B 的不变资本来说,剩余价值和利润二者之间没有区别。对商品的价值来说,商品中包含的劳动由有酬劳动构成还是由无酬劳动构成,是完全没有关系的。(《马克思恩格斯全集》第 46 卷,北京:人民出版社,2003 年,第 179—180 页。)

在任何情况下,不变资本都不能被聚合在一起。假设垂直聚合的模式是不变的,一个人可以合理地比较整个经济当中不变资产的总数。不幸的是,这一假设无法得到保证。

例如,塔克(Tucker)和怀尔德(Wilder)发现美国工业中增加的价值与运输的价值之比在 1954 年到 1972 年大约从 0.43 升到了 0.51。(Tucker and Wilder 1977;Levy 1984)同样,安妮·P. 卡特(Anne P. Carter)发现了对中间产品的依赖性在 1939 年至 1961 年间的微弱增加(Carter 1970,150—152;Caves 1980,529,539)。

虽然这些研究可能是存在疑问的,然而,并没有能够解释一个不变的劳动的社会分工假设的理论原因存在。实际上,斯蒂格勒对于亚当·斯密的解读使得其他人相信垂直聚合的程度必然会随着经济的成熟先增加后减少(Levy 1984)。马克思推测劳动的社会分工会随着时间变得更为复杂。

简短地说,不变资本的种类不具备宏观经济意义,除了反映寿命长的耐用器材的持续增长的重要性。马克思明确地警告人们不要混淆"在所有劳动工具中存在的一定物质特性与固定资本的直接属性"(Marx 1967:2,161)。

曼德尔(Mandel)对生产方式的平均耐用性在马克思写作的时候在增长这一说法表示怀疑(Mandel 1975,ch.7;Marx 1967:2,239)。一些数据表明在这一时期一个转折点可能正在发生。例如,克罗斯(Kroos)和吉尔伯特(Gilbert)报告说,在1820年的美国棉花厂,一年生产量只等价于资本的60%。随着机器和运输器材得到改善,货品在生产的各个环节之间移动得更快,而年生产量在1840年增长到资本的97%,在1860年增长到115%,之后开始下降(Kroos and Gilbert 1972,106)。马克思本人也发现了一种依赖于更为耐用的资本货品的趋势:"使用的资本和消耗的资本之间的区别持续增加。"(Marx 1977,756;509;1967:2,160)

马克思在《资本论》第二卷中回答关于固定资本耐用性的问题。他写道:

所使用的固定资本的价值量和寿命,会随着资本主义生产方式的发展而增加,与此相适应,每个特殊的投资部门的产业和产业资本的寿命也会延长为持续多年的寿命,比如说平均为10年。一方面,固定资本的发展使这种寿命延长,而另一方面,生产资料的不断变革——这种变革也随着资本主义生产方式的发展而不断加快——又使它缩短。因此,随着资本主义生产方式的发展,生产资料的变换也加快了,它们因无形损耗而远在有形寿命终结之前就要不断补偿的必要性也增加了。(《马克思恩格斯全集》第45卷,北京:人民出版社,2003年,第206页。)

在这里有三点是需要提到的。第一,多数权威同意马克思的观点,他们发现在工业革命的早期,固定资本需求是最小的(Deane and Coale 1965,155ff;Feinstein 1978;Landes 1969,64ff)。此外,流通资本而不是固定资本占主导地位。随着铁路时代的发展,固定资本变得越来越重要(Deane and Coale 1965,155ff)。

确实,马克思甚至断言"资本的趋势是……增加固定资本的总价值"(Marx 1973,766)。并不是只有马克思如此想。西尼尔预测,在几年内固定资本与流通资本之间的比例会上升到6:1或7:1,甚至10:1(Senior 1837,14)。在《政治经济学批判大纲》中,马克思更进一步地强调了耐用性的重要性,也许是为了说明它是资本的一个重要方面:"(生产方式)更耐用,……那么它就表现得更像劳动的生产力,像资本。"(Marx 1973,767)马克思确信工业将更多地依靠对于耐用器材的大量投资(Marx 1977)。

如果耐用性的增加足够大,那么一个新的关于资本有机构成的想法会对常识有吸引力,而不管这样一个方法的分析弱点。然而,严格地说,一个人不应该在不提及劳动社会分层的情况下分析资本的有机组成。

第二,资本生命周期的缩短不会增加利润率。马克思所指的并不是固定资本更新时间的缩短,而是一种更快报废的趋势。

第三,回想一下马克思的见解,劳动的社会分工将需要适应对(假定耐用的)机器的增长的依赖性(Marx 1977,467)。这里,我们又有了一个资本耐用性与一个增长的资本有机组成意象间的联系,当资本有机组成反映每单位输出所投资资本的总价值时。然而,如果新科技是节约资本的,或资本的有机组成是通过每单位输出资本价值流通衡量的,这一趋势就不成立。

总而言之,如果不变资本数量只反映更耐用生产方式的范围,那么这一种类作为一种宏观聚合体的使用,就像马克思在他的利润率下降趋势这一规则中所暗示的,有损马克思的重要贡献。

如果我的猜想是正确的,下降的利润率与增长的资本有机构成之间的关系可能在数学方面来看是正确的。确实,马克思在《资本论》第二卷再生产方案中研究了这一关系的计算。然而,这一问题并不值得它所引起的过度注意。

在这需要提出另一个考虑方向。先前,我指出马克思关于利润下降率的理论可能是一种回避(见第二章)。它使得他能够在导出稀缺影响时不将自己卷入马尔萨斯主义的问题。这一意见只是一种试探性的假设,虽然我自己觉得支持它的详细证据很有说服力。例如,很多关于一个成长中的资本有机组成的例子指向获取棉花的难度增加。

不管他把聚集不变资本种类当作一个精确测量来使用的内在推理是什么,马克思在这一方面是错的。他本身有更好的理解。他只要查阅他自己所写的内容就能发现适当的方式。难道他没有发现"当纺织机代替他的不变资本时,他不仅要支付主轴制造商等,还要付给亚麻种植者报酬?"(Marx 1963—1971:3,127)

换句话说,亚麻种植者与主轴生产商的不变资本被计算了两次:第一次是在它最初被购买的时候,第二次是在纺纱工购买亚麻和主轴的时候。这种重复出现的总数将依赖于劳动的社会分工。既然像我们已经看到的,劳动的社会分工只可能受所有权变更这种保持生产方式不变的事件的影响,不变资本的总水平与聚合的资本有机构成,都是不可接受的概念(Perelman 1978b)。此外,变化的劳动的社会分工并不只是一个异常现象。马克思声称:"就算生产保持同样的量,存在于商品形式中的产品无论比之前的生产模式还是比在一个较不发达阶段生产的资本模式都要多得多。"(Marx 1967:2,143)马克思把这一劳动的社会分工的进化称为"变化了的供给形式"(ibid., 144)。我在之前的作品中已经讨论了这一现象的相同方面(Perelman 1983, ch. 1)。

这个与聚集不变资本有关的逻辑问题的观点重要到值得重复。让我们回到马克思自己关于纺纱工的例子,并假设这位纺纱工是个资本家。亚麻当然不会生产剩余价值,但是由雇佣劳动生产亚麻的过程中存在剩余价值的创造。这一价值并不由纺纱工获得,因为它是在纺纱公司边界之外被生产出来的。然而,只要亚麻是在纺织亚麻的同时被种植的,亚麻种植者和纺纱者都会生产剩余价值。

如果亚麻种植和纺织都在一个完整的公司内执行,那么与农业方面商业相关的剩余价值就会与纺纱相关的剩余价值结合在一起。同时,每单位布的不变资本会下降。

马克思也许在这一聚集不变资本衡量的不可取性所面临的僵局中找到了出路。他可以用一个典型公司的价值结构来说明他的理论。确实,在一个地方,他看起来像是要采取那个观点(Marx 1977, 762—763);然而,他需要附加说明代表性公司的结构也会受到劳动的社会分工的影响。

考虑这一理论在一个典型公司中的机械基础。一个特定公司使用的资本的价值越高,在这个公司中生产出的剩余价值也越高。不变资本上的花销回归到这个公司中,但与可变资本的情况相反,一个公司中使用的不变资本不会生产剩余价值。提供不变资本的公司所生产的剩余价值表示代表公司的花费。最终,当不变资本相对于可变资本增加时,没有充足的利用率增长,剩余价值占总体花费的比例将下降。所以,那个公司的利润率也会下降。

这一描述也许听起来与认为利润率有下降趋势的天真理论相一致,但并不是这样。记住,代表性公司所损失的剩余价值被供应公司得到。

积累和劳动的社会分工

主轴的情况更复杂。纺纱工可以在必须替换前延长使用主轴的时间。此外,积累过程通常导致典型纺织工使用更多主轴的趋势。难道每个工人的固定资本的上升暗示资本有机构成增加的理论?

为了解决这个问题,我将引用一个关于简单经济的例子。这么做,我并不期望给人有任何觉得这个例子展示积累过程本质的印象。我只想提出一个关于价值理论的观点。

考虑到这些警告,让我们想象一个在过去 100 年中雇用了 100 万个同样的工人的经济体。每一年，新的材料和器材都添加到这个经济体里。另外，假定这一经济体可以通过一个受积累过程影响而逐年变化的线性方程系统来描述。

我们可以说任何一年中任何产品的价值都等于生产它所需共存劳动的数量。因此，任何一年间在这个经济体中生产的所有商品的价值等于一百万乘以每年每个独立劳动者产量的价值。每个工人生产的产品数量预计会随着时间的推移而增加，但我们没有理由相信价值会增加。这一价值在考虑范围内的整个时期都应是不变的。

一些工人受雇于向其他公司进行销售的公司，余下的为直接对顾客进行销售的公司工作。我们没有任何理由来相信任一团体必然会相对另一团体增加。所以，我们不能期望不变资本相对可变资本增加。

目前，这一论证一直在一个简单例子的框架中进行。然而，我现在可以做出一个更为笼统的断言。只要抽象劳动在一个经济体内的数量保持不变，那么作为价值量而被测量的资本将不会扩张，除非消耗与投资的比例发生变化。所以，利润率下降理论必须被搁置——至少以它在《资本论》第三卷中出现的形式。用马克思的话来说，"资本的生长暗示其可变成分的生长，换句话说，投资于劳动力的那部分"（Marx 1977，763）。

资本贬值

我们的例子中商品价值的恒定是通过持续对所有商品根据其再生产成本进行贬值而达成的。再生产花费的重要性是由亨利·凯里首次确切说明的。之后，恩格斯模仿了杜林（Dühring），尝试普及再生产成本的概念。恩格斯的进攻是对杜林在德国工人运动中所引起的转移的回应。此外，恩格斯讲他的攻击是基于杜林的困惑而非与生产成本概念相关的任何问题（Engels 1894，230－233）。

马克思本人认为再生产成本的本质很重要。他说："任一商品的价值——以及组成资本的商品的价值——不是由其中所包含的必要时间，而是由其再生产所需的社会劳动时间所决定的。"[①]一封马克思在1851年8月14日写给恩格斯的信中，他说：

[①] 生产与再生产之间的区别在围绕澳大利亚学校的争论中扮演了很重要的角色。对哈耶克来说，"资本的本质特征……是它需要替代……重要的不是资本已被生产，而是它（或某种等价物）必须被再生产"（Hayek 1941，87－88；Georgescu-Roegen 1971，229）。奈特（Knight）着手驳斥"对任何种类工具的再生产可被认作经济生产这一'谬论'"（Knight 1934，280）。

价值最初是由最初的生产费用,根据生产该产品最初所必需的劳动时间来决定的。但是产品一旦生产出来,产品的价格便由该产品再生产所必需的费用来决定了。而再生产的费用在不断地下降,而且时代在工业方面越发展,这种下降就越迅速。因此,是资本价值本身不断贬值的规律,使地租和利息的规律失去作用,否则地租和利息的规律就会成为荒谬的东西。你提出一个论点,认为没有一个工厂能够抵偿它的生产费用,其原因也在这里。(《马克思恩格斯全集》第48卷,北京:人民出版社,2007年,第355页。)

在《资本论》中,他再次写道:

这时,机器等等的价值的降低……是因为现在能够用比较便宜的方法把它们再生产出来。这就是为什么大企业往往要到第一个占有者破产之后,在第二个占有者手里才繁荣起来的原因之一。这第二个占有者用便宜的价钱把大企业买过来,所以一开头就用较少的投资来开始他的生产。(《马克思恩格斯全集》第46卷,北京:人民出版社,2003年,第129—130页。)

确实,马克思关于再生产成本的忧虑是长期存在的。在他的《哲学的贫困》(*Poverty of Philosophy*)一书中,马克思在李嘉图的话语中找到对于他关于资本贬值概念的支持。李嘉图在他的《政治经济学及赋税原理》(*Principles*)一书中写道:"通过持续增加生产设备,我们可以在一些商品生产出来前持续减少其价值。"(Ricardo 1951—1973;1,ch. 20,271;cited in Marx 1963,65)快二十年之后,马克思又拾起这一论据的思路,而鲍莫尔(Baumol)和威利格(Willig)(1981)又使其得到再生。他写信给恩格斯说:

我在二十多年以前提出过一个论点:在现今社会中,没有任何一种生产工具能够使用六十年到一百年,没有任何一个工厂、任何一座建筑物等等到其存在的终点时能够抵偿它的生产费用。我现在仍然认为,整个说来这是完全正确的。(《马克思恩格斯全集》第32卷,北京:人民出版社,1974年,第381页。)

"资本贬值"这一概念出现在《资本论》第一卷中(Marx 1977,754)。在书的其他地方,他引用了巴贝奇(Babbage)关于制作专利网的框架的例子(Marx 1977,528;Babbage 1835,286)。据巴贝奇所言,一架在几年前卖出1 200英镑的机器,成本只需60英镑。巴贝奇声称"各种改良相继发生得如此迅速以至于从未被完成的机器在他们制造者的手中被遗弃,因为新的改良品取代了它们的作用"(Babbage 1835,286)。他的经验是一个原始机器的成本大概是一个复制品的五倍(ibid.,266)。

资本贬值必须用资本积累的概念进行调整。资本积累指的是资本量会随着时间的推移而变得比以前更为有效。犁比铲能翻更多的土,但现在的犁并不一定比铲曾经拥有的价值要多。

实际上,当资本可任意使用一个恒定的无酬劳动量时,资本存量的价值被调整来维持总体产品价值的稳定。① 在这方面,马克思写道:"价值在一个时期与同样商品的价值在之后时期之间的比较不是学术上的错误概念……实际上它形成了资本流通过程的基本原则。"(Marx 1963—1971:2,495)所以,聚集起来的大量生产商的货品未必会拉低利润率。反而,持续的资本贬值会削弱这一趋势(Marx 1973,443f;1963—1971:2,494ff)。

原始资本积累

如果在我们的例子中资本的价值没有增加,那么实际中一部分过去劳动,即"死劳动"是怎么结晶成价值的呢?这一问题的答案围绕着原始资本积累。通常,古典政治经济学避免了这个问题。就像马克思发现的:"政治经济在原则上混淆了两种不同种类的私有财产,其中之一依赖于生产者本身的劳动,而另一种依赖于对别人劳动的利用。它忘了后者并不只是前者的对立面,而是只在前者的坟墓上生长。"(Marx 1977,930)因为这一混淆,古典政治经济学从未注意到在描述简单商品生产时用共存劳动进行表示与在对待资本主义商品生产时用先前劳动进行表示之间的矛盾(A. Smith 1776,47)。②

马克思,这个尝试对资本逻辑进行最完整分析的人,必定以先前劳动的观点从古典政治经济学停下的地方开始。就像我在上面提到的一样,他在《资本论》第一卷的大多数地方坚持了这一框架。现在我们可以更具体地讨论这一最后评论的一项限制条件。

通过原始积累所实现的资本是古典政治经济学描述为共存劳动这一活动的产物,而不是资本的产物。这一积累的成果虽然不是最初就作为价值被生产

---

① 把资本视作一池不会被其使用的物质形式所改变的价值的观点在约翰·贝茨·克拉克(John Bates Clark)对奥地利学派资本原理进行攻击的作品中再次出现(Clark 1899)。奥地利学派学者强调等待,表达了靠股息生活的人的观点,而以布哈林(Bukharin)为领导人的英美学派代表了金融资本的观点(Bukharin 1972,26—31)。

② 凯恩斯主义分析尝试通过保持高度的有效需求来人为地稳定经济,从而减少引起资本贬值的竞争压力。通过保护"虚拟价值",此类政策要求越来越多的剩余价值被用来保持一定的利润率。所以,留给社会余下部分的就更少。此类压力代表了凯恩斯主义政策的一个大矛盾。我将在最后一章更细致地研究这一问题。

出来,但拥有它们的所有者强制赋予它们价值。① 因此,马克思写道:"如果我们回想社会的开始,我们会发现没有生产出来的生产方式的存在,所以没有不变资本。"(Marx 1967:3,847)那么,不变资本是怎么产生的呢? 与其生产方式隔绝的工人们需要他们的主人,而他们的主人对为其所拥有的东西提供的生产力要求价值回报:

金钱既没有生产也没有储备这些……劳动工具。金钱财富既没有发明也没有制造纺纱机和织布机。但是,纺纱工和裁缝一旦离开他们的土地,就会受到金钱财富的支配。资本做不了什么,只是把在手边的大量人力和工具聚在一起。这是它的真正储备,工人的储备(Marx 1973,507—508)。

这是结晶成价值的具象化劳动的源头。

总而言之,资本作为价值,最初是从原始积累过程中得到的。增加手边生产方式数量的积累过程不会直接增加价值。然而,它会增加生产出来的价值的数量,因为它会促进商品生产到人类活动范围这种不直接参与市场关系的扩张。空间上,商品生产征服了资本主义以前的社会(Perelman 1983)。时间上,资本主义社会中家庭的活动,随着自给自足程度的下降,被商品关系支配。所以,资本不会扩张。马克思清楚理解这一扩张的源头,对他来说"资本积累是……工人阶级的倍增"(Marx 1977,764)。

---

① "劳动在资本使用劳动前创造了资本""劳动是在资本之前且独立于资本的。资本只是劳动的果实,并且,如果劳动没有先存在,资本没有存在的可能"。同样的观点也出现在亨利·乔治的著作中(1962,23—24)。

第六章

虚拟资本和危机理论

引　言

　　马克思的虚拟资本理论将其危机理论中的实体概念与货币概念联系了起来。虽然马克思对虚拟资本的分析尚未完成,但虚拟价值理论的提出仍是一个十分有价值的贡献。这一颇有启发意义的分析可以纠正那些对马克思危机理论片面的解读。此外,虚拟资本代表了近期主流的宏观经济工作对资产价值的强烈期待。

　　恩格斯坚信,马克思赋予虚拟资本理论以重要意义。他将马克思未完成的虚拟资本理论的大量手稿整合起来,编进《资本论》第三卷中,且单独成章。从这章来看,马克思生前试图将虚拟资本视作危机理论的重要组成部分。与马克思对虚拟资本这一概念表现出的浓厚兴趣相反,他的读者几乎对此不屑一顾,也许是因为马克思尚未对此概念进行更深入的研究。

　　马克思从未给虚拟资本下过一个准确的定义,仅仅界定了抽象劳动、价值及其他一些范畴的含义。马克思认为,要理解这些概念,需考虑它们与整个分析体系的辩证关系。用他的话来说,这些概念是"许多决定因素和关系的总和"(Marx 1973,100)。

　　马克思的读者由此对虚拟资本理论提出了许多互相矛盾的解释。在上文的引言中,帕累托埋怨道:"马克思的话就像蝙蝠一样,人们可以从它们身上既看到鸟,又看到老鼠。"(Pareto 1902:2,332;paraphrased by Ollamn 1971,3)

毫无疑问,如果对虚拟资本这一概念进行仔细审视,也会发现它也有多种释义。让我来说,虚拟资本主要是未来收益的资本化(Hilferding 1910,141,150),但是这样定义并不完整。

虚拟资本之所以重要,是因为如果价值关系形成于类似完全竞争的一个抽象体系中,虚拟资本则可使价值关系发生偏离。更具体地说,这些价值关系受信贷、投机及限制性商业行为的影响。

由于马克思对虚拟资本研究的任务尚未完成,所以我们仍需对该理论进行重建。该理论重建任务必将有些曲折,但是该研究有助于我们理解危机理论,因此一切辛苦都是值得的。

对马克思虚拟资本理论的重构,作者采用的是马克思在《资本论》中所用的方法。回忆一下,马克思将《资本论》第一卷命名为"政治经济学批判"。更早的时候,他特别指出他有关政治经济学的著作是"经济范畴批判"(Marx to Lassale,February 22,1858,in Marx and Engels 1975c,96)。此次理论重建是基于马克思对古典政治经济学常见范畴的完整分析。因此,需对马克思方法有个大致的了解。

想一想马克思通常是如何分析政治经济学的范畴的。基于之前对古典政治经济学的研究,他提出了这些范畴矛盾的本质。最初,这些概念都是"混乱的"(Marx 1977,100)。在大多数情况下,古典政治经济学通过掩盖其范畴内固有的矛盾张力而达成一定程度的一致性。古典政治经济学为"消除各种固定和相异的财富形式,实现其内在统一而研究了资产阶级生产关系……"(Marx 1963—1971:3,500;Marx 1977,174—175n)。

相比之下,马克思明确解释了这些矛盾张力。通过将这些矛盾并入他的体系内,他发现了一种更丰富的分析层次,该方法具有更充实的一致体系。

古典政治经济学发展出一个静态的或发展平稳的世界观。马克思创造过一种理论分析,该分析涉及甚至强调剧烈的变化是含经济运动规律的体系中复杂但又可理解的一部分。马克思研究的这些力量将推动社会从一种社会组织制度向另一种社会组织制度发展。

这些经济运动规律展示了社会和政治经济学范畴的特征。该运动的方向是二维的:逻辑维度和历史维度。从逻辑维度看,每个范畴都是从更抽象的范畴中发展而来的。从历史维度看,根据此方法,最抽象的范畴在具体的范畴出现之前发生作用。因此,马克思指出:"将商品的价值视作不论从理论角度看还是从历史角度看都是产品价格的前提是恰当的。"(Marx 1967:3,177)

我认为,马克思当时正在将与此相类似的分析延伸至虚拟资本的范畴。考虑到马克思对此研究尚未完成,我们只能推测出马克思意在展示的虚拟资本的最终模型。根据马克思众多完成的研究,作者坚信,从逻辑角度看,虚拟资本应会由拓展的价格体系来展示。从历史角度看,一旦信贷出现,他就会把虚拟货币视为同商品货币的补充物(金子)一样的新兴事物。

在古典政治经济学的文献中对虚拟资本的分析历史,加剧了重构该过程的复杂性。与工资、地租或利润这样的范畴不同,虚拟资本在古典政治经济学中发展得并不充分。实际上,在古典政治经济学中,该类别甚至从未达到过抽象类别的地位。

没有定义明确的分析体系,马克思留下一堆矛盾的观点。因此,他不能采用之前古典政治经济学的理论来研究虚拟资本。在一些尚未成形的关于虚拟资本的研究中,他不得不自圆其说。除此之外,马克思自己很晚才意识到虚拟资本这一范畴的重要性。

研究马克思虚拟资本理论中最大的问题是有关对那些已有材料的研究顺序。马克思自己曾说过:"展现的方法必须从形式上和询问的方法区别开来。"(Marx 1977,102)马克思对虚拟资本的大多数研究未跳出调查的阶段。因此,它仍然处于原始和开始发展阶段。

迄今为止,假设研究马克思的虚拟资本理论是有价值的,作者揣测,研究该理论的前景是异常灰暗的。因为这是一个古典政治经济学都未意识到的范畴,这是个从马克思开始研究的范畴。对这类作品的评论难道仅仅是犹太法典对一些晦涩短语的搜索吗?

确实,大多数作者的研究未达到预期效果。幸运的是,马克思是个例外。如果他能对虚拟资本这一范畴做更多的研究,那么可能会出现什么成果?我们可以根据他的黑格尔式的展示方法,从他早期的作品中推测出来。

肯定的是,马克思的分析有些粗略,但是具有高度启发性。更幸运的是,马克思常常用大篇幅对信贷和虚拟资本进行注释,这些内容涵盖了他对虚拟资本本质卓越的洞察力。简而言之,虽然这样的材料有限,但还是无与伦比的。

在呈现马克思写的关于虚拟资本的理论之前,我先简要介绍一下"虚拟资本"这个术语以前的使用情况。在马克思之前,"虚拟资本"是没有固定形式的,也是矛盾的,但是在古典政治经济学对该范畴进行完整的分析前,有些文章中称之为利润。通过回顾这些材料,作者希望你能体会到马克思发展虚拟资本时所面临的挑战。

虚拟资本

> 贸易就像一场赌局。如果整个公司的人都是赌徒,那么这场赌局就进行不下去了,因为所有的人都将一无所获。
>
> ——塞缪尔·约翰逊
> (Samnel Johnson 1773,cited in Boswell 1786:5,231—232)

"虚拟货币"这一术语有很悠久而丰富的历史。据巴里·戈登(Barry Gordon)所说,"虚拟货币这一术语的使用很常见,但其准确的使用很少见"。从根本上说,虚拟资本意味着可在不拖欠可变现的实物资产的情况下减少债务(Gordon 1976,204)。实际上,这一术语看起来已被使用于任何种类的信贷,而这些种类的信贷往往是使用虚拟货币这一术语的人所不喜欢的。除了这一共同点,各种有关虚拟货币的参考文献都包含了许多矛盾的内容。我现在将回顾其中一些文献。

虚拟资本激励个人主义者的行为

我找到的有关虚拟资本最早的文献是出自 18 世纪早期南海泡沫危机时期的一名匿名作者,作者对当时的投资热的虚拟资本进行评论:

真实资本之上的额外的增值是虚拟的。一个加在另一个之上,但平常的算法永远不会使其变成三个半。所以,对一些人,或者是第一个人,或者是最后一个人而言,他们都将失去所有的虚拟价值。防止这一切的方法就是及时将虚拟资本卖掉,让魔鬼抓住最后一个人(cited in Carswell 1960,120)。

使用虚拟资本在早期的重商主义者之间很常见,"对他们来说,金钱有时可视作与自然财富不同的虚拟财富"(Heckscher 1955:2,200)。

虚拟资本意味着干预市场

坎蒂隆,约翰·劳法国投机生意的反对者,写过:"虚拟货币随着流通领域内实体货币的增加,会有同样的缺点,即导致土地、劳动力价格上涨,并造成商品或手工业价格下跌……在信用开始崩塌的时候,这些隐藏的大量货币便消失了,造成市场混乱。"(Cantillon 1755,343)

坎蒂隆用虚拟价值的概念来反对纸币的滥用,而休谟却用"虚拟价值"这一短语来批评洛克的硬性货币。因此,他以"货币,主要具有虚拟价值"来做其论证的导引(Hume 1752a,321)。

虚拟价值被认为代表一种不公正的回报

虚拟资本这一概念也用于传达一种较为粗略的劳动价值理论。矛盾的原因也采用虚拟资本概念的这个版本。一些人反对使用信贷,因为信贷会威胁现存的生活方式。一些抗议的人认为,从虚拟资本中获得收益允许,无须付出相应的劳动,便能获得金钱的回报。这些人所称的"劳动"是除那些从延长的信贷中获益的人之外,绝大多数人的活动。最具有说服力的是 19 世纪初的一个弗吉尼亚种植园主卡罗琳家族的约翰·泰勒(John Taylor)。对于泰勒而言,"收益从不会无中生有,因为它是真实的。因此,收益一定是劳动的产物,而且只能是劳动的产物"(Taylor 1794,10)。他对金钱的利益大声疾呼:

人类一直困惑于自然财产和虚拟财产的区别,合法权力和虚拟权力的区别……如果劳动的成果是私有财产,那么窃取来的该劳动果实也能算是私有财产吗?为掠走私有财产而发明的税收和股票被称为私有财产,就像断头台被称为头颅一样(Taylor 1814,259)。

这里,我想说明一下保守派泰勒提出的言论和所谓的李嘉图式的社会主义者这两种说法之间的相似性将是未来研究的一个很好的课题。例如,布雷(Bray)认为,金钱"不仅仅是体力资本的表现形式——金钱是房子里的一件物品,是工具,或者是食物"(Bray 1839,141)。笔名皮尔西·雷文斯顿(Piercy Ravenstone)虽然没有明确使用"虚拟资本"这一术语,但是他展示了它是如何被给予另一个转折的。他公开宣称,资本"仅仅是具有形而上学的形式"和"虚拟的性质"(Ravenstone 1825,293,355)。攻击资本这一概念时,他注意到其攻击的逻辑的重要性:

国家的财富和权力依靠该国的资本,传授这个的目的是让工业被称为富裕的辅助,并让人屈从于财富……

在政治经济学中,增长的财富,赡养闲散人口的能力,滞后的工业都称作资本。但是该资本的增长不会增加国家的财富(Ravenstone 1825,7)。

19 世纪 30 年代,英国的工人阶级报纸采用了虚拟资本的方法。根据工人阶级报纸的报道,货币创造了虚拟资本(Thompson 1984,142)。如勃朗特雷·奥布莱(Bronterre Obrien)对《贫民卫报》(*Poor Man's Guardian*)的读者说,他坚信"从词的金钱意义上说,资本是一个虚拟的、具有欺骗性的东西。它不是财富,而是为他人榨取财富的手段。它是特定阶级中的工具,凭借该工具,这些阶级以生产货币的人为代价,试图发明出适合他们自己的国家的真实的货币"(cited in Thompson 1984,147)。确实,上一年,同样的报纸称,"劳动不是资本,也不是虚拟资本,却是财富的源泉"。同样,美国的工人也攻击"'虚拟资本'的操纵者"(Wilenz 1984)。

虚拟资本是用于非生产性目的的资本

"虚拟资本"的概念用于引起生产性劳动与非生产性劳动间的财务上的对等。例如,亨利·桑顿(Henry Thornton)指出:

商人一直对持有大量财富感兴趣,使其财富成倍增长。不仅是售出货物或是常规交易的钱的成倍增长,而且是创造出许多其他的票据。其中的一些票据称作贷款的票据:"虚拟的"这一概念也经常套用在它们身上。

……创造出真实票据的根本原因是希望得到换现的方式,而这些所谓的真实票据是因为真实的商品销售而形成的票据。虚拟票据,或是信贷票据也是因为同样的换现目的而形成的。虽然这样的票据不被实际商品交易的真实票据所认可。

"真实票据"通常被认为"代表真实的财产"。有实际票据的存在,该票据是每个真实票据的对应物。不是由于商品交易而形成的票据是欺骗国家的虚假财富的一种。它们提供的仅仅是一种虚拟资本;而其他人认为其票据是真实的(Thornton 1802,154—155)。

这一观点几乎与泰勒的观点相反。信用能被接受,是因为它能够促进赚取利润。对虚拟资本概念的认识转变与对重商主义者、传统主义者(如泰勒)和社会主义者(如莱文斯顿)都认同的粗糙的劳动价值理论的摒弃,几乎是同时发生的。

亚当·斯密代表了重新释义虚拟资本概念过程中的转型。他在其部分作品中维护劳动价值论,但是他也支持另一种理论,即价值由生产三要素的货币报酬决定。根据这个更新的概念,劳动是重要的,但是那些诸如资本、资本家和信用等能促进就业的因素也都值得奖励。

斯密的生产性劳动理论是他另一价值理论的重要组成部分,因为它强调的是那些决定劳动雇佣的人的角色,而非劳动者本身。在斯密生活的时代,相比于中产阶级,贵族使用非生产性劳动和虚拟资本更为常见。正如由那些光顾着赚钱的贵族雇佣的劳动被视作生产性劳动,那些用于为盈利生意提供融资的票据称为真实票据一样。为盈利而提供的信贷是被认可的。为盈利而雇佣的劳动也是被认可的。贵族使用的这类信贷及其雇佣的劳动都是对社会不利的。

虚拟资本被认为是强调滥用信贷

虽然信贷有着很明显的优势,但是斯密还是认为,需谨慎使用信贷。他认为,哪怕是中产阶级也可能会滥用信贷。因此,他也用虚拟货币这一概念来指获取信贷时的欺诈行为。例如,在《国富论》中,他鄙视这样的惯例——双方从对方那里获得汇票,各自可向银行贴现,并用新的一套汇票来偿还其债务:

> 这笔支付……都是虚假的……(有时)相同的两个人不会一直互相兑换票据,但是偶尔会处于一个大的循环体系中,当他们出于自己的利益互相帮助用这样的方法借贷资金时,会使得更难区分真实票据和虚拟票据。

重要的是,在此次讨论中第一次提出了"真实票据"这一术语(A. Smith for each other 1776:10k. 2, ch. 2, 296)。

因此,对于斯密而言,信贷的使用需十分谨慎。好的信贷不得不与不良信贷进行区分。在一个恰当的类比中,斯密将经济描述为"当游走在金银坚实的土壤上,它悬挂在纸币巧妙双翼下"(A. Smith 1776, 305)。

事实上,斯密对过分投资的可能性的担忧非常强烈,以至于他甚至准备好支持限制利息以限制为投机目的而使用信贷(A. Smith 1776, 339)。他解释道,有一个利息上限,对于通过偿还更高利率来筹集资金的投机借贷商而言,他们将会被信贷市场排除在外。

虚拟资本强调真实部门或货币部门间的区别

李嘉图用另一种静态的方式使用"虚拟资本"这一表达。不同于桑顿使用"虚拟资本"这一术语来支持信贷,李嘉图运用"虚拟资本"以区分货币现象和真实现象。他认为,纯货币现象不会对真实的经济规模造成影响,至少不会造成长期影响。(for an exception to his practice, Carr and Ahiakpor 1982; Ahiakpor 1985)李嘉图被下议院恢复现金支付委员会的一个提问者问及"请陈述下您与国家不同的观点,国家认为,循环过程中纸币过度发行和生产中运用真实货币的常规操作,导致了虚拟资本刺激经济"(cited in Ricardo 1951—1973:3—5, 445—446),他回答道:"我相信,对于虚拟资本的理解,我和绝大多数人的想法不一样。我并不认为是所谓的虚拟资本的使用刺激了生产。"(ibid.)在围绕1819年恢复支付的议会辩论期间,李嘉图多次用到"虚拟资本"这一表述。即使自19世纪20年代中期起,"虚拟资本"这一表达的使用大大减少,但英国首相利物浦勋爵(Lord Liverpool)在后十年里多次对虚拟资本进行了与李嘉图类似的解读(Gordon 1979, 126; Gordon 1983; Hilton 1977, 61, 96—97)。哪怕是今天,一些作者认为,那些试图通过影响货币变量来操控经济的现代理论对虚拟资本的解读不及李嘉图的可信(Barro 1974; Ricardo 1951—1973; 1, ch. 17)。从这个意义上说,可能也只能从这个意义上说,这些公认的新古典主义经济学家实至名归。

萨伊并未明确解决虚拟资本的范畴问题,虽然他确实将通过汇票交换的外债支付方式描述为类似的"支付的虚拟模型"(Say 1821,266)。他补充道:"但是这仅仅是一个假象。交换的汇票是没有价值的……汇票代表的仅仅是到期应支付的总额……确实,有一种商人称为通融票据的票据实际上也是没有价值的。"(ibid.,266—267)提及斯图尔特的看法时——政府试图操纵货币供应量来加强其对资源的掌控,萨伊也注意到:"政府真正关心的不是虚拟的、可耻的及破坏性的资源,而是那些真正取之不尽、用之不竭的资源。"(Say 1821,238;Steuart 1767:2,306)

虚拟资本刺激积累

与李嘉图主义不同,其他传统的学派认为,制造债务的能力对社会有着十分重要的建设性影响。用威廉·帕特森(William Paterson)的话说,"银行从许多凭空产生的金钱利息中收益"是英国银行的妙计(cited in Hollis 1975,30;加着重号)。债务的有利影响出现在法国摄政王的前任导师阿贝·杜布瓦(Abbe Dubois)与英格兰首席部长菲利普(Phillippe)及国务卿詹姆斯·斯坦霍普(James Stanhope)间的辩论中。杜布瓦认为法国国王是最具有权力的统治者,因为"他坐拥法国所有的土地"。斯坦霍普反击道,英国国王才是最有权力的统治者,因为英国国家债主可以无限扩大(cited in Carswell 1960,71—72)。同样,孟德斯鸠观察到,获得政府信用允许英国"掌握更多高于自然力量的东西,并且利用无限的并可由政府信用和本质转变为真实财富的虚拟财富来对付敌人"(Montesquieu 1748:1,310)。

债务存量的增长可能会有积极的影响,这一想法在硬币常常短缺的美国尤为常见。该理念最著名的倡导者是亚历山大·汉密尔顿(Alexander Hamilton),他曾宣称:"在美国实际存在一种货币,它摆脱了对资本需求的焦虑——这就是长期债务。"(Hamilton 1791,277)后来这一概念由马尔萨斯继承发展,他推测:

通常来说,如果我们可以从沉重的债务压力中解放出来,我仍然十分坚信所有的一切都是好的,假设债务可由其他国家清偿,未来的债务有弹性,我们就能摆脱贫穷和公众债权人的痛苦,但社会中其他的人将会变得贫穷,而不是变富裕(Malthus 1820,486)。

虚拟资本可能阻碍资本积累

在马克思之前,对虚拟资本最深刻的论述是在一本匿名的小册子中——

《国家困境的根源与救济》(The Source and Remedy of the National Difficulties)(Anon,1821),但很显然这本小册子是由查尔斯·温特沃斯·迪尔克(Charles Wentworth Dilke)所写(Dilke 1875,14—15)。针对所谓的李嘉图派社会主义者,马克思边探讨该册子,边开启了他的创作(Marx 1963—1971:3,ch. 21)。虽然马克思十分欣赏这本书,但是他这样评价它——"这本册子不是理论专著""作者发现了经济范畴,却无法摆脱其束缚"(ibid. ,254)。但是,马克思并未注意到该册子中对虚拟资本的研究方法。这说明了马克思仍未注意到该范畴的重要性。

根据李嘉图派社会主义者的传统,小册子的作者将虚拟资本与非生产性劳动联系起来。他从一个重要的方面,将该学派区别开来,从经济领域而非道德领域,对虚拟资本进行了解读。他认为,虚拟资本误导了社会劳动,干涉了积累过程(Anon 1821,8)。

该小册子包含了一个对虚拟资本更重要的经济分析,就财政政策而言,该分析是十分领先的。该小册子的作者认为,资本的自然增值应导致其报酬的降低。该影响是资本价值降低的结果,马克思后来将该影响称为"贬值":"一个增长的资本的自然结果是价值下降。"(Anon 1821,22)贬值的自然趋势由耗费大量资本的军事行动事先阻止(ibid. ,24)。作者随后指出其矛盾,"如果资本可像它被创造一样被破坏,那么该资本如何升值? ……实际上资本不会增值……但是它名义上会增加……"(ibid.)换言之,国家债务通过利用劳动产出的剩余价值像资本一样起作用。换句话说:"资本消失了,但是它的利益是永恒的……之后,所有在最后三十年间创造出的虚假资本是税收的有效来源。"(Anon 1821,24,30)战争期间,人们没有察觉到耗尽的剩余劳动。政府花费的资金流回了社会(ibid. ,30—31)。作者追溯"我们困难的根源……以促进真实的货币或虚拟货币的增长,不会因其使用而出现自然或必要的利润下滑(Anon 1821,35)"。最恰当的补救措施是"通过完全摆脱虚拟资本来减少资本,并积累新创造的资本"(Anon 1821,35)。显然,作者假设,任何种类的资产都能与虚拟资本联系起来。例如,根据该小册子,据说《谷物法》也在土地上创造了"虚拟资本"(ibid. ,36)。因此,租金下跌也将是"资本的减少"(ibid. ,38)。

真实资本与虚拟资本不同的发展方向是该小册子的核心内容,它与马克思虚拟资本的概念十分相似。考虑到马克思在这本著作中开辟了现在被知晓的李嘉图派社会主义者的章节,他对这本书的兴趣主要集中在其劳动价值理论的清晰阐述上。

单凭这一成就就足以引起人们对《国家困境的根源与救济》的持续关注。

在该小册子中,虚拟资本这一概念的发展实在是太先进了,仍会觉得虚拟资本是一个谜,也是政治经济学的学习者的一大损失。

西斯蒙第对虚拟资本的处理

在马克思之前,对虚拟资本最复杂的处理方法是在西斯蒙第的作品中。西斯蒙第从未使用过"虚拟资本"这一术语。很显然,他也没有真正使用过"虚拟资本"一词。也不知道他是否有意识地让自己在别人的基础上撰写虚拟资本这个问题。但是,他写过"无形资本","无形资本"是其《练习曲》(Etudes)一书中最后一章的主题(Sismondi 1837—1838)。

我发现西斯蒙第"无形资本"这一表述比常用的"虚拟资本"更形象。另外,西斯蒙第的表达不够精准。为了体现"价值""交换价值"和"资本"这三者间的紧密关系,西斯蒙第常常用"价值"一词来表示三个概念,唯有根据语境才能弄清他的意思。

大多数情况下,这种做法不会带来任何困难。由于与西斯蒙第对他所称的"商业社会"的批判有一定联系,所以社会背景通常是清晰的。对于西斯蒙第而言,最初,价值意味着具体的劳动价值。随着商业社会的蓬勃发展,使用价值变成了资本,价值变成了交换价值。

在这方面,西斯蒙第总结出,"价值是一个商业概念"或"社会概念"(Sismondi 1837—1838:2,273,263)。但是对创建这种价值形式的社会几乎没有用。有些人推测,西斯蒙第想回归一个更原始的社会,但是他否认了自己偏爱那个进程(Weiller 1971,33—34)。他追求的是现代社会科技优势而又不被剥夺(Sismondi 1827,356—357)。

事实上,西斯蒙第开始表明,资本主义社会共有的经济计算方法是组织社会的一种不自然的方法。在传统社会里,价值代表的是商品中的劳动数量。一旦有了贸易,庞大的交易就发生了。作为对斯坦诺普(Stanhope)与阿贝·杜布瓦的辩论的回应,西斯蒙第委婉地问道,"世界上最有钱的那些人,他们的财富都在哪里?最有钱的英国人,所有商业和工业国家的有钱人都会向你打开他们的钱包"(Sismondi 1837—1838:2,309)。

在资本主义的社会组织下,"整个国家的财富就是其信用。说得抽象点,整个国家的财富是所有东西的交换价值,交换价值形成每个人和国家的资本,也形成一个国家的资本"。那么,信用是什么?西斯蒙第将这个"未来的资本化"解释成"现实对希望的交换……它用过去交换未来"(ibid.:2,311)。

在这个过程中,"价值与它所创造的商品的价值分离……"(ibid.:2,310—

311)。西斯蒙第对"将国家大部分财富变为无形资产的奇怪而真实的运动"感到震惊(Sismondi 1837—1838:2,309)。同李嘉图派的社会主义者一样,西斯蒙第认为,在资本主义下,交换价值或资本的数量"是形而上学的、非实体的"(Sismondi 1827,111;97)。我认为该观点类似于马克思的拜物教理论。一旦价值与劳动价值分离,人们就会采用一种掩盖真实过程的观点。协作是不可能发生的。人们不得不依赖对未来的猜测,这不可避免地导致兴盛和萧条的轮番交替。

虚拟资本概述

从某种意义上说,所有早期对虚拟资本的评述都是一致的。所有的评述都认为"虚拟资本"这一术语暗含一个标准,如果不全是这样,则应避免不良信贷。虽然那些认可信贷的人也同意詹姆斯·斯图亚特的观点"信贷……一定有一个真实而非虚拟的实物去支撑它"(Steuart 1767:3,139),虽然对组成真实或虚拟的实物到底是什么的观点各不相同。此外,只要对未来认识不全,债务的偿还问题仍会不确定。为什么向小商人提供贷款的风险比向等着收回租金的贵族提供贷款的风险小呢?想想那场关于生产性劳动和非生产性劳动分类的讨论,就能明白创建一套决定优良信贷的一般标准是徒劳的。

关于虚拟资本的一些矛盾的观点是可以调节的,但前提是需付出大量的努力。例如,虚拟资本,像信贷一样,根据经济周期,既可促进资本积累,也可阻碍资本积累。通过创造一个涵盖上述所有矛盾力量的更缜密的范畴,马克思创造出了一个能表达发展的货币部门和实体部门间复杂的辩证关系的概念。

虚拟资本这一概念并没有引起马克思读者的注意,但除了希法亭(Hilferding)。虽然希法亭将其著作的一部分命名为"资本的动员:虚拟资本",但是他对虚拟资本的分析并没有用。希法亭主要还是将虚拟资本看做金融资本的一部分,并未将其分析融入马克思的价值理论(Hilferding 1910)。此外,希法亭忽视了马克思重要的研究——运用虚拟价值可使资本表现得好像能独立于基本的价值体系(Harris 1985)。

另一位受马克思虚拟资本影响的作者是丹尼斯·霍尔姆·罗伯逊(Dennis Holme Robertson)。罗伯逊看起来不像是马克思的追随者。他经常批判凯恩斯。他早期有关经济周期的理论始于马克思的替代周期理论(Robertson 1914,164)。后来,罗伯逊进一步强调了金融的力量。罗伯逊对"虚拟资本"的使用在一定程度上类似于西斯蒙第的"无形资本"(Robertson 1926,40—45)。

虚拟资本的发展是马克思政治经济学的一个范畴

无可争议的劳动价值论的重要性，使得马克思的学习者在金属货币论上止步不前，至少到今天为止都是这样的。

由于货币和其他的商品都一样，具有价值和交换价值，因此，分析货币要求不应止步于所有的货币都是黄金的假设。熊彼特曾一直误认为马克思的理论是受限于金属货币理论，因此指出，该理论大大"损害了……马克思对货币和信用的分析"（Schnmpeter 1954a, 700）。虽然熊彼特误解了马克思的意思，但是他得出的结论受到了马克思追随者的认可。

事实上，马克思的货币、信贷理论的内容远比熊彼特和绝大多数的马克思主义者所意识到的要丰富。约瑟夫·里恰尔迪（Joseph Ricciardi）指出，早在 19 世纪 50 年代，在《法国的阶级斗争》（*Class Struggle in France*）中，马克思就已经意识到信贷是 1848 年法国剧变的主要原因（Ricciardi 1985; Marx 1850）。只是在当时，马克思更多的是暗示而未做过多分析。

后来，马克思才将其信贷分析并入其经济理论中。信贷分析与其价值理论的密切相连才是虚拟资本的概念。这个同样的概念使马克思将经济实际的规模以及货币的规模都并入了其危机理论。

马克思显然是意识到了货币的重要性。他也明白经济的发展涉及"交换的历史发展"（Marx 1977, 181）。虽然早期他有这样的见解，但是《资本论》第一卷出版后，马克思意识到他低估了金融部门的重要性。例如，他在《资本论》第三卷中写道："自 1865 年，当完成这本书的写作时，一场剧变发生了，该剧变使股票交易发生了重大的变化……所以股票交易成了资本主义生产的最主要的代表。"（Marx 1967: 3, 909）在这一版中，虚拟资本的概念是无价的。总之，在马克思之前，虚拟资本的概念只是一个基本的概念，却以许多不同甚至矛盾的方式在使用。每个人都探讨了其理论意义。大多数的作者对遵循桑顿的惯例而感到满足，桑顿提出每个人必须区分好的信用和不良的信用，这时期贴上了"虚构"标签。西斯蒙第是一个例外。

西斯蒙第的离题

马克思并未对西斯蒙第的文章进行太多评论。虽然没有过多的评论，但是西斯蒙第很有可能是在很多方面给予马克思启发的一个重要人物（see Grossman 1924）。尽管如此，马克思在《资本论》以及《剩余价值理论》中零零散散地引用了一些西斯蒙第的话，暗示了马克思可能已经注意到了西斯蒙第的无形资产理论。

马克思在《资本论》第一卷未出版的章节中援引了西斯蒙第的与劳动价值分离的价值概念（Marx 1977，101）。此处引用的内容尤为有趣，因为它与马克思的虚拟资本的关键内容极为相似。

此处援引不准确。马克思将引用的内容译成了德语，并且将自己的想法融入其中："价值维持本身价值，保值，增值自身，将自身从商品中分离出来，像一种形而上学、虚拟的质量，总是掌握在生产者（如资本家的手中）。"（Marx 1977，1001）原文中，价值是自我增值的，并且价值属于农民而非资本家（Sismondi 1827，111）。但是这样的篡改也是情有可原的。它们出自马克思未出版的手稿中。这样的引用说明了马克思倾向重要印象的材料而非确切的学术引用。就此而言，这样的引用传递的信息比精确援引更有用。

我注意到这个区别是因为它们展现了马克思积极地将西斯蒙第无形资产融进自己的思考，西斯蒙第的想法一直影响着马克思对《资本论》第三卷的创作，在前三章"货币资产和实际资产"的第一页中，马克思引用了西斯蒙第"虚拟资本"（Marx 1967：3，477）。在这章中，马克思频繁使用的是"无形资本"这一表达而非"虚拟资本"。

马克思对虚拟资本的最初处理

马克思对虚拟资本有兴趣，这并不令人吃惊。因为他通常认为金融事务具有重要意义。虽然马克思并未充分利用虚拟资本这一理论，但是他从一开始就意识到虚拟资本理论可能是一个有助于分析投机及信用体系的范畴。

有时，马克思只是比那些没有那么多灵感创新的作家多做了一点，尤其是那些认为危机根源完全是货币的作家。在某些情况下，马克思对虚拟资本的评论略显肤浅。例如，1856年，在给恩格斯的信中写道："现在的新闻报道实在是太过压抑了，毕竟英国什么都没发生，经济关系转向也不明显。大部分报道中，最具欺骗性的因素是股票欺诈。"（Marx to Engels February 12，1856 in Marx and Engels 1974：29，p. 151）在发表在1858年《纽约论坛报》上的《英国商业与金融》一文中，马克思向他的美国读者解释了虚拟资本的本质：

要产生空头信贷制度，总是需要有借款人和放债人这两个方面。借款人总是想利用别人的资金来做买卖，竭力使别人冒险而自己发财——这种意图是这样明显,以致相反的意图对于我们说来简直不可理解。问题倒不如说是在另一方面,即怎么可能在所有的现代工业国里,人们竟抵抗不住最明显的幻想的影响,不顾每隔十年就重复一次的最严重的警告,而周期地屈从于和自己的资金分手的强烈愿望呢?是什么社会条件几乎有规律地反复造成这种普遍自欺、过度投机和空头信贷的时期呢?只要我们对这些社会条件哪怕进行一次细心的观察,我们就会得出一个很简单的结论。二者必居其一:或者是社会能够控制这些社会条件,或者是这些社会条件是现在的生产制度所固有的……

委员会为了说明空头信贷制度而提出的那些事实(1847年贸易危机的报告),当然并不新颖。这个制度本身,在英国是用非常简单的方法来实现的。空头信贷是通过空头期票建立的。(《马克思恩格斯全集》第12卷,北京:人民出版社,1962年,第606—607页。)

1860年,恩格斯在给马克思的信中写道,"印度开始大规模的利用虚拟价值进行交易"(Engels to Marx, 26 January 1860; in Marx and Engels 1985, p. 8)。在《资本论》的第三卷中,就虚拟资本这一主题马克思引用的许多节选强调了汇票容易被滥用甚至造成欺骗(ibid., 408—413)。其他人或多或少强调了桑顿的观点,但没有人援引西斯蒙第及《国家困境的根源与救济》的作者更为先进的观点(Marx 1967:3, ch. 25)。

要清楚,《纽约论坛报》中的那些文章,是马克思为了生计而写的。当然,他也希望这些文章能够产生一些影响,但是没有任何迹象表明马克思会在这些文章里对其政治经济学进行敏锐分析。甚至是在《资本论》的最后一卷里,马克思对虚拟资本的研究仍停留在初级阶段。恩格斯解释道:

(编写《资本论》第三卷)主要的困难在第五篇。那里讨论的也是整个这一册最复杂的问题(比如,货币、信用和虚拟价值)。正当马克思写这一篇时,前面提到的重病又突然发作了。因此,这一篇不但没有现成的草稿,甚至没有一个可以按照其轮廓来加以充实的纲要,只不过是开了一个头,不少地方只是一堆未经整理的笔记、评述和摘录的资料。(《马克思恩格斯全集》第46卷,北京:人民出版社,2003年,第8页。)

恩格斯整理《资本论》第二卷仅花了一年时间,而第三卷的整理编辑竟花了整整十年时间(King 1985)。

简而言之,在他的报纸文章中,甚至在《资本论》的最后一卷中,马克思对这些词的关注都不如他有意识地参与那些已经完成的理论分析那样。马克思对虚拟资本的讨论是十分广泛的。虽然这部分的内容尚未完成,但仍是十分有价值的,尽管单独来看,容易给人一种错误的印象——危机是经济现象的结果。

但是,马克思也清楚,如果就此停止对危机与投机的盛行间密切关系的观察,就相当于在理论发展至一个更新的高度前放弃分析理论。毫无疑问,马克思写的有关金融现象的文章,都有意融入其前期对生产过程的研究。恩格斯在德语版的《资本论》的第三卷中附加了一个有关经济危机的注释。他认为:"经济危机是危机的一个阶段,必须与经济危机的其他特别阶段区分开来,但是这个危机,作为独立的现象,可能是为直接反应工商业的发展而自发形成的。这些危机的核心问题可从生息资本中找到。"(Marx 1973,236)尽管如此,马克思始终认为,危机发生的根本力量不是货币的力量,而是实际的力量。在某种情况下,单纯的货币变化不能提供可行的解决方案。提到信用危机中的一种特殊类型,马克思写道:

在整个连续的再生产体系都依赖信用的生产体系中,当信用突然停止,只接受现金支付的时候,危机就一定会发生。因此,乍一看,整个危机看起来仅仅是一场信用和货币的危机。但事实上,虽然危机影响实际的经济力量,但这仅是一个有关汇票兑换成现金的问题……再生产过程被迫扩大的整个人工体系当然无法通过英国银行采用的政策来补救——用旧的票面价值买下所有贬值的商品(Marx 1967:3,fn.490)。

《资本论》第二卷中鲜有的在对危机和虚拟资本关系的讨论中,马克思指出:"因此,在货币市场上表现为危机的东西是实际生产和再生产过程中非正常情况的表现。"(Marx 1967:2,318)遗憾的是,马克思从没将其零散的建议整合为持续且连续的货币、信用理论,更不必说虚拟资本了。但是,鉴于我们现在清楚了马克思的方法,阅读马克思对虚拟资本的分析为我们提供了政治经济学动态分析的重要一面。

虚拟资本和投机

虚拟资本与资本化进程相关(Marx 1967:3,466—467)。就在探讨有价证券像虚拟资本之前,马克思在其他地方将虚拟资本定义成"生息凭证"(ibid.,493)。总之,虚拟资本与投机关系密切,但不能说虚拟资本就是投机。我暂时不对虚拟资本和投机加以区别,将对虚拟资本进行一个更全面的描述。

马克思长期以来就清楚信用体系与生产之间的关联。在经济繁荣的时期,金融资产的市场价值变得十分依赖过度乐观的预期。用马克思的话来说,一定程度上,投资者的借款基于"企业很低的利润率",因为预期的利润部分是投机性和预期性的(Marx 1967:3,512;467)。他坚信,尤其是随着市场的扩张,需要远距离贸易的时候,"投机一定会更加主导交易"(ibid.,481)。

除此之外,投资者往往因为信息不足或判断错误而进行一些"虚假的"项目投资(ibid.,493)。例如,马克思指出:"去年……铁路业一直很兴盛。但事实上,铁路业只是通过积累债务,逐渐增加其资金账目,才得以维持这样一种繁荣的景象。"(Marx to Danielson, April 10, 1879; reprinted in Marx and Engels 1975c,297)他比较了早期的铁路投机事件与"南海泡沫"事件(Marx and Engels 1850a,338),发现在任何情况下,投机都会导致明斯基(Minsky)所说的"金融体系日益脆弱",该体系中极小的金融震动都会造成该体系的破产。

此外,所有权与管理权相互分离的公司形式使得那些管理者利用职务为自己谋利(Marx 1967:3,441,466,407;Marx and Engels 1859,490—491)。一旦危机爆发,这些人便携公款逃离。马克思对这一现象评价道:

> 英国的铁路系统和欧洲的国债制度一样,都在同一个斜面上滚动。各个铁路公司的董事中当权的巨头们不仅举借数额越来越大的新债,来扩大他们的铁路网,即扩大他们像君主专制一样进行统治的"领土",而且扩大他们的铁路网,以便获得新的借口举借新债,从而有可能向债券、优先股票等等的持有者支付利息,以及间或以稍稍提高红利的形式给那些受骗的普通股票持有者一点小恩小惠。这种巧妙的办法迟早会导致一场可怕的灾祸。(《马克思恩格斯全集》第35卷,北京:人民出版社,1971年,第150页。)

所以,在过度乐观的预期、不对等的信息以及猖狂的欺诈的共同作用下刺激了投机的发生。很显然,这样的投机有十分严重的后果,且后果不仅限于流通领域。更重要的是,危机本身并不仅仅是货币现象。

关于生产和流通的集合

几乎与《英国商业与金融》发表同时,马克思开始怀疑仅用货币情况解释危机是否合理。马克思不满足于仅用货币现象解释危机理论,这使得他在《政治经济学批判大纲》中新设了一章有关货币的内容,其中预示着马克思后来在《资本论》中使用的方法。尽管如此,在19世纪60年代写的《剩余价值理论》一书中,马克思有时用买卖不协调来形容危机。例如,在谴责经济学家不敢直面危机的重要性时,马克思对其读者说道:

> 在世界市场危机中,资产阶级生产的矛盾和对抗暴露得很明显。但是,辩护论者不去研究作为灾难爆发出来的对抗因素何在,却满足于否认灾难本身,他们不顾灾难有规律的周期性,顽固地坚持说,如果生产按照教科书上说的那

样发展,事情就决不会达到危机的地步。

如果比如说买和卖……代表着两个过程的统一,或者确切些说,代表着一个经历两个对立阶段的过程……因为它们毕竟有内在联系,所以,有内在联系的因素的独立只能强制地作为具有破坏性的过程表现出来。正是在危机中,它们的统一、不同因素的统一才显示出来……因此,危机表现出各个彼此独立的因素的统一。(《马克思恩格斯全集》第 26 卷第二册,北京:人民出版社,1973 年,第 570 页。)

马克思在《资本论》中用了类似的措辞:"它们的统一强烈地使其感受到生产了一个危机。"(Marx 1977,209)最后这个引用来自讨论货币的第三章。虽然危机和货币有明显的相关性,但是马克思认为危机不仅仅是货币现象。对货币因素的分析应以劳动过程为基础展开。紧接着从《剩余价值理论》中援引的内容,马克思指出了货币的属性特征——私人劳动是以抽象的形式表现出来的,而社会劳动则通过转让的形式表现出来(ibid.,504)。上述引自《资本论》的内容还称"商品出现之前,在价值与交换价值之间,在能同时直接反映其为社会劳动的个人劳动与能同时反映其为一般的抽象劳动的个人劳动间,存在着对立"(Marx 1977,209)。马克思屡次用货币形式探讨危机,却发现仅用货币分析危机是不够充分的。

那么,应如何在纯货币分析危机的方法上做出超越?马克思留下了三大未成体系的财富。首先,他将其宝贵的研究方法传给了我们。我已经尝试在第三章中展示大多数必要的分析范畴是如何在拓展其对商品分析过程中得以运用的。理论上,将这种方法扩展到包括虚拟资本的做法没有实质性的困难,只是政治经济学在虚拟资本理论上没有取得可与该学科中更为人所熟悉的概念相比较的进步。

其次,马克思进一步发展了从信用体系的运作中归纳出的危机分析要素。《资本论》第二卷的再生产公式则是此次研究成果的典型例证。

最后,特别是在《资本论》第三卷的第五部分,马克思留下了许多他认为可用于完善危机分析的指数。当这一点与前两点的分析结构结合起来时,这些材料就更有价值了。

马克思的方法及虚拟资本的分析

虽然在这方面需要进行重大改变,但是马克思的方法特别适用于对虚拟资本的分析。马克思的一般做法是在发展了理论分析范畴的古典政治经济学成果的基础上将其继承与发扬。古典政治经济学家一般将资本主义经济最重要的特征浓缩进这些范畴,而这些范畴涵盖了他们自己未曾意识到的矛盾力。就虚拟资本这一概念而言,前人并未留下任何成果。

马克思经常表达他对大部分已有的对虚拟资本的论述的不满,因为它未能将虚拟资本这一概念融合进生产过程的分析中。马克思有时不接受这些有关虚拟资本的低级分析(Marx 1967:3,419)。他在其他书中埋怨道:"在有关金融市场的这些无稽之谈中,所有政治经济学的范畴都有不同的意义和形式。"(ibid.,496)鉴于此,马克思警告说:

> 对资本主义生产过程的现实的内部联系的分析,是一件极其复杂的事情,是一项极其细致的工作;既然把看得见的、只是表面的运动归结为内部的现实的运动是一种科学工作,那么,不言而喻,在资本主义生产当事人和流通当事人的头脑中,关于生产规律形成的观念,必然会完全偏离这些规律,必然只是表面运动在意识中的表现。商人、交易所投机者、银行家的观念,必然是完全颠倒的。(《马克思恩格斯全集》第 46 卷,北京:人民出版社,2003 年,第 348 页。)

马克思之前似乎认为,虚拟资本的范畴正在经历与早期古典政治经济学所经历的相同的变形顺序。在对虚拟资本讨论的过程中,他反思道:"设想……从银行家的办公室里转移到了政治经济学中。"(ibid.,428)

按照马克思对政治经济学更为抽象的概念的分析,人们希望他以黑格尔式的逻辑探究虚拟资本的概念。在开始写《资本论》第一卷的时候,马克思就曾将黑格尔式的逻辑运用到了商品概念的分析中。事实上,马克思看似一直采用该方法以发展虚拟资本内在矛盾的本质。

将新范畴并入其分析体系是马克思理论法的重要方面。对政治经济学的这些范畴的分析不是静态的,而应随社会的改变而改变。用马克思的话说,随着股份制公司的发展以及信用的影响力日益壮大,"一些在资本主义社会欠发达阶段有意义的设想现在都毫无意义可言了"(Marx 1967:3,439)。因此,随着资本主义社会的一步步实现,信用、虚拟资本及投机的影响力深入人心,经济范畴的意义也相应发生了改变。对此,马克思谈道:"在资本主义生产的影响下,适用于早期生产模式的经济范畴现在获得了一个新颖、具体的历史特征。"(Marx 1977,950)同样,从理论角度上看,新范畴的引入使那些更为基本的范畴的意义发生了改变。从这个意义上说,虚拟价值这一范畴是对马克思整体分析体系的一个重要补充。

马克思货币危机理论

我在上文提到的马克思留给我们的第二笔财富是他的非货币危机理论,特别是在其再生产公式中所体现的。从其作品体现的思想来看,他准备好了分析可能十分严峻的货币现象,诸如,危机。值得肯定的是,在《资本论》问世之前,马克思就已经识破所有的金融烟霾,并意识到生产的重要性。在还未在《纽约论坛报》崭露头角之前,从他写的文章中,我们读到"危机最早出现在投机领域,之后便会席卷整个生产领域。过度投资才是过度生产的一个症状,而非过度生产。因此,用过度投机解释危机看似是一种很肤浅的观点"(Marx and Engels 1850c 490;加着重号)。马克思就投机是危机的唯一症状的这一观点是十分超前的。他坚信,危机"一定是对资产阶级所有矛盾强有力的调整"(Marx 1963—1971:2,510)。他继续写道:

因此,在这些危机中综合起来的各个因素,必然在资产阶级经济的每一个领域中出现并得到阐明。我们越是深入地研究这种经济,一方面,这个矛盾越来越新的规定就必然被阐明,另一方面,这个矛盾的比较抽象的形式会再现并包含在它的比较具体的形式中这一点,也必然被说明……

在商品流通中,接着又在货币流通中发展起来的矛盾——因而还有危机的可能性——自然会在资本中再现出来,因为实际上只是在资本的基础上才有发达的商品流通和货币流通。但是,现在的问题是要彻底考察潜在的危机的进一步发展(现实危机只能从资本主义生产的现实运动、竞争和信用中引出),要就危机来自作为资本的资本所特有的,而不是仅仅在资本作为商品和货币的存在中包含的资本的各种形式规定,来彻底考察潜在的危机的进一步发展。(《马克思恩格斯全集》第 26 卷第二册,北京:人民出版社,1973 年,第 582,585 页。)

在别的地方,更一般的情况下,马克思解释说:"在价值关系及其所包含的价值表达中,一般抽象的东西并不被视为真实的、具体的特性;恰恰相反,看得见的具体的东西被视作实现一般抽象的表面形式或定义形式。"(Marx 1867,139—140;also cited in Fischer 1982,31)就方法论而言,最后的这一表述是十分重要的,因为它说明了任何可行的分析都应对政治经济学的抽象范畴进行仔细的考量。

萨缪尔森(1971)和罗伯逊(Robinson,1967)在许多方面各持己见,而唯独在认为具体分析价格时不需要考虑根本价值体系的需求这一方面达成共识。当具体分析价格的方法被应用于解释虚拟资本时——一开始就好像完全扎根价格理论的概念，它们的情况看起来更有说服力。

实际上，在不考虑价值的情况下分析虚拟资本，与马克思的方法相悖。在上述引用中，马克思特别警告不应忽略价值的考量。同理，投机市场价格应以正常价格的抽象形式予以理解，反过来，这要求进一步考虑剩余价值的本质。

在马克思关于经济体系不同的金融维度间建立联系之时，他对重商主义政治经济学程度的历史判断就显得十分重要。他写道："当由对流通过程的理论分析转变成对生产过程的理论分析时，真正意义上的现代经济学科就开始了……存在于生产条件所有者与生产商间的直接关系揭开了一个惊天秘密——整个社会框架的隐藏基础。"（Marx 1967：3，337，791）交换和流通都很重要。马克思确实在《资本论》第二卷中对该问题进行了研究，但是恩格斯于1890年10月27日给康拉德·施密特的信中写道，"在最后一个例子中，生产是一个决定性因素"（Marx and Engels 1975c，397）。

在描述其分析方法时，马克思解释道："生产不仅在自身上……而且在其他时刻也占主导地位。然而，互动发生在不同的时刻之间。"（Marx 1973，99—100）有时，马克思非常清楚货币现象与劳动价值论之间的关系。早在1848年，他就认识到："信用取决于对资产阶级继续剥削小资产阶级，由资产阶级剥削有偿劳动的信心。因此，无产阶级的任何政治动乱，无论其性质如何，即使是在资产阶级的直接指挥下发生的，也动摇了这种信任，损害了信用。"（Marx 1848，170）因此，应有生产、再生产基本体系的意识，再对流通进行合适的分析。

马克思信用理论和虚拟资本理论的发展

我上述所说的第三笔财富是马克思的虚拟资本理论。马克思并没有一套完整的信用理论，更别说虚拟资本理论了。不仅大部分相关的章节未完成，而且分析虚拟资本的必要章节也未曾开始。因此，在介绍"信用与虚拟资本"这一章时，附着一条免责声明——"对信贷体系及自身使用的工具进行详尽的分析超出了我们的计划"（Marx 1967：3，400）。在"三位一体公式"中也出现类似的免责陈述，虽然全篇解释得很谨慎："我们将市场价格、信贷周期、工商业周期、繁荣和危机变化的运动放置在一边。"（Marx 1967：3，831）他明确信贷是由货币演变而来的，并继续用黑格尔的模式解释资本主义理论：

所谓信用经济本身只是货币经济的一种形式，因为这两个名词都表示生产者自身间的交易职能或交易方式。在发达的资本主义生产中，货币经济只表现为信用经济的基础。因此，货币经济和信用经济只适应于资本主义生产的不同发展阶段。(《马克思恩格斯全集》第 45 卷,北京:人民出版社,2003 年,第 132 页。)

总之,根据各元素由更抽象的元素演变而来的这一规律,马克思发展了其分析方法。就其体系而言,他或多或少认为,虚拟资本的范畴将形成一个成熟的分析概念。而且,在马克思零散的注释中,他留下了许多有关虚拟资本如何作用于资本主义体系分析中的暗示。虽然对虚拟资本的分析并不完全,但这些分析仍有十分重要的意义。

货币现象的重要性

诸如投机、信用和虚拟资本等货币现象不仅是对资本主义经济的不必要入侵,而且是资本主义发展的一部分。因此,理解货币现象需要与对社会生产关系的分析相联系。当开始在《政治经济学批判大纲》中分析货币的时候,马克思这样问自己:

是否能够通过改变流通工具——改变流通组织 —— 而使现存的生产关系和与这些关系相适应的分配关系发生革命?进一步要问的是:如果不触动现存的生产关系和建立在这些关系上的社会关系,是否能够对流通进行这样的改造?(《马克思恩格斯全集》第 30 卷,北京:人民出版社,1995 年,第 69 页。)

例如,马克思认为,即使在中世纪,通常被看成经济的寄生虫而被否定的东西实际上却能刺激经济往前发展(Marx 1967:3,596—597)。在当代,信用使其所有者可掌控实际资源:

信用为单个资本家或被当作资本家的人,提供在一定界限内绝对支配他人的资本,他人的财产,从而他人的劳动的权利。对社会资本而不是对自己的资本的支配权,使他取得了对社会劳动的支配权。(《马克思恩格斯全集》第 46 卷,北京:人民出版社,2003 年,第 497—498 页)

因此,信用促进了资本集中化。马克思认为该现象与科技进步有关(Marx 1977,777—780;1963—1971:1,170)。此现象渗入发达的资本主义社会的经济中。在这方面,涉及信用体系时,马克思观察到,"一开始,信用体系以一个谦卑的协助积累者的身份悄然潜入……但是很快就在竞争的战场上转变成了一个新生且具有十足杀伤力的武器"(Marx 1977,777—778)。马克思对信用的理解,如对大多数事务的观察一样,也认为信用具有双重性,他写道:

如果说信用制度表现为生产过剩和商业过度投机的主要杠杆,那只是因为按性质来说具有弹性的再生产过程,在这里被强化到了极限。它所以会被强化,是因为很大一部分社会资本为社会资本的非所有者所使用,这种人办起事来和那种亲自执行职能、小心谨慎地权衡其私人资本的界限的所有者完全不同。这不过表明:建立在资本主义生产的对立性质基础上的资本增殖,只容许现实的自由的发展达到一定的限度,因而,它事实上为生产造成了一种内在的、但会不断被信用制度打破的束缚和限制。因此,信用制度加速了生产力的物质上的发展和世界市场的形成;使这二者作为新生产形式的物质基础发展到一定的高度,是资本主义生产方式的历史使命。同时,信用加速了这种矛盾的暴力的爆发,即危机,因而促进了旧生产方式解体的各要素。(《马克思恩格斯全集》第 46 卷,北京:人民出版社,2003 年,第 499—500 页)

鉴于此,面对法定货币任意泛滥暴露出的问题,马克思像正统的货币主义者一般十分谨慎(Marx to Engels, October 29, 1862; in Marx and Engels 1942, 138—140)。同样,恩格斯批判杜林对约翰·劳的货币方法的论述过于肤浅。

尽管如此,马克思和恩格斯都意识到货币并非完全的中立。它有实际的影响。恩格斯承认,劳正在刻画一种"货币蝴蝶",而这些蝴蝶会给国家带来更多其他的物种(Engels 1894, 278)。

恩格斯给杜林的回复与马克思的要求一致,即分析循环一定要考虑循环和生产间复杂的辩证关系。马克思综合分析循环和生产的目标所隐含的高标准并不简单,特别是考虑到虚拟资本范畴尚不完善的理论状态。

关于虚拟资本的分析

不同于通过货币视角看世界的银行家和金融家,马克思尤为习惯运用基本生产体系。有了对价值概念的理解,马克思能够认识到李嘉图和汉密尔顿的部分正确观点。

此外,马克思对价值与价格的区别的观察为他提供了一个独特的优势,他能够意识到非生产的实际资产与价格机制的类似性,诸如土地和金融资产的价格。但该价格都是虚拟的,且在某种意义上,它们是不确定的。更确切地说,从更长远的意义上看,这两种资产的市场价格都是虚拟的,与任何潜在的具体劳动价值都没有关联。

马克思几次在其他的文章里运用了类似的表达,对"虚拟"一词做出了一个截然不同的理解。第一次是在与恩格斯合著的书中,马克思提出,所有的价值可能都是不合理的——"在理论分析的开始,价值是以一种合理的方式,由实物的生产成本及其社会实用性所决定。之后,价值的确定变得十分偶然"(Marx and Engels 1845,32)。就土地而言,马克思认为:"土地不是劳动的产物,因此它不具有价值。"(Marx 1967:3,623)他特别指出"未开垦的土地的价格是十分虚假的"(ibid.,669)。因此,"在资本主义生产上,通过竞争,价格的决定因素创造了一个虚假的价值观"(ibid.,661)。"劳动力的工资,或者是劳动力的价格也只是一种对价值或劳动力价格非理性的表达"(Marx 1967:3,823,819)。马克思甚至提出,当作商品出售的道德和荣誉有一套"假象的价格形式"(Marx 1977,197)。马克思也指出价格是一种假想的金子。他写道:

就定价的话,足可以将一件商品的价格与观念上的金子等同起来。但是将商品转换为现实的等价物,那么则需实际的金子⋯⋯

由于用金子的形式表达商品的价值是一种纯理想的行为,所以我们可以使用纯假设的方式或观念上的金子来完成此次操作。每个商品的所有者都清楚,一旦他的商品有了价格或观念上的黄金,那么他离将商品变为金子就不远了,而且他也无须用实际金子的微小部分来估计商品成千上万镑的价值。货币以假象的形式或者是观念上的形式充当价值尺度,由此生出很多关于货币的理论。但是,虽然充当价值尺度的货币只是观念上的,但是价格完全取决于实际的货币(Marx 1977,197,189—190;加着重号)。

马克思在描述由于前资本主义社会引入货币而导致的商品价值逐渐变化时指出,"特别是在资本主义欠发达的阶段,大部分的商品仍在使用过去的那套价值尺度,而那套价值尺度现已过时"(Marx 1977,214)。

最后一部分节选因其含糊而显得格外有趣。在这个例子中,观念上的价值也适用于由人类劳动制造出的实物。该引用的语境涉及资本主义社会的不同阶段,提出虚拟货币或是观念上的货币都适用于发达的资本主义社会和他所描述的转型社会中的已生产的商品。实际商品拥有虚拟价值的可能性是马克思虚拟资本理论的核心。

马克思所说的"观念上的""假象的"及"不合理的"这些词都与《资本论》第三卷中的"虚拟"一词的表述是一致的。但是,马克思在书中关于虚拟资本所表述的这些词到底到何程度,仍是一个谜。

马克思对虚拟资本的分析与其地租理论有些许相似。后面关于瀑布价格的引文在展示地租和虚拟资本的相关性方面是十分有用的:

瀑布的这个价格完全是一个不合理的表现,在它背后却隐藏着一种现实的经济关系。瀑布和土地一样,和一切自然力一样,没有价值,因为它本身没有任何对象化劳动,因而也没有价格,价格通常是用货币来表现的价值。在没有价值的地方,也就没有什么东西可以用货币来表现。这种价格不外是资本化的地租。(《马克思恩格斯全集》第 46 卷,北京:人民出版社,2003 年,第 729 页。)

拿一部分剩余价值即货币地租——因为货币是价值的独立表现——同土地相比较,这本身就是荒谬的、不合理的;因为这里互相比较的量是不可通约的,一方面是一定的使用价值,是若干平方英尺的土地,另一方面是价值,具体地说是剩余价值。这种比较事实上不过表示,在既定的情况下,若干平方英尺土地的所有权,使土地所有者能攫取一定量的无酬劳动,这种无酬劳动是由……资本实现的。(《马克思恩格斯全集》第 46 卷,北京:人民出版社,2003 年,第 880 页。)

马克思清楚,一个类似的机制正在金融资产的市场上运作。以下的节选解释了土地市场和金融资产市场之间的潜在相似性:

人们把虚拟资本的形成叫作资本化……对这个所有权证书的买者来说,这 100 镑年收入实际代表他所投资本的 5% 的利息(如购买 2 000 镑的债券)。因此,和资本的现实增殖过程的一切联系就彻底消灭干净了。资本是一个自行增殖的自动机的观念就牢固地树立起来了。

即使在债券——有价证券——不像国债那样代表纯粹幻想的资本的地方,这种证券的资本价值也纯粹是幻想的。我们上面已经讲过,信用制度怎样产生出联合的资本。这种证券被当作代表这种资本的所有权证书。铁路、采矿、轮船等公司的股票代表现实资本……这里决不排除股票也只是一种欺诈的东西。但是,这个资本不能有双重存在:一次是作为所有权证书即股票的资本价值,另一次是作为在这些企业中实际已经投入或将要投入的资本。它只存在于后一种形式,股票不过是对这个资本所实现的剩余价值的一个相应部分的所有权证书……

这些所有权证书——不仅是国债券,而且是股票——的价值的独立运动,加深了这样一种假象,好像除了它们能够有权索取的资本或权益之外,它们还形成现实资本。这就是说,它们已经成为商品,而这些商品的价格有独特的运动和决定方法。它们的市场价值,在现实资本的价值不发生变化(即使它的价值已增殖)时,会和它们的名义价值具有不同的决定方法。一方面,它们的市场价值,会随着它们有权索取的收益的大小和可靠程度而发生变化……它的价值始终只是资本化的收益,也就是一个幻想的资本按现有利息率计算可得的收益。因此,在货币市场紧迫的时候,这种有价证券的价格会双重跌落;第一,是因为利息率提高,第二,是因为这种有价证券大量投入市场,以便实现为货币。不管这种证券保证它的持有者取得的收益……这种价格跌落的现象都是会发生的。(《马克思恩格斯全集》第 46 卷,北京:人民出版社,2003 年,第 529—

530页。)

关于马克思虚拟资本理论的诸多特征，我们做出了一个简要概述。一方面，虚拟资本是一个资本化的结果。马克思将许多资本化的形式糅合进其虚拟资本范畴：债务资本化、股票和实际资本商品。

实际资本商品的资本化是十分重要的，因为它们的资本化价值是市场价格的一个主要决定因素。换句话说，价格并不能简单地等同于价值，调整价格只是为了获得同等的利润率。在更发达的资本主义经济中，价格也受现有虚拟资本的影响。

虚拟资本及资本化过程

与虚拟资本相关的虚拟程度可能是很大的。希法亭和凡勃伦都以1901年的美国工业委员会为例，说明金融票据的市场价格可能与资本商品的根本价值发生偏离的程度（Hilferding 1910, 396—397; Veblen 1904, 145—146）。

从这一角度看，虚拟资本是人们在观念上虚构出来的，因为其"有资本价值的有价证券是虚假的"，但正如早期虚拟资本批评家所争论的那样，此类虚拟对于资本主义生产模式而言并不陌生。虚拟资本是资本主义的一个重要方面。用希法亭的话说：

"在证券交易中，资本主义财产以纯粹的形式出现，作为一种对收益的所有权和剥削关系。由此，资本主义财产所依赖的剥削关系在概念上消失了。财产不再表示任何具体的生产关系，而是成了对收益的权利，这很明显不再与特定的活动有关……任何财产的价值看似取决于收益，一种纯量化的关系……就数字而言是真实的，但因为真实的不是数字，所以这种关系比毕达哥拉斯主义更神秘"（Hilferding 1910, 149）。

从这个意义上说，虚拟资本是不真实的。虚拟资本的不真实性得到了进一步的验证。对于马克思而言，"通过这些所有权价格波动而获得的损益从本质上说更像一场赌博，这看似代替了劳动，成了获得资本财富的原始方法"（Marx 1967: 3, 478）。这些表象和假象在马克思"商品拜物教"和"三位一体公式"两章中被归于同一类。对于马克思而言，拜物教不只是市场经济中对个体行为者缺乏认识。拜物教是市场自然的，甚至是必然的产物。沿着同样的思路，我们发现《资本论》第三卷中有关"货币资本和实际资本"的三章与第一卷中有关"劳动过程和价值增值过程"的一章是类似的，都强调了市场扭曲了潜在的实际劳动过程。

在上述两种情况中，当资本主义关系盛行之时，必然会出现虚拟。马克思对虚拟资本的分析与熊彼特对信用的理解大同小异。熊彼特写过："通过信用，企业家们在获得商品正常的所有权之前，就有机会获得大量的社会商品。可以说是它暂时用虚拟的所有权代替了所有权本身。"(Schumpeter 1961,107；加着重号)虚拟的所有权代替了所有权本身改变了定价过程，尤其是价格和价值之间的关系。

土地和金融资产的价格之所以能够改变，是因为与纯粹的生产条件无关的市场力量。马克思曾断言"虚拟资本……该虚拟资本有其运动规律"(Marx 1967:3,465)。鉴于马克思在《资本论》第一版的刊后语中有过类似的表述——"此次工作的终极目标是为了展示现代社会的经济运动规律"，因此，这样的表述可能有特殊的重要意义(Marx 1977,92)。

现在让我们考虑一下虚拟资本的经济运动规律。据马克思所说，有价证券资产的"货币价值或资本价值诸如在国债中完全不能代表资本一样，也不能被它所代表的实际资本自行调整"(ibid.,468)。在脚注中援引西斯蒙第的段落里，马克思写道：

国债资本的积累，不过是表明国家债权人阶级的增加，这个阶级有权把税收中的一定数额预先划归自己所有。连债务积累也能表现为资本积累这一事实，清楚地表明那种在信用制度中发生的颠倒现象已经达到完成的地步。(《马克思恩格斯全集》第46卷，北京：人民出版社，2003年，第539—540页。)

马克思继续对私有配置展开了讨论：

但是，这种证书也就成为现实资本的纸制复本，正如提货单在货物之外，和货物同时具有价值一样。它们成为并不存在的资本的名义代表……这种复本所以会成为生息资本的形式……这些证券只是幻想的，它们的价值额的涨落，和它们有权代表的现实资本的价值变动完全无关。(《马克思恩格斯全集》第46卷，北京：人民出版社，2003年，第540—541页。)

这正是马克思意在揭露的扭曲和虚假。回顾《资本论》第一卷的框架，马克思先是分析了金子是货币的唯一形式，进而将劳动价值理论与货币理论联系了起来。因为包括金子在内的任何物品的价格都近似等于其价值，所以货币价格与其根本价值也紧密相关。在此框架内，每件商品都含有与其包含的具体社会必要抽象劳动数量成正比的价值。

如果马克思的研究止步于此，那么人们将会批评他的货币理论只是一个粗略的金属货币论。但庆幸的是，他没有受到这样的批评。在此之后，他进一步发展了该规律，允许各笔投资的回报率可向同一水平发展。价格可根据可变资本和循环资本的相对重要性及投资的周转时间进行进一步的调整。即便如此，价格仍大致等于其价值。

虚拟资本这一概念充实了马克思体系，使其具有更丰富的货币分析。价格体系的金属概念允许价格与价值发生部分分离。而虚拟资本则进一步拓展了定价过程，允许价格与价值发生大幅偏离，并接受一个更复杂且不确定的分离结构。

马克思对虚拟资本的理解过程与邓肯·弗利（Duncan Foley）对虚拟资本的研究过程相似。邓肯·弗利是学习马克思货币分析较为敏锐的学习者之一。在分析的开始阶段，资本化依赖于贴现率，这应该与利率紧密相关。弗利一度认为，对于马克思，利率取决于金融资本和工业资本相对客观的实力，而非凯恩斯认为的投机者（Foley 1975b，28）。几乎与此同时，弗利认为即使对于生产者而言，投机仍是市场决策的核心因素。近年来，弗利将其观点并入了他对马克思货币理论的理解中——允许价格和价值更具弹性变动的理论（Foley 1983）。

虚拟资本和动态劳动价值论

价格和价值间缺乏固定的对等，甚至忽视所谓转型问题这样的专业性问题，这些对于马克思理解市场都是至关重要的。马克思一直认为："可将资本理解成一个运动之物，而非一个静止的东西。"（Marx 1967：2，105）马克思最早认为劳动价值理论中的不变资本是静态的。不变资本的单位价值最初是取决于它所含的劳动。资本中的价值逐渐被转移到它所投入生产的商品中了。

马克思对资本的静态处理是暂时的。事实上，资本物品的价值取决于它们再生产的成本，而非其生产成本。是再生产而非生产价值使得资本价值动态化。改进的生产方法不断降低资本所含的价值，用马克思的话是使资本贬值（参见第五章）。贬值可以惊人的速度消除现有资本中的价值。引用马克思的话，即"资本的单位价值不再是由资本实际所含的具体必要的劳动时间所决定，而是取决于再生产的必要劳动时间或是由更先进的机器所需的必要劳动时间决定……当机器首次被引进到一个特定的生产部门时，先进的生产方法会使再生产成本更低廉"（Marx 1977，528）。

回顾马克思对巴贝奇所列举的搭建专利网络框架一例所进行的讨论（ibid.；Babbage 1835，286）。资本再生产成本的变化是马克思价值理论的一个重要组成部分。他写道："将某一阶段的商品价值与同一商品在后一阶段中的价值进行比较，并非学术空想，恰恰是该比较形成了资本流通过程的根本准则。"(Marx 1963—1971:2,495)除此之外,贬值的持续威胁给资本价值带来了许多不确定性。这些贬值的发生都与虚拟价值相关。直到现在,虚拟价值仍被看做是简单货币化的结果。此货币化是基于所有资产的收益风险。贬值的风险增加了虚拟资本的资本风险。事实上,资本风险对虚拟资本比收益风险更重要。

我们需要弄清的是,就所含的具体劳动而言,瀑布没有任何价值。同理,早前已安装的机器的价值也是有限的。生产现有机器的部分劳动可生产出新的机器,且这些新机器也会更高效。

虽然价值与历史价值无关,但是仍不能忽视价值。价值对于调整缺乏社会调控的市场经济是十分必要的。马克思在更具体的分析中指出,经济主体尚未意识到根本价值,只看到价格(Marx 1963—1971:3,163)。

当价格近似于价值时,定价机制会给出有关实际基础生产体系的信号(Hayek 1945)。一旦虚拟价值的形成打破了价格与价值的关系,定价体系则不再提供有关实际生产成本的充分信息。但是,通过传递有关根本价值的信息,尤其是传递未来价值的信息,定价机制则可根据不同的效率引导经济发展。

当然,贸易是为了盈利,不考虑效率。虽然杰文斯的至理名言认为过去的东西就永远过去了,但是利润则由公司过去实行的投资所衡量。贸易尚未意识到贬值所带来的损失,而采用忽略部分资本损失的传统的会计惯例(Perelman 1986)。企业还尝试遵循定价惯例,夺回过去的投资。公司往往做不到遵循这一惯例,不能偿还债务,因此只能面临破产。在这个过程中,正如马克思在另一种情形中所观察到的一样,该资本的价值在一定程度上"将继续由过去的价值尺度所衡量,而在今天看来那样的价值尺度早已过时,不复存在"。(Marx 1977,214)

边沁曾认为有用的虚构有助于信息交换,因此这些传统的计价和记账方式都是虚构的。当贬值过快时,价格比率的变动会比公司处理这些价格信息的速度还快。公司通过遵循惯例,或采用一种虚构的方式,来维持一个相对稳定的价格,即使这个价格已经过时。事实上,买卖能够使价格体系看起来更连贯。

在这个过程中,企业创造了虚拟资本。马克思认为,虚拟资本使市场价值和劳动价值间的关系变得脆弱(Foley 1983,11,17)。当任何特定中间物的价格进一步脱离其价值时,其他公司的成本也将受到影响。当价格普遍大幅偏离价值时,整个价格体系就会变形,商品货币形式与潜在劳动价值间的关系也会一并消失。

由于技术进步或者生产条件改进,价格的变动会导致价值体系发生巨大改变。有了虚拟资本之后,价格变动尤为剧烈。

当越多的不确定性进入该体系中时,越多的资本家便会关注虚拟资本价格的变动。在这个过程中,根本的价值体系将进一步被掩盖。

当然,虚拟价值的虚拟性无法得到永久的保留。在未来的某个时候,价格将会与价值基本等同。该种可能性会使拥有资本像一次投机冒险。在该语境下:

资本的运动所以会表现为产业资本家个人的行动,是因为他作为商品和劳动的买者,作为商品的卖者和作为生产的资本家执行职能,因而通过他的活动来促成这种循环。如果社会资本的价值发生价值革命,他个人的资本就可能受到这一革命的损害而归于灭亡,因为它已经不能适应这个价值运动的条件。价值革命越是尖锐,越是频繁,独立化的价值的那种自动的、以天然的自然过程的威力来发生作用的运动,就越是和资本家个人的先见和打算背道而驰,正常的生产过程就越是屈服于不正常的投机,单个资本的存在就越是要冒巨大的危险。(《马克思恩格斯全集》第45卷,北京:人民出版社,2003年,第122页。)

总之,马克思只是临时开始使用商品货币,这种方法说明商品货币价格与价格十分相似。同样,他开始将价值与生产而非再生产价值等同起来。简言之,他清楚地意识到"在本文中社会劳动的总量和其他商品中用于交换等额货币的劳动间存在一种偶然而非必要的关系"(Marx 1967:3,187)。最后,从某种程度上说,虚拟资本反映资本货物与其根本价值不存在任何关系。

虚拟资本的优点

公司自然倾向保护其投资的价值(Marx 1967:3,249,254,262)。用马克思的话是,"旧资本的实际贬值不可能轻而易举地发生,并且额外资本不可能轻而易举地成为资本的功能"(ibid.,252)。买卖通过垄断公司、联合企业及其他反竞争行为,意在保护其虚拟资本价值。最终,竞争"迫使旧的资本让出自己的位置,不得不完全或部分加入未使用的额外资本"(Marx 1967:3,253)。在这一过程中,"一部分的旧资本失去作用……它不得不放弃其作为资本的特性"(ibid.,)。

不仅贸易意在保护其虚拟资本,而且纯粹投机有时也试图通过欺骗性的商业行为创造虚拟资本。虽然创造虚拟资本的问题很明显,但是马克思坚信,由于投机可暂时加速积累,所以虚拟资本的运动可间接促进经济发展(Marx 1977,775—781)。马克思认为商人资本所导致的"虚拟需求"的后果无疑是由虚拟资本带来的扭曲引起的。这样的扭曲一般是："由于虚拟资本的独立状态，它在一定范围内移动，并独立于再生产过程的界限，甚至驱使后者超出界限。"（Marx 1967：3，304）在同一本书的后面一章中，马克思做了一个重要的补充，又一次强调了该想法，即"因此，银行和信用都成了驱动资本主义生产超出自身范围的最有效的方式，也成了危机和欺诈的有效的载体"（ibid.，607）。马克思突破了这一想法，观察到，"毫无疑问，信用体系是资本主义生产模式向相关劳动生产模式转换期间的有力杠杆"（ibid.）。在这一方面，恩格斯误将证券交易看作"资本家们互相掠夺资本的一种制度"（Engels 1894，300）。例如，维持通胀资产价值的能力可增强商业信心，因此减少可感知的资本的道德贬值的威胁并促进投资。

甚至虚拟资本的欺骗性创造也有一定的优势。它将资本交给了那些愿意冒险的人。该资源交换尤为重要，特别是考虑到由于贬值的风险，大家都不愿意投资长期资本货物。这样的犹豫是合理的。通过帮助企业克服不愿意投资长期资本货物的困难，虚拟价值的出现是有积极意义的。例如，美国的铁路业，可以说该行业内金融积弊严重，马克思称："如果铁路业不得不积累到足够的资金才建设铁路，那么世界上将不可能有铁路。可是，通过合资公司，铁路业一眨眼就筹集到了资金。"（Marx 1977，780）重要的是，马克思在讨论提高资本的有机构成的章节中又提到了此观点。信用体系和提高资本有机构成间的类似关联出现在"工作时间"这一讨论中（Marx 1967：2，ch. 12）。马克思解释道：

在资本主义生产不太发达的阶段，那些需要很长劳动期间，因而需要在较长时间内大量投资的企业，特别是只能大规模经营的企业，例如筑路、开凿运河等等，或者完全不是资本家经营，而由地方或国家出资兴办。（《马克思恩格斯全集》第 45 卷，北京：人民出版社，2003 年，第 260 页。）

上述引用并非意味着信用必然会消除公司对投资长期固定资本的不情愿心理。在第一个引文里，马克思也清楚地意识到，美国铁路建设者是由于公用土地的大量授予而被诱导去投资铁路（Marx to N. Danielson, April 10, 1879, in Marx and Engels 1975c, 298）。第二个引文中出现的有关投资的例子是说伦敦的成片住房预计在短期内出售。

在虚拟资本促进投资的情况下，虚拟资本应进一步影响价格。当借款人向那些没有信用的人出价时，他们会付出更高的代价。除非最终的需求与最初的需求成正比，否则，相应的价格会发生调整。

人们可以认为，此供求效应暴露了劳动价值理论的局限性。马克思做出了一个不同寻常的结论，即价值理论很重要。资本主义若不能充分考虑劳动价值,它则会运作得很糟糕。马克思推测,即使"在废除资本主义生产模式之后,……价值的决定因素仍会普遍适用,因为劳动时间的规定和不同群体间社会劳动的分配仍是十分重要的,而且包含这些的簿记最终也会变得更加重要"(Marx 1967:3,851)。

在这一方面,价格与价值的严重偏离不仅巩固了劳动价值理论,而且说明了现代经济学家刚刚意识到这一问题。对于马克思而言,价格与基本价值的实际分离为可通过保留基本价值而避免的危机创造了前提条件。他坚持说道:"只要劳动的社会特征以商品的货币形式出现,那么存在于实际生产之外,独立于实际危机或作为实际危机加强版的货币危机必然是会发生的。对货币疯狂需求的增长必然会突破该体系本身。"(Marx 1967:3,516—517,574)恩格斯在给康拉德·施密特的信中提到了实际生产体系与其金融表现间的双重关系:

> 金融贸易和商品贸易一分离,它就有了——在生产和商品贸易所决定的一定条件下和在这一范围内——自己的发展,它自己的本性所决定的特殊的规律和阶段。加之金融贸易在这种进一步的发展中扩大到证券贸易,这些证券不仅是国家证券,也包括工业和运输业的股票,因而总的说来支配着金融贸易的生产,有一部分就为金融贸易所直接支配,这样金融贸易对于生产的反作用就变得更为厉害而复杂了。金融家是铁路、矿山、铁工厂等的占有者。这些生产资料获得了双重的性质:它们的经营应当时而适合于直接生产的利益,时而适合于股东(就他们同时是金融家而言)的需要。关于这一点,最明显的例证,就是北美的铁路。这些铁路的经营完全取决于叫做杰·古耳德(Jay Gould)、万德比尔特(Vanderbilt)等人当前的交易所业务——这种业务同某条特定的铁路及其作为交通工具来经营的利益是完全不相干的。(《马克思恩格斯全集》第 37 卷,北京:人民出版社,1971 年,第 485 页。)

仔细想一想马克思理论。在科技发展停滞、信用缺失、期待相对稳定的完全竞争经济中,价格体系或多或少能准确传达出有关基本生产体系的信息。但是,消除市场价格必须几乎等同于价值的限制,为该体系带来了极大的灵活性,特别是在促进投资方面。

如果技术进步了,尤其是当这些技术进步涉及长期资本货物时,价格便成了经济行为并不充分的指南。只有在严重的滞后之后,问题才会暴露出来。因此,价格体系并不会很完美,因为它传递出的仅是有关未来价值的有限信息。而且,考虑到风险因素,投资者不愿意进行长期投资(Perelman 1986)。

信用和虚拟资本有助于促进对耐用工厂和设备的投资,即便价格在这个过程中与价值不符。用马克思的话说:

价格和价值量之间的量的不一致的可能性,或者价格偏离价值量的可能性,已经包含在价格形式本身中。但这并不是这种形式的缺点,相反,却使这种形式成为这样一种生产方式的适当形式。(《马克思恩格斯全集》第 44 卷,北京:人民出版社,2001 年,第 123 页。)

虽然价格与价值的分离给资本主义生产模式带来了实质性的好处,但也带来一些危害。回想一下斯密巧妙的翅膀的意象。

虚拟资本和价值扭曲

在循环的过程中,虚拟资本造成的扭曲最终会超过金融允许的灵活优势。虚拟资本的存在使价格系统所能传递的信息量减少。从价格信号中提取出的经济知识越来越成问题。

价格的变动反映的是虚拟资本循环的运动,而非根本生产体系中的变化。这些运动可在长时间内自行验证,但是投资者被乐观主义所吸引。最终,虚拟资本的形成允许价值愈加偏离市场价格。

马克思在《资本论》中提及此种情况的时候称:"虽然事实是货币只是商品价值的形式,但是价格不再表达价值。"(Marx 1977,197)除此之外,回顾马克思在上述关于资本主义讨论时指出,在这个过程中,"所有与资本实际扩张过程相关的联系都彻底消失了,但是具有自动自行扩张特性的资本概念进一步得到巩固"(Marx 1967:3,466)。马克思也注意到"作为直接生产过程与流通过程的统一,实际的生产过程带来了新形态,在新形态中内部连接逐渐消失"(ibid.,828)。金融体系在另一个重要的方面干扰了价格体系:由于需要获得信贷,需要一定程度的炫耀性消费使潜在放款人感受到经济繁荣。马克思曾用凡勃伦语说过:"一旦达到发展的某一阶段,传统意义上,一定程度的浪费,这也可看作是财富的展示及信用的来源,它是商业发展所必需的。"(Marx 1977,741)

货币体系未能考虑实际根本价值,这为危机的到来创造了可能性。同时,拜物教正在流行:

在这里,一切都以颠倒的形式表现出来,因为在这个纸券的世界里,在任何地方显现出来的都不是现实价格和它的现实要素……全部过程都变为不可理解;而在生产中心,情况就不这么厉害。

因此,财富的这个社会存在,就表现为彼岸的东西,表现为社会财富的现实要素之旁和之外的东西,物品、商品。只要生产顺畅地进行,这一点就会被人忘记。同作为财富的社会形式的信用,排挤货币,并篡夺它的位置。正是由于对生产社会性质的信任,才使得产品的货币形式表现为某种转瞬即逝的和观念的东西,表现为单纯想象的东西。(《马克思恩格斯全集》第 46 卷,北京:人民出版社,2003 年,第 555,649—650 页。)

可惜的是,这样的信念不被肯定。基本生产体系的实际成本永远不可被忽略。切断了与根本价值体系的联系,那么在生产领域中,压力就会出现,直到危机借助价格反映真实的生产成本,才能使该体系恢复平衡。

价格、价值扭曲造成的经济压力是无形的。高额的虚拟价值可看作经济健康而非经济脆弱的指示。在因虚拟资本而严重变形的价格体系之上,企业将继续承担更多的债务。可能是由于我们现在所称的供应冲击,一些企业无法偿还其债务,进而引爆一个连锁反应,并指望从最初的公司获得借款。同样,这些企业也无法满足它们自己。意识到投资的回报不足以支付债务的利息,资产价格就崩塌了,引发一场危机。从这个意义上看,虚拟资本的维护及积累都对延缓危机爆发至关重要。

经济力量可能会在经济最景气之时被耗竭。马克思用了一个生动的比喻,某个事件"像羽毛一样,虽然增加了天平的重量,却仍足以维持平衡"(Marx 1967:3,571)。

在这个过程中,细微的货币扭曲却能有很大的影响。资本家突然注意到他们之前未加以注意的警告。恐慌扫过了商业世界,马克思写道:

信用货币的贬值(更不用说它的只是幻想的货币资格的丧失)会动摇一切现有的关系。因此,为了保证商品价值在货币上的幻想的、独立的存在,就要牺牲商品的价值。一般说来,只要货币有保证,商品价值作为货币价值就有保证。因此,为了几百万货币,必须牺牲许多百万商品。(《马克思恩格斯全集》第 46 卷,北京:人民出版社,2003 年,第 584 页。)

危机撼动了金融结构的基础。许多公司破产了,甚至连政府都无法妥当处理这个局面。马克思写道:"就某个银行,如英国银行,以有价证券的方式给所有骗子提供亏缺的资本,或者通过按之前的票面价格全数购买所有的贬值商品,这些都无法弥补整个再生产过程被迫扩张的人的制度。"(ibid.,490)用马克思的话:

按一定期限支付债务的锁链被破坏,而在随着资本而同时发展起来的信用制度由此崩溃时,会更加严重起来,由此引起强烈的严重危机,突然的强制贬值,以及再生产过程的实际的停滞和混乱,从而引起再生产的实际的缩小。(《马克思恩格斯全集》第 46 卷,北京:人民出版社,2003 年,第 283 页。)

克罗蒂(Crotty)认为马克思危机理论的这部分是对海曼·明斯基(Hyman

Minsky)金融不稳定理论的预测(Croty 1985)。据明斯基所言,资本主义社会开始依赖日益复杂的信用关系网。在经济繁荣时,公司承担不断扩大的金融债务,而这些债务是它们在经济不景气时无力偿还的。就周期而言,破产传染,信用体系崩溃。

我认为,马克思危机理论中金融不稳定与虚拟资本的关系可经受住实践的检验。现在,我姑且将这个放置一边不谈。我认为可用在经济繁荣时期积累、在破产期间减少的虚拟资本来理解危机(Marx 1967:3,493)。此次经济衰退"动摇了许多现存的关系"(ibid.:3,516)。

马克思的学生中,只有保罗·马蒂克(Paul Mattick)看似接受了这一观点。他认为:"投机通过允许虚拟的高估资本来加剧危机,这不能满足与投机相关的利润索赔。"(Mattick 1969,24)但是马克思自己十分清楚他对虚拟资本影响的理解。他解释道:

> 现有资本的周期贬值,这个为资本主义生产方式所固有的、阻碍利润率下降并通过新资本的形成来加速资本价值的积累的手段,会扰乱资本流通过程和再生产过程借以进行的现有关系,从而引起生产过程的突然停滞和危机……
>
> 一定的、预定的价格关系是再生产过程的条件,所以,由于价格的普遍下降,再生产过程就陷入停滞和混乱。这种混乱和停滞,会使货币的那种随着资本的发展而同时出现的并以这些预定的价格关系为基础的支付手段职能发挥不了作用,会在许许多多点上破坏按一定期限支付债务的锁链。(《马克思恩格斯全集》第46卷,北京:人民出版社,2003年,第278,283页。)

结果是,"剧烈的价格波动……造成了生产过程的中断、剧烈的碰撞,甚至造成了灾难"(ibid,117)。危机在资本主义经济中发挥着重要的作用。正如马克思指出:"危机只是强烈主张相互独立的各生产阶段的统一。"(Marx 1963—1971:2,509)马克思那时从一般的资本视角来探讨危机。我所讨论的那种扭曲其实无关紧要。他反而提到了流通阶段与生产阶段的分离。该引用的重要性在于它强调了危机是资本重组的必要手段。在接下来的几页中,他说道,未来他将会采用同样的方法来研究不同资本的矛盾,这与我所建议的十分相似:

(1)既然货币作为支付手段的发展是同信用和信用过剩的发展联系在一起,那么当然应该说明这些现象的原因,但是这里还不是这样说明的地方。

(2)只要危机是由同商品的价值变动不一致的价格变动和价格革命引起的,它当然就不能在考察一般资本的时候得到说明,因为在考察一般资本时假定价格是同商品的价值一致的。

(3)……买和卖在时间上和空间上的彼此分离……这绝不是危机的原因。

因为这无非是危机的最一般的形式,即危机本身的最一般的表现。(《马克思恩格斯全集》第 26 卷第二册,北京:人民出版社,1973 年,第 588 页。)

马克思在《资本论》中对危机及价格和价值的扭曲,做了类似的结论。他指出:"这种内部依赖和外部的独立使资本的内在联系将资本推到了通过危机来暴力恢复内部联系的程度……在资本主义社会……社会因素总是在事后维护自己。"(Marx 1967;3,304;2,315)马克思所提及的"原因"并未说明是回到原来的状态,还是严格坚持价值规律。他指出:"危机总是用临时的手段解决现存的矛盾。危机是猛烈的中断,这种中断可临时修复被打破的平衡。"(Marx 1967:3,249;加着重号)从这个意义上说,在危机中,价格将恢复与基本价值体系的部分对应。

上述关于社会总在事后维护自己的引用,我故意调整了其语境,以表达我认为的马克思虚拟资本论中重要的部分。在部分引用最早出现的章节里,马克思提出了商业资本和工业资本间的运作关系。他在解释为什么"危机不浮于表面,不爆发于涉及直接销售的零售业中,而是出现在批发贸易和银行业中"(Marx 1967:3,304)。马克思提及的内在关系是指价格与价值的关系,我故意将引文放置在该语境下进行讨论。我想通过该引文表达的是,哪怕是语境调整了,但是基本原则是不变的。无论如何,信用让该体系从根本关系所施加的限制中挣脱出来。在纯粹的交换背景下,这些关系表现在商品购买者的需求中。在价值分析的背景下,这些关系通过商品生产所需的社会必要劳动量表现出来。

我调整过的语境与马克思虚拟资本的理论十分相似,尤其是危机与虚拟资本的不可控应用相关。马克思危机理论的这一方面与早前第五章中所讨论的商品网图景相关。回顾商品的流动与货币的对流在《资本论》第一卷中所提出的抽象程度上代表大致相等的价值。就经济状况而言,该限制将定价机制的信息内容最大化,但被证明过于受限。

信用允许一个更灵活的生产组织出现,但是无法离开虚拟资本。随着虚拟资本的逐步积累,定价机制的信息内容无法为协调商品生产者独立的活动提供充分的指导。在危机修复价格与价值间的极度不平衡以前,经济表现会恶化。

研究 20 世纪 30 年代德国经济危机的学者对危机进行了独立的解释,其观点与马克思危机理论十分相似。例如,熊彼特写道:"经济萧条时期,一切的本质是留下新经济体,淘汰旧事物,重组经济价值及价格,探索新平衡。"这样的危机并不是资本主义的偶然特征。金融体系的拜物主义使危机的发生成为一种必然。

危机和虚拟资本的消亡

回顾目前已提到过的干预定价体系的各种非市场力量。这些力量包括早期马克思主义文献中涉及虚拟价值的部分所描述的大部分现象。马克思对这些非市场力量的研究做出了重大贡献。他曾假设商业可通过暂时地预防由科技进步带来的资本价值贬值而使虚拟资本保值(Marx 1967:3,249)。

马克思认为与虚拟价值的特殊形式相关的矛盾是危机的主要成因(ibid.)。这些虚拟价值的积累不利于经济的发展。正如《资源》(*The Source*)的作者早前指出,这些虚拟价值通过抬高赚得利润的基础以降低收益率(Anon 1821;see lso Marx 1967:3,252)。而且,和那个土地价值的例子一样,基于一个恒定的预期的绝对收益,利润率的降低可使虚拟价值增值(Marx 1967:3,623)。

在危机期间,虚拟资本的消除有助于提高利润率,至少在一定程度上虚拟资本及虚拟资本给公司施加的压力都会以一个比一般价格下跌还快的速度被消除(Marx 1967:3,254;Alberro and Persky 1981,35)。那些经历过破产的公司都很有可能发生同样的情况。消除这些虚拟资本为投资清扫了一个重大障碍。随着虚拟资本的消失,经济得到了发展,积累虚拟资本的循环又开始了。

虚拟资本的消除与资本贬值的现象密切相关。马克思在《资本论》最后一卷中做出了如下的分析:

> 总的说来,矛盾在于:资本主义生产方式包含着绝对发展生产力的趋势……而另一方面,它的目的是保存现有资本价值和最大限度地增殖资本价值(也就是使这个价值越来越迅速地增加)。它的独特性质是把现有的资本价值用作最大可能地增殖这个价值的手段,它用来达到这个目的的方法包含着:降低利润率,使现有资本贬值,靠牺牲已经生产出来的生产力来发展劳动生产力。(《马克思恩格斯全集》第 46 卷,北京:人民出版社,2003 年,第 278 页。)

在随后的几页中,马克思问道:"矛盾是如何缓和的? 符合资本主义'稳健'运作的条件又是如何被修复的? 但是通过撤回,甚至是消灭或多或少的资本,在任何情形下,平衡都可被修复。"(ibid.,253)接下来的内容更为重要,马克思写道:

> 这会部分地影响到资本的物质实体……

> 主要受害的并且受害最严重的,会是具有价值属性的资本,即资本价值。资本价值中有一部分仅仅表现为参与剩余价值即利润未来分配的凭证,这一部分实际上就是不同形式的用于生产的债券,当它预计的收入减少时,将会立即

贬值。

（这样，周期会重新通过。）由于职能停滞而贬值的资本的一部分，会重新获得它原有的价值。而且，在生产条件扩大，市场扩大以及生产力提高的情况下，同样的恶性循环会再次发生。（《马克思恩格斯全集》第46卷，北京：人民出版社，2003年，第282—284页。）

关于这个材料有几个意见。第一，马克思将虚拟的价值理解为资本价值的一部分。很明显，他几乎没有将这种方法与作为劳动影响的价值的更基本的分析相协调。第二，恩格斯将这一引文作为内部矛盾的一部分，将利润率下降的趋势定为规律。因此，虚拟价值的积累体现了利润率的大大降低。

在这个意义上，马克思指出，一旦虚构的价值在危机中明显崩溃，即使生产结构基本保持不变，新的商业机会也会呈现。马克思提到这个过程：

危机所引起的资本的破坏意味着价值量的贬低……这就是商品价格的毁灭性的下降。这时，使用价值没有被破坏。一个人亏损了的东西，被另一个人赚了去……原来的资本家遭到破产。如果某个资本家靠出卖自己的商品把他的资本再生产出来，而他的商品的价值本来等于12 000镑，其中比如说2 000镑是利润，如果这些商品的价格现在降到6 000镑，那么，这个资本家就不能支付他的契约债务……这样一来，6 000镑资本被消灭了……社会的名义资本，有很大一部分永远消灭了，虽然由于不殃及使用价值，这种消灭正好可以大大促进新的再生产。（《马克思恩格斯全集》第26卷第二册，北京：人民出版社，1973年，第565—566页。）

马克思多年前发现了类似的想法出现在安德森《最近的恐慌商业困境分析》(*The Recent Commercial Distress for the Panic Analysed*)中：你的国家和个人之间的区别是一家公司对国家没有真正的危害，除了他们停止劳动就业。数以百计的个体被牺牲；但是国家拥有所有的财富（Anderson 1847, 42, cited in Marx 1849—1951, 67）。总而言之，上文提到的较低的工资以及上述"普遍贬值"都有利于资本的利用，尽管个别资本家可能会经营失败。对于马克思来说，这种商品的贬值"是其资本主义生产模式的一种美"（Marx 1967：3, 516）。

总之，危机对资本主义经济的运作有若干积极的影响。第一，危机使价格和价值观更接近，从而加强了潜在的生产过程。第二，危机通过消除虚构价值创造更有利的财务状况。因此，资本成本下降。另外，危机补充了产业后备军，从而减少了劳动者的经济需求。

虚构价值的衰落和流动在其他重要方面影响整体经济结构。正如信贷获取有助于资本在上涨期间的集中化一样，马克思认为，造成濒临危机的票据资本贬值,是集中财富的有力手段(Marx 1967:3,468)。因此,这将有助于与信贷体系结合最紧密的企业的进一步发展,增加经济的不稳定性。在这个过程中,经济中引入的不稳定性越多,企业越发依赖金融机构(ibid.:2,107)。这些同样的金融机构用来反映虚构的价值观。因此,期待转为乐观。从而,危机有助于强化最初引发危机的过程。

总之,危机有双重作用。这些同样的危机,造成如此巨大的直接破坏,为新一轮的未来积累奠定了基础,只要冲击不是太大。因此,只要该体系在危机中幸存下来,它就会重新焕发活力,原因有几个。

论虚拟资本的迟延毁灭

为什么这些危机会再次发生?业务故障每天都会在局部发生。用什么可以解释这种可能引发重大流动性危机的破产事件呢?换句话说,假设虚拟资本实际上可以影响价格,如何允许价格与价值观的偏差变得如此极端以至于造成足以引发危机的紧张局势呢?在谈到这个问题时,马克思的观点通常是熊彼特式的,经常追随美国的运河或铁路繁荣,这个例子很适合。

"反《谷物法》联盟"首席理事詹姆斯·威尔逊估计,在1845年10月,工程师们在申请议会批准1 200个铁路项目,这些项目涉及10 000英里的轨道,并将花费3亿英镑。尽管由于他的警告而放弃了大量项目,但在1846年至1848年间,英国固定资本形成总额的70%进入铁路建设(Boat 1983)。回想起来,资源对铁路建设的这种资源承诺显然是过分的,但1848年的危机使英国投资者意识到这个事实。

是什么引发了危机?马克思似乎预想到了供给冲击,特别是在原材料生产中,供给冲击可能引发恐慌(见第二章)。例如,多恩布什(Dornbusch)和弗仑克尔(Frenkel)认为1847年的粮食歉收导致了1848年的恐慌。

马克思和恩格斯也这么认为,但是有一个重要的区别。他们将农业危机产生的破坏性影响与建立马克思后来称为虚拟资本的组成相联系。他们认为,由于这种情况,英格兰同时经历了工业危机和农业危机(Marx and Engels 1850a,340)。

美国内战引发的棉花危机(见第二章)就是另一个很好的例子。讽刺的是,尽管这种经济动荡促使马克思将稀缺效应纳入分析中,但一些现代学者认为,这一危机的初衷更符合令人熟悉的马克思主义危机理论(Farnie 1979,412ff)。

1856年至1861年间,英国棉花产量增长了25%。事实证明,印度的作物歉收限制了英国纺织品市场，而这引发了危机。因此，如果作物歉收确实引发了这次危机，那么它应该通过需求方而不是供给方起作用。

根据这个说法，设想美国的一个短暂冲突，投机者最初会通过空头来控制价格。仅在1863年，当英国棉花经纪人开始相信可能发生长期战争时，投机者才开始在英国港口持有大量棉花，从而加剧了棉花短缺（Farnie 1979, 143）。一位现代作家甚至得出结论："(棉花短缺)的主要影响是引起对未来投入短缺的期望。"（Brady 1963, 157）提价只是用来检查产量，而纺织品过剩却得以清除（ibid.）。

不管是否接受马克思的更可信版本（请参阅第二章），棉花短缺都像其他重要原材料价格的迅速上涨一样，"导致了……由于资本贬值而引起的抽搐"（Marx 1967: 3, 118）。实际上，棉花饥荒清除了棉花行业中积累的虚拟价值，因此，价格可以使其与潜在的劳动价值更紧密地契合。

实际上，虚拟价值的累积以及原材料生产的缺乏弹性严重阻碍了利润率。当这两种现象变化太快时，特别容易引发危机。

总　结

在没有信贷的经济体中，技术是静态的，而且预期是稳定的，价格与潜在价值基本一致。在现代经济中，虚拟资本的增长在价格和价值之间形成了一个楔子。这些虚拟资本的存在为经济赋予了灵活性，但随着时间的推移，它们会成为经济健康的障碍。

虚拟资本越曲解价格信号，关于经济的重要信息消失得越多。关于生产的决定越来越与基础经济结构无关。经济中形成了压力，但生产决策者看不到。一旦市场参与者充分预见未来，那么虚拟资本所拥有的价值也就不存在了。虚拟价值观妨碍了计算出来的利润率。它们也作为不断增长的债务网络的抵押品。实际上，金融体系变得越来越脆弱。

这种情况与20世纪70年代的情况一样，经济特别容易受到自然资源生产或需求冲击的影响。同样，正如伊藤（Itoh）针对20世纪20年代在美国发生的事情所说的那样，工业领域的过度资本化可能对原材料造成强大的通货紧缩压力（Itoh 1980, 145）。

需求冲击或其他一些事件引发了危机，这些危机清除了虚拟资本，并使价格结构更加统一。马克思没有进一步分析，但是，就目前而言，它是一个我们审视当代经济的很好的视角。

第七章

结　语

　　马克思的危机理论不仅仅是一个单一的统一理论,而是包含了许多不同但一致的理论的方法。尽管这些理论看起来支离破碎,但每一种理论都反映了生产和再生产某些基本过程的不同方面。

　　在这种情况下,必须雇用劳动力来创造剩余价值。剩余价值的多少取决于诸多因素,包括劳动力相对于资本的强度、技术水平、商业周期状况以及变幻莫测的自然条件。尽管未来剩余价值具有不确定性,但市场将其资本化。此外,这种资本化进程会影响剩余价值的分配,包括资本再投资的方式。

　　因为剩余价值的有限可用性,所以虚拟价值的创造和消失以及原材料价格波动相互关联。就像 20 世纪 70 年代一样,原材料成本上涨可能导致工业领域的虚拟价值出现通货紧缩。同样,工业领域资本化扩大也可能对原材料市场造成巨大的通货紧缩压力。

　　因为资本化与积累过程紧密相连,所以增值和贬值的衰退和流动起着重要的作用。马克思的价值理论在稳定物价与积累的过程中是极具价值的。

　　马克思自己并没有总是局限于从价值角度来讨论价值积累。他由于需要将作品传达给更受欢迎的读者,因此他写的作品通常更通俗,就像他写的讨论印度的文章一样。这一事件表明了区分科学与通俗非常重要。这也说明了政治因素如何对马克思的著作产生了重大的影响。

　　这个结论并不意味着马克思主义理论的现有文献应该被抛弃。也不表明马克思主义的所有分析都必须从隐性动机的深层次探索开始。

　　事实上,就价值理论等马克思的核心教义而言,与其他任何作家相比,马克思或许更加详细地分析了方法论。尽管如此,就讨论印度的文章以及他对稀缺情况的分析而言,我相信政治动机影响了马克思的著作。

讨论印度的文章在另一方面对本书的其余部分有影响。马克思将农业的原始崛起解释为对人口压力的一个反应。随着农业生产的加剧,传统社会陷入相当僵化的形态。尽管其他拥有先进技术的社会组织可以超越它们,但是它们还是有效地利用了它们可利用的资源。在这个意义上,马克思对传统农业发展的全面理解与舒尔茨(T. W. Schultz)的看法有些相似之处,舒尔茨认为传统社会是有效率却停滞不前的。对于舒尔茨来说,只有新技术的注入才能给传统经济带来活力(Schultz 1964)。

与舒尔茨相反,马克思预期这一进程将伴随着巨大的困难,而且取得成功需要漫长的过程。现代政治(即社会主义),而不是现代技术,是取得近期进展的关键因素。

马克思是第一个承认资本主义取得了伟大成就的人,但他并不认为资本主义足以克服资源短缺。如果资本主义确实成为传统社会未来的关键,这只是因为它是社会主义形成的熔炉。

尽管如此,第一章最重要的一点就是,需要以马克思的第一原理为基础,在马克思抽象范畴的理论框架中进行解读。有关马克思范畴的章节分析了马克思对抽象概念的使用。这些章节与一本关于危机理论的书有关,是因为马克思的抽象分析,包括他对危机的分析,均谨慎地运用了辩证法。

第五章中的不变资本,代表了一个中间点。一方面,它分析一个特定的范畴。另一方面,它显示了该范畴怎样不适当地应用于危机理论。我把这种失败归结为对马克思不变资本讨论的一种简单化的、教条式的解读,而且这种资本分析与不变资本范畴发展的分析相背离。

鉴于上述对马克思范畴的方法论分析,资本化过程的奥秘在马克思的分析中可以相对容易地得到解答。在这一点上,马克思的危机理论可以得到更深入的发展。

参考文献

Aglietta, Michel. 1976. *A Theory of Capitalist Regulation: The U.S. Experience*. London: New Left Books.
Ahiakpor, James. 1985. Ricardo on money: the operational significance of the non-neutrality of money in the short run. *History of Political Economy*, 17, no. 1:17-30.
Alberro, Jose, and Joseph Persky. 1981. The Dynamics of Fixed Capital Revaluation and Scrapping. *The Review of Radical Political Economy* 13, no. 2:32-7.
Alison, Archibald. 1847. *Freetrade and a Fettered Currency*. London and Edinburgh: W. Blackwood & Sons.
Allen, G. C. 1929. *The Industrial Development of Birmingham and the Black Country, 1860-1927*. London: G. Allen and Unwin.
Althusser, Louis. 1970. On Contradiction and Overdetermination. *For Marx*. New York: Vintage.
Althusser, Louis, and Etienne Balibar. 1970. *Reading Capital*. London: New Left Books.
Anderson, A. 1847. *The Recent Commercial Distress of the Panic Analysed*. London. Cited in Marx 1849-51.
Anderson, James. 1977. *Observations on National Industry*. New York: Kelley, 1968.
Anon. 1894. Carey and Greeley. *Social Economist* 7:134-45.
―――. 1821. *The Source and Remedy of the National Difficulties Deduced from the Principles of Political Economy in A Letter to Lord John Russell*. London: Rodwell and Martin.
―――. 1806. Sir James Steuart's Collected Works. *The Literary Journal*. 1, 2nd series:225-35.
Appleby, Joyce Oldham. 1978. *Economic Thought and Ideology in Seventeenth Century England*. Princeton, NJ: Princeton University Press.
―――. 1976. Ideology and Theory: The Tension Between Political and Economic Liberalism in Seventeenth Century England. *American Historical Review* 81, no. 3:499-515.
Arrow, Kenneth J. 1951. *Social Choice and Individual Values* New York: Wiley.
―――. 1950. A Difficulty in the Concept of Social Welfare. *Journal of Political Economy* 58, no. 4:328-46.
Ashley, Sir William J. 1907. The Present Position of Political Economy. *The Economic Journal* 17, no. 68:467-89.
Ashmole, Elias. 1652. *Theatrum Chemicum*, cited in Jones 1965.
Ashton, T. S. 1972. *An Economic History of England: The Eighteenth Century*. London: Methuen.

Avineri, Schlomo, ed. 1968. *Karl Marx on Colonialism and Modernization: His Dispatches and Other Writings on China, India, Mexico, the Middle East and North Africa*. Garden City, NY: Doubleday.

Babbage, Charles. 1835. *On the Economy of Machinery and Manufactures*, 4th ed. London: Charles Knight.

Bagehot, Walter. 1880. Economic Studies. *The Works of Walter Bagehot*, Ed. Forrest Morgan. Vol. 5, 237-436. Hartford, CT.: The Travellers Insurance Co.

Bain, Alexander. 1882. *James Mill: A Biography*. New York: Augustus M. Kelley, 1966. Cited in Smelser 1959.

Baines, E., Jr. 1835. *History of the Cotton Manufacture in Great Britain*. London: H. Fisher, R. Fisher, and P. Jackson.

Baldwin, Carliss. 1983. Productivity and Labor Unions: An Application of the Theory of Self-enforcing Contracts. *Journal of Business* 56, no. 4:155-85.

Barro, R. 1974. Are Government Bonds New Wealth? *Journal of Political Economy* 82, no. 6:1095-117.

Barucci, Piero. 1983. Economic Theory and Economic Policy in the Historical Evolution of Economic Thought. *Rivista di politica economica* 73, no. 3 supplement: 3-22.

Baumol, William J. 1983. Marx and the Iron Law of Wages. *American Economic Review* 73, no. 2:303-08.

Baumol, William, and Robert D. Willig. 1981. Intemporal Failures of the Invisible Hand: Theory and Implications for International Market Dominance. *Indian Economic Review* 16, nos. 1, 2.

Becker, Gary. 1965. A Theory of the Allocation of Time. *The Economic Journal* 75, no. 299: 493-517.

Berg, Maxine. 1980. *The Machinery Question and the Making of Political Economy*. Cambridge: Cambridge University Press.

―――. 1975. Vulgar Economy and Ricardo's Critics. *Bulletin of the Conference of Socialist Economists* 4, no. 3:1-15.

Black, R. D. C. 1960. *Economic Thought and the Irish Question, 1817-1870*. Cambridge: Cambridge University Press.

Black, R. D. C., and Rosamund Koenigkamp. 1972. Biographical Introduction. In William Stanley Jevons, *Biography and Personal Journal* Volume 1: *Papers and Correspondence* Eds. R. C. D. Black and Rosamund Koenigkamp. London: Macmillan.

Blattner, Nicklaus. 1979. Hindernisse auf dem weg zur vollbeschaftigung. *Kyklos* 32, fasc. 1/2:61-79.

Blaug, Mark. 1968. *Economic Theory in Retrospect*. Homewood, IL.: Richard D. Irwin.

―――. 1958. *Ricardian Economics*. New Haven: Yale University Press.

Blitzer, Charles. 1966. Introduction to Henry M. Christman, *The American Journalism of Marx and Engels: A Selection from the New York Daily Tribune*. New York: New American Library.

Bodin, Jean. 1568. *La Réponse aux paradoxes de M. de Malestroit*. Paris.

Boehm-Bawerk, Eugen von. 1949. *Karl Marx and the Close of his System*. Ed. Paul Sweezy. New York: Augustus M. Kelley.

Boland, Lawrence A. 1982. *The Foundations of Economic Method.* London: George Allen & Unwin.

Boot, H. M. 1983. James Wilson and the Commercial Crisis of 1847. *History of Political Economy* 15, no. 4:567-83.

Boswell, James. 1786. *The Journal of a Tour to the Hebrides with Samuel Johnson.* Vol. 5, *Life of Johnson.* Eds. G. B. Hill and L. F. Powell. Oxford: Clarendon Press, 1964.

Bowles, Samuel, David M. Gordon, and Thomas E. Weisskopf. 1983. *Beyond the Wasteland: The Democratic Alternative to Economic Decline.* Garden City, NY: Doubleday.

Boyer, Kenneth D. 1984. Is there a Principle for Defining Industries? *Southern Economic Journal* 50, no. 3:761-70.

Brady, Eugene A. 1963. A Reconsideration of the Lancashire "Cotton Famine." *Agricultural History* 37, no. 3:156-62.

Bray, John F. 1839. *Labour's Wrongs and Labour's Remedy, or The Age of Might and the Age of Right.* New York: Augustus M. Kelley, 1968.

Bukharin, Nikolai. 1972. *The Economic Theory of the Leisure Class.* New York: Monthly Review Press.

Butrick, J. 1952. The Internal Contracting System. *Journal of Economic History*, 12:205-21.

Cantillon, Richard. 1755. *Essai sur la nature du commerce en général.* Ed. Henry Higgs. New York: August M. Kelley. 1964.

Carey, Henry C. 1858. *Principles of Social Science in Three Volumes.* New York: Augustus M. Kelley 1963.

Carr, Jack L., and James Ahiakpor. 1982. Ricardo on the non-neutrality of money in a world with taxes. *History of Political Economy.* 14, no. 2:147-65.

Carswell, John. 1960. *The South Sea Bubble.* Stanford: Stanford University Press.

Carter, Anne P. 1970. *Structural Change in the American Economy.* Cambridge, MA: Harvard University Press.

Caves, Richard E. 1980. The Structure of Industry. In *The American Economy in Transition: A Sixtieth Anniversary Conference.* Ed. Martin Feldstein. Chicago: University of Chicago Press.

Chalmers, Thomas. 1816. *The Christian and Civic Economy of Large Towns.* London.

Chandler, Alfred C. 1977. *The Visible Hand: The Managerial Revolution in American Business.* Cambridge, MA: Harvard University Press.

Checkland, Sydney George. 1949. The Propagation of Ricardian Economics in England. *Economica*, 16 n.s., no. 1:40-52.

Christman, Henry M., ed. 1966. *The American Journalism of Marx and Engels: A Selection from the New York Daily Tribune.* New York: New American Library.

Clark, John Bates. 1899. *The Distribution of Wealth: A Theory of Wages, Interest, and Profits.* New York: Augustus M. Kelley, 1965.

―――. 1895. "The Origin of Interest," *Quarterly Journal of Economics.* 9:257-78.

Clark, J. M. 1952. J. M. Clark on J. B. Clark. In *The Development of Economic Thought*. Ed. H. M. Spiegel. New York: John Wiley and Sons.

Clarkson, Stephen. 1978. *The Soviet Theory of Development: India and the third world in Marxist-Leninist Scholarship*. Toronto: University of Toronto Press.

Cluss, Adolph. 1853. The "Best Paper in the Union" and its "Best Men" and Political Economists. Reprinted in Karl Marx and Frederick Engels, *Marx and Engels, 1853-1854*. Vol. 12. *Collected Works*. New York: International Publishers, 1981.

Coase, R. H. 1937. The Nature of the Firm. In G. Stigler and K. E. Boulding, eds. *Readings in Price Theory*. Homewood, IL: Richard D. Irwin, 1952.

Coats, A. W. 1964. The Role of Authority in the Development of British Economics. *Journal of Law and Economics*. 7, no. 3:85-106.

Conklin, Paul K. 1980. *Prophets of Prosperity*. Bloomington: Indiana University Press.

Cooper, Thomas. 1830. *Lectures on the Elements of Political Economy*, 2nd ed. New York: Augustus M. Kelley, 1971.

Copplinger, W. A. 1895. *On the Authorship of the First Hundred Numbers of the Edinburgh Review*. Manchester: Priory Press.

Crotty, Jim. 1985. The Centrality of Money, Credit and Financial Intermediation in Marx's Crisis Theory: An Interpretation of Marx's Methodology. In Steve Resnick and Richard Wolff, eds. *Marxian Political Economy: Essays in Honor of Harry Magdoff and Paul Sweezy*, 1985.

Dalton, George. 1982. Barter. *Journal of Economic Issues*. 16, no. 1:181-91.

D'Arcy, F. 1977. The Malthusian League and the Resistance to Birth Control in Late Victorian Britain. *Population Studies*, 31, no. 3:429-48.

Darwin, Charles. 1958. *The Autobiography of Charles Darwin, 1809-1882*. Ed. Nora Barlow. New York: Harcourt and Brace.

Davanzati, Bernardo. 1588. *Lezione della monete*. Milan: G. G. Destefanis, 1984.

Davenant, Charles. 1698. *Discourses on the Public Revenues and on the Trade of England*. Reprinted in *The Works of Charles Davenant*. Ed. Wills, Earl of Hillsborough. Farnborough, Hants., England: Gregg Press, 1967.

Deane, Phyllis, and W. A. Coale. 1965. *The First Industrial Revolution*. Cambridge: Cambridge University Press.

Dempsey, Bernard W. S. J. 1960. *The Frontier Wage: The Economic Organization of Free Agents*. Chicago: Loyola University Press.

Descartes, René. 1637. *Discours sur la méthode pour bien concluire sa raison* (Paris). Cited in Marx 1977.

Dilke, Charles Wentworth. 1875. Memoir of Charles Wentworth Dilke. In Charles Wentworth Dilke, ed. *The Papers of a Critic Selected from the Writings of the Late Charles Wentworth Dilke*, 2 vols. London: John Murray.

Dobb, Maurice. 1973. *Theories of Value and Distribution Since Adam Smith: Ideology and Economic Theory*. Cambridge: Cambridge University Press.

———. 1970. "Introduction." In Karl Marx, *A Contribution to the Critique of Political Economy*. New York: International Publishers.

———. 1937. *Political Economy and Capitalism: Some Essays in Economic Tradition*. New York: International Publishers.

Dorfman, Joseph. 1966. "Piercy Ravenstone" and his Radical Tory Treatise. Introductory essay in Piercy Ravenstone, *A Few Doubts as to the Correctness of Some Opinions Generally Entertained on the Subjects of Population and Political Economy.* New York: Kelly.

———. 1946. *The Economic Mind in American Civilization, 1606-1865*, 2 vols. New York: Viking.

Dornbusch, Rudiger, and Jacob A. Frenkel. 1984. The Gold Standard Crisis of 1847. *Journal of International Economics.* 16, nos. 1/2:1-27.

Draper, Hal. 1968. Introduction to Karl Marx and Friederich Engels, *Articles in the New American Cyclopaedia.* Ed. Hal Draper. Berkeley, CA: Independent Socialist Press.

Dutton, H. I., and J. E. King. 1981. Karl Marx as Labour Correspondent: The Preston Strike, 1853-4. Unpublished. October.

Eagley, Robert. 1974. *The Structure of Classical Economic Thought.* New York: Oxford University Press.

Edwards, Edward. 1827. On Agriculture and Rent. *Quarterly Review.* 36, no. 72:391-437.

Einzig, Paul. 1966. *Primitive Money: Its Ethnological, Historical and Economic Aspects*, 2d. ed. (Oxford: Pergamon Press).

Elder, William. 1880. *Memoir of Henry C. Carey.* Philadelphia: Henry Carey Baird.

Empson, William. 1833. Mrs Marcet—Miss Martineau. *Edinburgh Review.* 57:1-39.

Engels, Frederick. 1894. *Anti-Dühring: Herr Eugen Dühring's Revolution in Science.* Moscow: Progress Publishers, 1969.

Engels, Friedrick. 1894. Supplement to *Capital*, Volume Three. In Karl Marx, *Capital.* Vol. 3. Moscow: Progress Publishers, 1967.

———. 1893. Preface. In Karl Marx, *Capital.* Vol. 2. Moscow: Progress Publishers, 1967.

———. 1888. Ludwig Feuerbach and the End of Classical German Philosophy. In Karl Marx and Frederick Engels, *Selected Works in Three Volumes.* New York: International Publishers, 1972.

———. 1876. The Part Played by Labour in the Transition from Ape to Man. In Karl Marx and Frederick Engels, *Selected Works in Three Volumes.* Moscow: Progress Publishers, 1970.

———. 1875-76. Introduction to *The Dialectics of Nature.* Karl Marx and Frederick Engels, *Selected Works in Three Volumes.* New York: International Publishers, 1972.

———. 1859a. Review of Karl Marx, *A Critique of Political Economy.* In Karl Marx and Frederick Engels, *Selected Works in Three Volumes.* Vol. 1. Moscow: Progress Publishers, 1969.

———. 1845. *The Condition of the Working Class in 1844.* In Karl Marx and Friedrich Engels, *Collected Works.* Vol. 4. *Marx and Engels: 1844-1845.* New York: International Publishers.

———. 1843. *Outlines of a Critique of Political Economy.* Reprinted in Karl Marx and Frederick Engels, *Collected Works.* Vol. 3. *Marx and Engels 1843-44.* New York: International Publishers, 1975.

Engerman, Stanley, and Robert William Fogel. 1974. *Time on the Cross: The Economics of American Negro Slavery*. Boston: Little Brown.

Espinas, A. 1902. 3ᵉ phase et dissolution du mercantilism. *Revue internationale de sociologie* 10, no. 3:161-80.

Farnie, D. A. 1979. *The English Cotton Industry and the World Market, 1815-1896*. Clarendon Press: Oxford.

Feinstein, C. H. 1978. Capital Formation in Great Britain. In Peter Mathias and M. M. Postan, eds. *The Cambridge Economic History of Europe*. Vol. 7. *The Industrial Economies*. Part 1. Cambridge University Press.

Fine, Ben, and Laurence Harris. 1979. *Rereading Capital*. New York: Columbia University Press.

Fischer, Norman. 1982. The Ontology of Abstract Labor. *Review of Radical Political Economy* 14, no. 2:35.

Fisher, Irving. 1922. *The Purchasing Power of Money: Its Determination and Relation to Credit, Interest, and Crises*, 2d ed. (New York: Augustus M. Kelley, 1963).

Foley, Duncan. 1983. On Marx's theory of Money. *Social Concept* 1, no. 1:5-19.

―――. 1975a. On the two Specifications of Asset Equilibrium in Macroeconomic Models. *Journal of Political Economy* 83, no. 2:303-24.

―――. 1975b. Toward a Marxist Theory of Money. Institute for Mathematical Studies in the Social Sciences Technical Report No. 181. Stanford University.

Foley, Vernard. 1973. An Origin of the Tablue Economique. *History of Political Economy* 5, no. 3:121-50.

Foster, John. 1974. *Class Struggle and the Industrial Revolution: Early Industrial Capitalism in Three English Towns*. New York: St. Martin's Press.

Foucault, Michel. 1978. Politics and the Study of Discourse. *Ideology and Consciousness*, no. 3: 7-26.

―――. 1970. *The Order of Things: An Archaeology of the Human Science*. New York: Random House.

Foxwell, H. S. 1899. Introduction to Anton Menger, *The Right to the Whole Produce of Labour*. New York: August M. Kelly, 1970.

Friedman, Milton. 1953. *Essays in Positive Economics*. Chicago: University of Chicago Press.

Friedman, Milton, and Anna Schwartz. 1982. *Monetary Trends in the United States and the United Kingdom: Their Relation to Income, Prices, and Interest Rates, 1867-1975*. Chicago: University of Chicago Press.

―――. 1971. *A Monetary History of the United States, 1867-1960*. Princeton: Princeton University Press.

Furniss, Edgar S. 1920. *The Position of the Laborer in a System of Nationalism*. New York: Houghton Mifflin.

Galilei, Galileo. 1638. *Dialogues Concerning Two Sciences*. Trs. Henry Crew and Alfonso De Salvo. Evanston, IL: Northwestern University Press. 1950.

Genovese, Eugene. 1965. *The Political Economy of Slavery*. New York: Pantheon.

George, Henry. 1879. *Poverty and Progress*. New York: Robert Schalkenbach Foundation. 1962.

Georgescu-Roegen, Nicholas. 1971. *The Entropy Problem and the Economic Process*. Cambridge: Harvard University Press.
Gillmann, Joseph M. 1957. *The Falling Rate of Profit*. London: Dennis Dobson.
Gilmour, Robin. 1967. The Gradgrind School: Political Economy in the Classroom. *Victorian Studies* 11:207-24.
Glanvill, Joseph. 1661. *The Vanity of Dogmatizing*. Sussex: The Harvester Press, 1970.
Goldstrom, J. M. 1966. Richard Whately and Political Economy in School Books, 1833-80. *Irish Historical Studies* 15, no. 58:131-46.
Gordon, Barry. 1983. Personal communication with author, January 20.
——— . 1979. *Economic Doctrine and Tory Liberalism, 1824-1830* London: Macmillan.
——— . 1976. *Political Economy in Parliament, 1819-1823*. New York: Barnes and Noble.
Graaf, J. de V. 1971. *Theoretical Welfare Economics*. Cambridge: Cambridge University Press.
Graham, Walter. 1930. *English Literary Periodicals*. New York: T. Nelson and Sons.
Green, Arnold W. 1951. *Henry Charles Carey: Nineteenth-Century Sociologist*. Philadelphia: University of Philadelphia Press.
Grossman, Henryk. 1924. *Simonde de Sismondi et ses théories économiques*. Warsaw: Biblioteca Universatis Liberae.
Gutman, Herbert G. 1977. *Work, Culture and Society in Industrializing America*. New York: Vintage.
Habakkuk, H. J. 1967. *American and British Technology in the Nineteenth Century: The Search for Labour-Saving Inventions*. Cambridge: Cambridge University Press.
Hale, E. E., and E. E. Hale, Jr. 1887-1888. *Franklin in France*, 2 vols. Boston: Roberts Bros.
Halevy, Elie. 1956. *Thomas Hodgskin*. London: Ernest Benn.
Hamilton, Alexander. 1791. *Report on Manufactures*. In Harold C. Syrett, ed., *The Papers of Alexander Hamilton*. Vol. 10, *December 1791-January 1972*. New York: Columbia University Press, 1966.
Harris, Laurence. 1985. Marx's theory of finance and a critique of "finance-capital". Paper presented at the Allied Social Science Conference, New York City, December 28.
Hartwell, Ronald M. 1967. *The Causes of the Industrial Revolution*. London: Methuen.
Harvey, David. 1982. *The Limits to Capital*. Chicago: University of Chicago Press.
Heckscher, Eli F. 1955. *Mercantilism*, 2 vols. New York: Macmillan.
Hegel, G. W. F. 1837. *Lectures on the Philosophy of History*. London: Bohn Library 1852.
Henderson, John P. 1955. The Retarded Acceptance of Marginal Utility: Comment. *Quarterly Journal of Economics* 69, no. 3:465-73.
Henderson, W. O. 1976. *The Life of Friedrich Engels*, 2 vols. London: Frank Cass.

———. 1973. *The Lancashire Cotton Famine, 1861-1865*. New York: Kelley.
Hicks, John R. 1932. *Theory of Wages*. New York: St. Martin's Press, 1963.
Hilferding, Rudolf. 1910. *Finance Capital: A Study of the Latest Phase of Capitalist Development*. London: Routledge & Kegan Paul, 1981.
Hill, Christopher. 1965. London Science and Medicine. *Intellectual Origins of the English Revolution*. Clarendon: Oxford University Press.
Hilton, Boyd. 1977. *Corn, Cash, Commerce: The Economic Policies of The Tory Governments, 1815-1830*. Oxford: Clarendon Press.
Himmelweit, Susan, and Simon Mohun. 1978. The Anomalies of Capital. *Capital and Class* vol no. 6:67-105.
Hirschman, Albert O. 1977. *The Passions and the Interest*. Princeton: Princeton University Press.
Hobbes, Thomas, 1651. *Leviathan*, C. B. Macpherson, ed. (Baltimore, Md.: Penguin 1968).
Hobsbawm, Eric. J., ed. 1964. *Karl Marx: Pre-capitalist Economic Formations*. New York: International Publishers.
———. 1968. *Industry and Empire: 1750 to the Present Day*. Vol. 2. *The Making of Modern English Society*. New York: Pantheon.
Hodgskin, Thomas. 1827. *Popular Political Economy: Four Lectures Delivered at the London Mechanics' Institution*. New York: Augustus M. Kelley.
———. 1825. *Labour Defended Against the Claims of Capital*. New York: Kelley, 1969.
Hollander, Samuel. 1984. Marx and Malthusianism: Marx's Secular Path of Wages. *American Economic Review* 74, no. 1:139-51.
Hollis, Christopher. 1975. *The Two Nations: A Financial Study of English History*. New York: Gordon Press.
Hudson, Michael. 1985. German economists and the Depression of 1929-1933. *History of Political Economy*, 17, no. 1 (Spring): pp. 35-50.
Hume, David. 1752. Of Interest. In *Essays: Moral, Political, and Literary*. Ed. Eugene F. Miller. Indianapolis: Liberty Classics, 1985.
———. 1752a. Of Refinement in the Arts. In *Essays: Moral, Political, and Literary*. Ed. Eugene F. Miller. Indianapolis: Liberty Classics, 1985.
Hunt, E. K. 1979. *History of Economic Thought: A Critical Perspective*. Belmont, CA: Wadsworth.
———. 1977. Value Theory in the Writings of the Classical Economists, Thomas Hodgskin and Karl Marx. *History of Political Economy* 9, no. 3:322-45.
Hutchison, T. W. 1978. *On Revolutions and Progress in Economic Knowledge*. Cambridge: Cambridge University Press.
———. 1953. *A Review of Economic Doctrines, 1870-1929*. Clarendon: Oxford University Press.
Hymer, Stephen. 1972. The Multinational Corporation and the Law of Uneven Development. Jagdish Bhagwati, ed. *Economics and World Order: From the 1970's to the 1190's*. New York: Macmillan. Excerpted in Richard C. Edwards, Michael Reich, and Thomas E. Weisskopf, eds. *The Capitalist System*, 2d. ed. Englewood Cliffs, NJ: Prentice Hall, pp. 121-25.
Itoh, Makato. 1980. *Value and Crisis: Essays on Marxian Economics in Japan*. New York: Monthly Review Press.

Jacob, William. 1814. *Considerations on the Protection Required by British Agriculture and on the Influence of the Price of Corn on Exportable Productions*. London. Cited in Marx 1849-51, 308.

Jacoby, Russell. 1975. The Politics of the Crisis Theory: Toward the Critique of Automatic Marxism, II. *Telos*, no. 23:1-52.

Jevons, William Stanley. 1882. *The State in Relation to Labour*, 4th ed. New York: Augustus M. Kelley, 1968.

———. 1876. The Future of the Skating Rink: A Serious Speculation. *Manchester Guardian* (14 April)

———. 1874. *Principles of Science*, 3rd ed. London: Macmillan.

———. 1871. *The Theory of Political Economy*. Ed. R. D. Collison Black. Baltimore: Penguin, 1970.

———. 1866. On the Importance of Diffusing a Knowledge of Political Economy. vol. 7. R. D. Collison Black, ed., *Papers and Correspondence of William Stanley Jevons*, 7 vols. London: Macmillan, 1972-1981.

Jones, Richard Foster. 1965. *Ancients and Moderns: A Study of the Scientific Movement in Seventeenth Century England*. Berkeley and Los Angeles: University of California Press.

Kaplan, A. D. H. 1931. *Henry Charles Carey: A Study in American Economic Thought*. Baltimore: Johns Hopkins Press.

Keynes, John Maynard. 1936. *The General Theory of Employment, Interest and Money*. New York: Macmillan.

———. 1935. Letter to George Bernard Shaw, 1 January. In Donald Moggridge, ed. *The General Theory and After*, vol. 13, *The Collected Writings of John Maynard Keynes*. London: Macmillan. 1973.

———. 1933. *Essays in Biography*. New York: W. W. Norton, 1963.

———. 1924. The End of Laissez-Faire. In Donald Moggridge, ed., *Essays in Persuasion*, vol. 9. *The Collected Writings of John Maynard Keynes*. London: Macmillan, 1972.

———. 1920-26. Keynes and Ancient Currencies. In Donald Moggridge, ed., *Social, Political and Literary Writings*, vol. 28. The Collected Writings of John Maynard Keynes. London: Macmillan, 1982.

King, John E. 1985. Friedrich Engels as Economist: The Last Twelve Years, 1883-1895. unpublished ms.

Kline, Morris. 1980. *Mathematics: The Loss of Certainty*. New York: Oxford University Press.

Knight, Frank K. 1934. Capital, Time and the Interest Rate. *Economica*, ns., 1, no. 3:257-86.

Kroos, Herman E., and Charles Gilbert. 1972. *American Business History*. Englewood Cliffs, NJ: Prentice Hall.

Kuhn, Thomas. 1962. *The Structure of Scientific Revolutions*. Chicago: University of Chicago Press.

Laibman, David. 1973-74. Values and prices of production: the political economy of the transformation problem. *Science and Society* 37, no. 4:404-36.

Lancaster, Kelvin J. 1966, A New Approach to Consumer Theory. *Journal of Political Economy* 74, no. 2:132-57.

Lancaster, Kelvin, and R. G. Lipsey. 1956. The General Theory of the Second Best. *Review of Economic Studies* 24, no. 1:11-32.

Landes, David. 1969. *The Unbound Prometheus: Technological Change and Industrial Development in Western Europe from 1750 to the Present.* Cambridge: Cambridge University Press.

Law, John. 1705. *Money and Trade Considered with a Proposal for Supplying the Nation with Money.* 2 vols. Edinburgh.

Leijonhufvud, Axel. 1968. *On Keynesian Economics and the Economics of Keynes: A Study in Monetary Theory.* New York: Oxford University Press.

Lenin, V. I. 1964. Imperialism, the Highest Stage of Capitalism: A Popular Outline. pp. 185-304, *Collected Works*, volume 22. Moscow: Progress Publishers.

―――. 1914-16. Conspectus of Hegel's Book, The Science of Logic. *Collected Works*, vol. 38. Moscow: International Publishers, 1963.

―――. 1913. The Working Class and Neomalthusianism. *Pravda*, June 16. Reprinted in *Collected Works*, vol. 19. Moscow: Progress Publishers, 1963.

―――. 1908. *The Development of Capitalism in Russia: The Process of the Formation of a Home Market for Large-Scale Industry*, 2d ed. Moscow: Progress Publishers, 1974.

―――. 1902. Notes of Plekhanov's First Draft Programme. *Collected Works*, vol. 6. Moscow: Progress Publishers, 1964.

―――. 1901. Lessons of the Crisis. *Collected Works*, vol. 5 Moscow: Progress Publishers, 1964.

Leontieff, W. W. 1976. Statement. In The Joint Economic Committee, Congress of the United States, *National Economic Planning, Balanced Growth and Full Employment, Hearings before the Joint Economic Committee, June 11 and 12, 1975*, 94th Congress, first session. Washington, DC: U.S. Government Printing Office.

Letwin, William. 1975. *The Origins of Scientific Economics: English Economic Thought, 1660-1776.* Westport, Ct.: Greenwood Press.

―――. 1951. The Authorship of Sir Dudley North's Discourses on Trade. *Economica*, n.s., 18, no. 1:35-56.

Levy, David. 1984. Testing Stigler's Interpretation of "The Division of Labor is Limited by the Extent of the Market." *Journal of Industrial Economics* 32, no. 3:377-89.

Lewis, W. Arthur. 1954. Economic Development with Unlimited Supplies of Labour. *Manchester School of Economics and Social Studies* 22, no. 2:139-91.

Lincoln, Abraham. 1861. *Annual Message to Congress, 3 December 1861.* Reprinted in *The Collected Works of Abraham Lincoln*, vol. 3. Roy P. Basler, ed. New Brunswick, NJ: Rutgers University Press, 1953.

―――. 1859. *Address before the Wisconsin State Agricultural Society, Milwaukee, Wisconsin, 30 September 1859. The Collected Works of Abraham Lincoln*, vol. 5. Roy P. Basler, ed. New Brunswick, NJ: Rutgers University Press, 1953.

Linder, Marc. 1977. *Anti-Samuelson*, 2 vols. New York: Urizon Press.
Litoshenko, L. N. 1926. Methods of Constructing a National Economic Balance. Nicholas Spulber, ed., *Foundations of Soviet Strategy for Economic Growth: Selected Soviet Essays, 1924-30*. Bloomington: Indiana University Press, 1964.
Longfield, Mountifort. 1834. *Lectures on Political Economy*. In *The Economic Writings of Mountifort Longfield* R. D. Collison Black ed. New York: Augustus M. Kelley, 1971.
Lowe, Joseph. 1823. *The Present State of England in Regard to Agriculture, Trade, and Finance*. New York: Kelley, 1966.
Lukacs, Georg. 1971. *History and Class Consciousness: Studies in Marxist Dialectics*. Rodney Livingstone, ed. Cambridge, MA: MIT Press.
McCulloch, J. R. 1835. State and Defects of British Statistics. *Edinburgh Review* 61, no. 123:154-81.
———. 1825. *A Discourse on the Rise, Progress, and Peculiar Objects, and Importance of Political Economy*, 2nd ed. (Edinburgh: Archibald Constable and Company).
———. 1824. Political Economy. *Encyclopedia Britanica*, 4th ed., supplement. Reprinted as John McVickar, *Outline of Political Economy*. New York: Kelley, 1966.
Machlup, Fritz. 1979. Stocks and Flows of Knowledge. *Kyklos* 32, fasc. 3:400-11.
McLellan, David. 1974. *Karl Marx: His Life and Thought*. New York: Harper & Row.
Macpherson, C. B. 1962. *The Political Theory of Possessive Individualism: Hobbes to Locke*. Oxford: Clarendon Press.
Mcvickar, John. 1835. *First Lessons in Political Economy*. New York: Kelley, 1966.
Magaziner, Ira, and Robert Reich. 1981. *Minding America's Business: The Decline and Rise of the American Economy*. New York: Harcourt, Brace, and Jovanovich.
Maitland, James, 8th Earl of Lauderdale. 1804. *An Inquiry into the Nature and Origin of Public Wealth*. New York: Kelley, 1966.
Malthus, Thomas Robert. 1951 [1820]. *Principles of Political Economy Considered with a View to their Practical Application*, 1st ed. London: John Murray. Reprinted in part in David Ricardo, *Notes on Malthus*, vol. 2. *The Works and Correspondence of David Ricardo*. Piero Sraffa, ed. Cambridge: Cambridge University Press
Mandel, Ernest, 1975. *Late Capitalism*. Atlantic Highlands, NJ: Humanities Press.
———. 1970. *Marxian Economic Theory*, 2 vols. New York: Monthly Review Press.
Mandeville, Bernard. 1954 [1723]. *The Fable of the Bees*. F. B. Kaye, ed. Oxford: Clarendon Press.
Mao Tse-Tung. 1943. Get Organized. In Mao Tse-Tung, *Selected Works*, vol. 3. Peking: Foreign Languages Press, 1967.
———. 1937a. On Contradiction. In Mao Tse-Tung, *Selected Works*, vol. 3 Peking: Foreign Languages Press, 1967.

_____. 1937b. On Practice. In Mao Tse-Tung, *Selected Works*, vol. 1. Peking: Foreign Languages Press, 1967.

de Marchi, N. B., and R. P. Sturges. 1973. Malthus and Ricardo's Inductivist Critics: Four Letters to William Whewell. *Economica*, n.s., 40, no. 120:379-93.

Marris, Robin. 1964. *The Economics of Capital Utilisation: A Report on Multiple-shift Work*. Cambridge at the University Press.

Marshall, Alfred. 1925. *Memorials of Alfred Marshall*, A. C. Pigou, ed. New York: Kelley and Millman, 1956.

_____. 1920. *Principles of Economics*, 9th Variorum edition, 2 vols., C. W. Guillebaud, ed. New York: Macmillan, 1961.

Marx, Karl. 1977. *Capital*. Vol. 1 New York: Vintage.

_____. 1973. *Grundrisse*. New York: Vintage.

_____. 1970a. *A Contribution to the Critique of Political Economy*. New York: International Publishers.

_____. 1970b. Class Struggles in France. Karl Marx and Frederick Engels, *Selected Works in Three Volumes*. Vol. 1. Moscow: Progress Publishers, 1969.

_____. 1967. *Capital*, Vols. 2, 3. New York: International Publishers.

_____. 1964. *Economic and Philosophical Manuscripts of 1844*. New York: International Publishers.

_____. 1963-71. *Theories of Surplus Value*, 3 Parts. Moscow: Progress Publishers.

_____. 1963. *Poverty of Philosophy*. New York: International Publishers.

_____. 1934. *Letters to Dr. Kugelmann*. New York: International Publishers.

_____. 1881. Draft of a letter to Vera Zasulich. In Teodor Shanin, ed. *Late Marx and the Russian Road: Marx and 'the Peripheries of Capitalism'*. New York: Monthly Review Press, 1983.

_____. 1879-80. Notes on Adolph Wagner. In Terrell Carver, ed., *Karl Marx: Texts on Method*. New York: Barnes and Noble, 1975.

_____. 1875. Critique of the Gotha Program. In Karl Marx and Frederick Engels, *Selected Works in Three Volumes*. Vol. 3. Moscow: Progress Publishers, 1973.

_____. 1872. Nationalization of the Land. In Karl Marx and Frederick Engels, *Selected Works in Three Volumes*. Vol. 2. Moscow: Progress Publishers.

_____. 1867. The Value Form: Appendix to the first edition of *Capital*. Reprinted in *Capital and Class* 4: 134-50.

_____. 1865. Wage, Price and Profit. In Karl Marx and Frederick Engels, *Selected Works in Three Volumes*. Vol. 2. New York: International Publishers.

_____. 1864. Inaugural Address of the Working Men's Association." in Karl Marx and Frederick Engels, *Selected Works in Three Volumes*. New York: International Publishers, 1972. i, pp. 11-18.

_____. 1862a. Workers' Distress in England. *Die Presse*, no. 266, September 20. Reprinted in Karl Marx and Friedrick Engels, *Collected Works*, vol. 19. *Marx and Engels, 1861-1864*. New York: International Publishers, 1984.

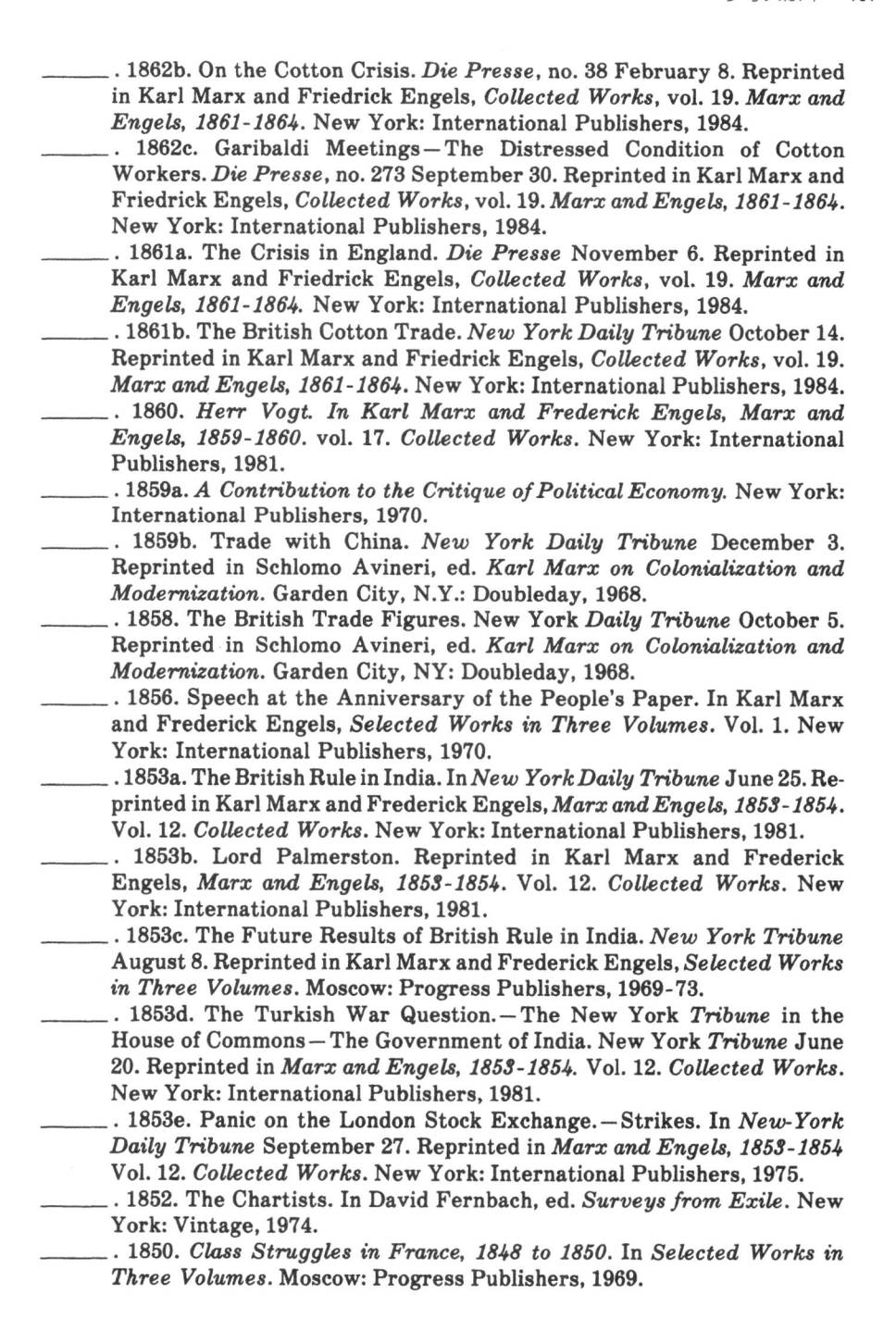

―――. 1862b. On the Cotton Crisis. *Die Presse*, no. 38 February 8. Reprinted in Karl Marx and Friedrick Engels, *Collected Works*, vol. 19. *Marx and Engels, 1861-1864*. New York: International Publishers, 1984.

―――. 1862c. Garibaldi Meetings—The Distressed Condition of Cotton Workers. *Die Presse*, no. 273 September 30. Reprinted in Karl Marx and Friedrick Engels, *Collected Works*, vol. 19. *Marx and Engels, 1861-1864*. New York: International Publishers, 1984.

―――. 1861a. The Crisis in England. *Die Presse* November 6. Reprinted in Karl Marx and Friedrick Engels, *Collected Works*, vol. 19. *Marx and Engels, 1861-1864*. New York: International Publishers, 1984.

―――. 1861b. The British Cotton Trade. *New York Daily Tribune* October 14. Reprinted in Karl Marx and Friedrick Engels, *Collected Works*, vol. 19. *Marx and Engels, 1861-1864*. New York: International Publishers, 1984.

―――. 1860. *Herr Vogt. In Karl Marx and Frederick Engels, Marx and Engels, 1859-1860*. vol. 17. *Collected Works*. New York: International Publishers, 1981.

―――. 1859a. *A Contribution to the Critique of Political Economy*. New York: International Publishers, 1970.

―――. 1859b. Trade with China. *New York Daily Tribune* December 3. Reprinted in Schlomo Avineri, ed. *Karl Marx on Colonialization and Modernization*. Garden City, N.Y.: Doubleday, 1968.

―――. 1858. The British Trade Figures. New York *Daily Tribune* October 5. Reprinted in Schlomo Avineri, ed. *Karl Marx on Colonialization and Modernization*. Garden City, NY: Doubleday, 1968.

―――. 1856. Speech at the Anniversary of the People's Paper. In Karl Marx and Frederick Engels, *Selected Works in Three Volumes*. Vol. 1. New York: International Publishers, 1970.

―――. 1853a. The British Rule in India. In *New York Daily Tribune* June 25. Reprinted in Karl Marx and Frederick Engels, *Marx and Engels, 1853-1854*. Vol. 12. *Collected Works*. New York: International Publishers, 1981.

―――. 1853b. Lord Palmerston. Reprinted in Karl Marx and Frederick Engels, *Marx and Engels, 1853-1854*. Vol. 12. *Collected Works*. New York: International Publishers, 1981.

―――. 1853c. The Future Results of British Rule in India. *New York Tribune* August 8. Reprinted in Karl Marx and Frederick Engels, *Selected Works in Three Volumes*. Moscow: Progress Publishers, 1969-73.

―――. 1853d. The Turkish War Question.—The New York *Tribune* in the House of Commons—The Government of India. New York *Tribune* June 20. Reprinted in *Marx and Engels, 1853-1854*. Vol. 12. *Collected Works*. New York: International Publishers, 1981.

―――. 1853e. Panic on the London Stock Exchange.—Strikes. In *New-York Daily Tribune* September 27. Reprinted in *Marx and Engels, 1853-1854* Vol. 12. *Collected Works*. New York: International Publishers, 1975.

―――. 1852. The Chartists. In David Fernbach, ed. *Surveys from Exile*. New York: Vintage, 1974.

―――. 1850. *Class Struggles in France, 1848 to 1850*. In *Selected Works in Three Volumes*. Moscow: Progress Publishers, 1969.

———. 1849-51. *Londoner Hefte*. In Karl Marx and Friedrich Engels, *Gesamtausgabe*. Vierte Abteilung. Band 7. *Exzerpte und Notizen, September 1849 bis Febuar 1851*. Berlin: Dietz, 1983.

———. 1848. The Protectionists, the Free Traders and the Working Class. In *Marx and Engels, 1845-1848*. Vol. 6. *Collected Works*. New York: International Publishers, 1976.

———. 1846. Feuerbach. Opposition to the Materialist and Idealistic Outlook: Chapter I of *The German Ideology*. In Karl Marx and Frederick Engels, *Selected Works in Three Volumes*. Vol. 1. Moscow: Progress Publishers, 1970.

———. 1845. On Friedrich List's Book Das Nationale System der Politischen Oekonomie. In Karl Marx and Friedrich Engels, *Collected Works*. Vol. 4. *Marx and Engels, 1844-1845*. New York: International Publishers, 1975.

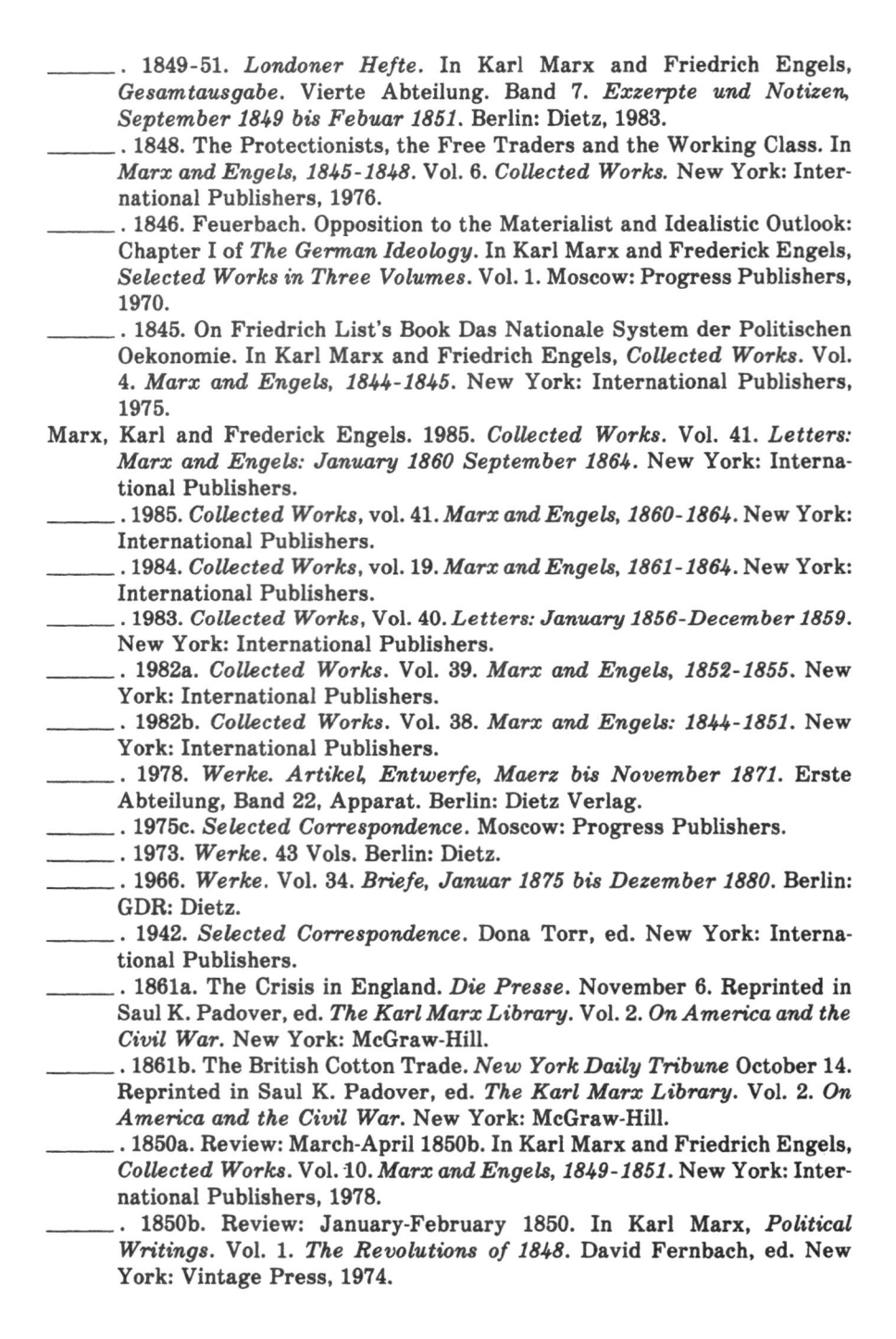

Marx, Karl and Frederick Engels. 1985. *Collected Works*. Vol. 41. *Letters: Marx and Engels: January 1860 September 1864*. New York: International Publishers.

———. 1985. *Collected Works*, vol. 41. *Marx and Engels, 1860-1864*. New York: International Publishers.

———. 1984. *Collected Works*, vol. 19. *Marx and Engels, 1861-1864*. New York: International Publishers.

———. 1983. *Collected Works*, Vol. 40. *Letters: January 1856-December 1859*. New York: International Publishers.

———. 1982a. *Collected Works*. Vol. 39. *Marx and Engels, 1852-1855*. New York: International Publishers.

———. 1982b. *Collected Works*. Vol. 38. *Marx and Engels: 1844-1851*. New York: International Publishers.

———. 1978. *Werke. Artikel, Entwerfe, Maerz bis November 1871*. Erste Abteilung, Band 22, Apparat. Berlin: Dietz Verlag.

———. 1975c. *Selected Correspondence*. Moscow: Progress Publishers.

———. 1973. *Werke*. 43 Vols. Berlin: Dietz.

———. 1966. *Werke*. Vol. 34. *Briefe, Januar 1875 bis Dezember 1880*. Berlin: GDR: Dietz.

———. 1942. *Selected Correspondence*. Dona Torr, ed. New York: International Publishers.

———. 1861a. The Crisis in England. *Die Presse*. November 6. Reprinted in Saul K. Padover, ed. *The Karl Marx Library*. Vol. 2. *On America and the Civil War*. New York: McGraw-Hill.

———. 1861b. The British Cotton Trade. *New York Daily Tribune* October 14. Reprinted in Saul K. Padover, ed. *The Karl Marx Library*. Vol. 2. *On America and the Civil War*. New York: McGraw-Hill.

———. 1850a. Review: March-April 1850b. In Karl Marx and Friedrich Engels, *Collected Works*. Vol. 10. *Marx and Engels, 1849-1851*. New York: International Publishers, 1978.

———. 1850b. Review: January-February 1850. In Karl Marx, *Political Writings*. Vol. 1. *The Revolutions of 1848*. David Fernbach, ed. New York: Vintage Press, 1974.

———. 1850c. Review: May-October 1850. In Karl Marx and Friedrich Engels, *Collected Works*. Vol. 10. *Marx and Engels, 1849-1851*. New York: International Publishers, 1978.

———. 1848a. *Communist Manifesto*. In Karl Marx and Frederick Engels, *Selected Works in Three Volumes*. New York: International Publishers, 1970.

———. 1848b. The Bourgeois and Counterrevolution. In Karl Marx and Frederick Engels, *Collected Works*. Vol. 8. *Marx and Engels 1848-49*. New York: International Publishers, 1977.

———. 1846. *The German Ideology*. In Karl Marx and Frederick Engels, *Collected Works*. Vol. 5. *1845-1848*. New York: International Publishers, 1976.

———. 1845-46. Feuerbach: Opposition of materialistic and Idealistic Outlook. In Karl Marx and Frederick Engels, *Selected Works in Three Volumes*. Moscow: Progress Publishers, 1970. 98-141.

———. 1845. *The Holy Family* in Karl Marx and Frederick Engels, *Collected Works*. Vol. 4. *Marx and Engels: 1844-1845*. New York: International Publishers, 1975.

Masten, Scott. 1984. The Organization of Production: Evidence from the Aerospace Industry. *The Journal of Law and Economics* 27, no. 2:403-18.

Mattick, Paul. 1969. *Marx and Keynes: The Limits of the Mixed Economy*. Boston: Porter Sargent.

Matsukawa, Schiro. 1977. An Unpublished Manuscript of Sir William Petty. *Hitotsubashi Journal of Economics* 17, no. 2: 34-50.

Meek, Ronald. 1977. *Smith, Marx, and After*. New York: John Wiley.

———. 1973. *Studies in the Labour Theory of Value*, 2nd ed. London: Lawrence and Wishart.

———. 1967a. The Decline of Ricardian Economics in England. *Economics and Ideology and Other Essays*. London: Chapman and Hall.

———. 1967b. The Scottish Contribution to Marxist Sociology. *Economics and Ideology and Other Essays*. London: Chapman and Hall.

———. 1967c. The Rehabilitation of Sir James Steuart. *Economics and Ideology and Other Essays*. London: Chapman and Hall.

Melon, Jean Francois. 1734. *Essai politique sur la commerce*. Paris. Cited in Espinas 1902.

Melotti, Umberto. 1977. *Marx and the Third World*. Pat Ransford, tr. Macmillan: London.

Merivale, Herman. 1837. Definitions and Systems of Political Economy. *Edinburgh Review* 66, no. 103:70-103.

Mill, James. 1836. Whether Political Economy is Useful? In Donald Winch, ed. *James Mill: Selected Economic Writings*. Chicago: University of Chicago Press 1966.

———. 1813. East India Journal. *The Monthly Review* 70:410-25.

———. 1806. Review of Sir James Steuart's *Collected Works*. *The Literary Journal or Universal Review of Literature Domestic and Foreign*, Vol. 1, 2d Series: 449-59.

Mill, John Stuart. 1872. *A System of Logic Ratiocinactive and Inductive*. Vols. 7, 8. *The Collected Works of John Stuart Mill*. J. M. Robson, ed. Toronto: University of Toronto Press, 1974.

─────. 1867. Letter to William Thomas Thornton, 19 October. In F. E. Mineka and D. N. Lindley, eds., *The Later Letters of John Stuart Mill, 1849-1873*. Vols. 14, 15, 16. *The Collected Works of John Stuart Mill*. Toronto: University of Toronto Press, 1965.

─────. 1848. *Principles of Political Economy with some of their Applications to Social Philosophy*, John Robson, ed., vols. 2, 3. *The Collected Works of John Stuart Mill*. Toronto: University of Toronto Press, 1965.

─────. 1834. Letter to John Pringle Nichol, 14 October 1834. In F. E. Mineka ed. *The Earlier Letters of John Stuart Mill, 1812-1848*, vols. 12, 13. *The Collected Works of John Stuart Mill*. Toronto: University of Toronto Press, 1965.

Mini, Piero V. 1974. *Philosophy and Economics: The Origins and Development of Economic Theory*. Gainesville: The University Presses of Florida.

Minsky, Hyman. 1975. *John Maynard Keynes*. New York: Columbia University Press.

Mintz, Sidney. 1977. The So-Called World-System: Local Initiative and Local Responses. *Dialectical Anthropology* 2, no. 4:253-70.

Mirowski, Philip. 1984. Macroeconomic Instability and the "Natural" Processes in Early Neoclassical Economics. *Journal of Economic History* 44, no. 2:345-54.

Mitchell, Wesley C. 1969. *Types of Economic Theory from Mercantilism to Institutionalism*, 2 vols. New York: Augustus Kelley.

─────. 1937. Postulates and Preconceptions of Ricardian Economics. *The Backward Art of Spending Money and Other Essays*, Joseph Dorfman, ed. New York: McGraw-Hill.

Montesquieu, C. S. 1748. *The Spirit of the Laws*. New York: Hafner, 1949.

Moravia, Sergio. 1978. From Homme Machine to Homme Sensible: Changing Eighteenth Century Models of Man's Image. *Journal of the History of Ideas* 39, no. 1:45-60.

Morley, Derek Wragge. 1954. *The Evolution of an Insect Society*. London: Allen and Unwin.

Morishima, Michio. 1973. *Marx's Economics*. Cambridge: Cambridge University Press.

─────. 1978. *Value, Exploitation and Growth: Marx in Light of Modern Economic Theory*. London: McGraw-Hill.

Morishima, Michio, and George Catephores. 1975a. Is there an "historical transformation problem"? *The Economic Journal* 85, no. 338:309-28.

─────. 1975b. Is there an "historical transformation problem"? A Comment *The Economic Journal* 86, no. 342:242-347.

Morrison, Rodney J. 1968. Henry C. Carey and American Economic Development. *Explorations in Entrepreneurial History*, 5, no. 2 (Winter): pp. 132-44.

Moss, Laurence S. 1976. *Mountifort Longfield: Ireland's First Professor of Political Economy*. Ottowa, IL: Green Hill.

Mumford, Lewis. 1963. *Technics and Civilization*. New York: Harcourt, Brace and World.

Myers, Ramon. 1980. *The Chinese Economy: Past and Present*. Belmont, CA: Wadsworth.

Myrdal, Gunnar. 1969. *The Political Element in the Development of Economic Theory*. New York: Simon and Schuster.

North, Dudley. 1691. *Discourses on Trade*. New York: Johnson Reprint Company, n.d.

O'Brien, D. P. 1970. *J. R. McCulloch: A Study in Classic Economics*. New York: Barnes and Noble.

O'Connor, Michael J. L. 1944. *The Origins of Academic Economics in the United States*. New York: Columbia University Press.

Okun, Arthur. 1980. Postwar Macroeconomic Performance. In Martin Feldstein, ed. *The American Economy in Transition: A Sixtieth Anniversary Conference*. Chicago: University of Chicago Press.

———. 1970. *The Political Economy of Prosperity*. New York: Norton.

Ollman, Bertell. 1971. *Alienation: Marx's Conception of Man in Capitalist Society*. Cambridge: Cambridge University Press.

Olmsted, Frederick Law. 1856. *A Journey in the Seaboard Slave States, with Remarks on their Economy*. New York. Cited in Marx 1977.

Oppenheim, A. L. 1957. A Bird's Eye View of Mesopotamian Economic History. In Karl Polanyi, Conrad M. Arensberg, and Harry W. Pearson, eds. *Trade and Market in the Early Empires*. Glencoe, IL: The Free Press.

Osier, Jean-Pierre. 1976. *Thomas Hodgskin: Une critique prolétarienne de l'économie politique*. Paris: Maspero.

Owen, Robert. 1857. *The Life of Robert Owen, Written by Himself*. London: Effingham Wilson.

Padover, Saul K. 1980. *Karl Marx: An Intimate Biography*. New York: New American Library.

———. 1978. *Karl Marx: An Intimate Biography*. New York: McGraw-Hill.

———. ed. 1972. *Karl Marx on America and the Civil War*. New York: McGraw-Hill.

Pareto, Vilfredo. 1902. *les Systèmes Socialistes*, 2 vols. Geneva: Librairie Droz, 1965.

Parton, James. 1854. *Life of Horace Greeley*. Boston. Cited in Draper 1968.

Perelman, Michael. *Investment Theory and the Economic Slowdown: Keynes, q-Ratios, and Replacement Investment*, forthcoming.

———. 1983. *Classical Political Economy, Primitive Accumulation and the Social Division of Labor*. Totowa, NJ: Allanheld and Rowman.

———. 1979. Marx, Malthus, and the Concept of Scarcity. *Antipode* 2, no. 2:80-91

———. 1978. Karl Marx's Theory of Science. *Journal of Economic Issues* 12, no. 4:859-70.

———. 1978b. The Organic Composition of Capital: A Comment. *Kyklos* 31, fasc. 4:691.

———. 1977. *Farming for Profit in a Hungry World: Capital and the Crisis in Agriculture*. Totowa, NJ: Allanheld, Osmun.

———. 1975. Natural Resources and Agriculture: Karl Marx's Economic Model. *American Journal of Agricultural Economics* 57, no. 4:701-704.

———. 1974. An Application of Marxian Economics to Environmental Economics. *Review of Radical Political Economy* 6, no. 4:75-7.

Petty, William. 1927. *The Petty Papers*, Lord Landsdowne, ed. New York: Kelley.
_____. 1691. The Political Anatomy of Ireland, in C. H. Hull, ed., *The Economic Writings of Sir William Petty*, Vol. 1. New York: Kelley, 1963.
_____. 1690. Political Arithmetick. In C. H. Hull, ed., *The Economic Writings of Sir William Petty*. Vol. 1. New York: Kelley, 1963.
_____. 1662. A Treatise on Taxes and Contributions. In C. H. Hull, ed., *The Economic Writings of Sir William Petty*. Vol. 1. New York: Kelley, 1963.
Pilbeoni, David, and Stephen Jay Gould. 1974. Size and Scaling in Human Evolution. *Science* 186, no. 4167:892-901.
Place, Francis. 1831. The Views of the NUWC. British Museum Add. Mss. 27791. Reprinted in Patricia Hollis, ed. *Class and Conflict in Nineteenth Century England*. London: Routledge & Kegan Paul, 1973.
Polanyi, Karl. 1957. Marketless Trading in Hammurabi's Time. In Karl Polanyi, Conrad M. Arensberg, and Harry W. Pearson, eds. *Trade and Market in the Early Empires*. Glencoe, IL: The Free Press.
Political Economy Club. 1921. *Minutes of Proceedings, 1899-1920, Roll of Members and Questions Discussed, 1821-1920 with Documents Bearing on the History of the Club*. Vol. 6. London: Macmillan. Cited in Berg 1980.
Rae, John. 1834. *Statement of Some New Principles on the Subject of Political Economy*. Vol. 2. *John Rae, Political Economist: An Account of His Life and Writings*, 2 vols. R. Warren James, ed. Toronto: University of Toronto Press, 1965.
Raphael, D. D., and A. L. Macfie. 1976. Introduction. In Adam Smith, *Theory of Moral Sentiments*. Oxford: Clarendon Press.
Ravenstone, Piercy. 1825. *Thoughts on the Funding System and Its Effects*. New York: Kelley, 1966.
_____. 1821. *A Few Doubts on the Subject of Population and Political Economy*. New York: Kelley, 1966.
Resis, Albert. 1970. *Das Capital* Comes to Russia. *Slavic Review* 29, no. 2:219-37.
Riazanov, David. 1973. Karl Marx and Frederick Engels, *An Introduction to Their Lives and Work*. Joshua Kunitz, tr. New York: Monthly Review Press.
Ricciardi, Joseph. 1985. Rereading Marx on the Role of Money and Finance in Economic Development: New Perspectives From the 1840's and 1850's. Paper presented at the meetings of the Allied Social Science Meetings, New York.
Ricardo, David. 1952-73. *The Works and Correspondence of David Ricardo*, Piero Sraffa, ed. Cambridge: Cambridge University Press.
Roberts, Hazel Van Dyke. 1935. *Boisguilbert: Economist of the Reign of Louis XIV*. New York: Columbia University Press.
Robertson, Sir Dennis Holme. 1926. *Banking Policy and the Price Level: An Essay in the Theory of the Trade Cycle*. London: P. S. King & Son.
_____. 1914. Some Material for a Study of Trade Fluctuations. *Journal of the Royal Statistical Society*, n.s., 77, pt. 2:159-73.
Robinson, Joan. 1967. *An Essay on Marxian Economics*. London: Macmillan.

---. 1961. Prelude to a Critique of Economic Theory. *Oxford Economic Paper*, n.s., 13:53-8.
Rodbertus-Jagetzow, Karl. 1899. *Das Kapital*. Berlin: Puttkammen and Mulbrecht.
Rosenberg, Nathan. 1982. *Inside the Black Box: Technology and Economics*. New York: Cambridge University Press.
Rothbard, Murray N. 1976. Praxeology, Value Judgments, and Public Policy. In Edwin G. Dolan, ed. *The Foundations of Modern Austrian Economics*. Kansas City: Sheed and Ward.
Routh, Guy. 1977. *The Origin of Economic Ideas*. New York: Vintage.
Rubel, Maximilien, and Margaret Manale. 1975. *Marx without Myth*. New York: Harper and Row.
Samuelson, Paul A. 1974. Marx as Mathematical Economist: Steady State and Exponential Growth Equilibrium. *Trade, Stability, and Macroeconomics: Essays in Honor of Lloyd A. Metzler*. George Horwich and Paul Samuelson, eds. New York: Academic Press.
---. 1971. Understanding the Marxian Notion of Exploitation: A Summary of the So-Called Transformation Problem Between Marxian Values and Competitive Prices. *Journal of Economic Literature* 9, no. 2:399-431.
---. 1957. Wages and Interest — A Modern Dissection of Marxian Economic Models. *American Economic Review* 67, no. 6:884-912.
---. 1955. *Economics*, 3rd edition (New York: McGraw-Hill).
Say, J. B. *Treatise on Political Economy*, 4th ed., C. R. Princep, tr. (New York: Kelley, 1964).
---. 1821. *A Treatise on Political Economy, Or the Production, Distribution of Wealth*. C. R. Princep, ed. New York: Augustus M. Kelley, 1964.
Schofield, R. 1957. The Industrial Orientation of Science in the Lunar Society of Birmingham. *Isis* 48. Reprinted in A. E. Musson, *Science, Technology and Economic Growth in the Eighteenth Century*. London: Methuen.
Schultz, Theodore W. 1964. *Transforming Traditional Agriculture*. New Haven: Yale University Press.
Schumpeter, Joseph A. 1961. *The Theory of Economic Development*. New York: Oxford University Press.
---. 1954a. *History of Economic Analysis*. New York: Oxford University Press.
---. 1954b. *Economic Doctrine and Method*. London: Oxford University Press.
---. 1936. Review of *The General Theory of Employment, Interest and Money*, by John Maynard Keynes. *Journal of the American Statistical Association*
---. 1931. Dauerkrise? *Der Deutsche Volkswirt* (25 December); cited in Hudson 1985.
Schwartz, Pedro. 1968. *The New Political Economy of John Stuart Mill*. London: Weidenfeld and Nicholson.
Scrope, G. P. 1833. *Principles of Political Economy, Deduced from the Natural Laws of Social Welfare* (London). Cited in Berg 1980.
---. 1832. Rights of Industry and the Banking System. *Quarterly Review* 47.

Senior, Nassau. 1871. *Journals Kept in France and Italy*, 2 vols., 2d ed. London: Henry S. King.

———. 1868. *Journals, Conversations and Essays Relating to Ireland*, 2 vols., 2nd ed. London: Longmans, Green.

———. 1837. Letter to Charles Poulett Thompson, 28 March 1837. In *Letters on the Factory Act, As it Affects the Cotton Manufactures*. Reprinted in *Selected Writings on Economics: A Volume of Pamphlets, 1827-52*. New York: Augustus M. Kelley, 1966.

———. 1836. *An Outline of the Science of Political Economy*. New York: Augustus M. Kelley, 1938.

———. 1831. *Three Lectures on the Rate of Wages with a Preface on the Causes and Remedies of the Present Situation*. New York: Augustus M. Kelley, 1959.

———. 1827. Letter to Charles Poulett Thompson, 28 March. In *Letters on the Factory Act, As it Affects the Cotton Manufactures*. Reprinted in *Selected Writings of Economics, A Volume of Pamphlets, 1827-1852*. New York: Kelley, 1966.

Shanin, Teodor. 1983. Late Marx: Gods and Craftsmen. In *Late Marx and the Russian Road: Marx and "The Peripheries of Capitalism"*. New York: Monthly Review Press.

Siegel, Jerold. 1978. *Marx's Fate: The Shape of a Life*. Princeton: Princeton University Press.

de Sismondi, J.-C.-L. 1837-38. *Études sur L'Économie Politique*. 2 vols. Brussels: Société Typographique Belge.

———. 1827. *Nouveaux principes d'economie politique*. Paris: Calman-Levy, 1971.

Smelser, Neil J. 1959. *Social Change in the Industrial Revolution: An Application of Theory to the British Cotton Industry*. Chicago: University of Chicago Press.

Smith, Adam. 1977. *The Correspondence of Adam Smith*, E. Mossner and I. Ross, eds. Oxford: Clarendon Press 1977.

———. 1776. *An Inquiry into the Nature and Causes of the Wealth Nations*. New York: Modern Library, 1937.

———. 1762-66. *Lectures on Jurisprudence*. Eds. R. L. Meek, D. D. Raphael, and P. G. Stein. Oxford: Clarendon Press, 1978.

———. 1759. *The Theory of Moral Sentiments*. Eds. D. D. Raphael and A. L. Macfie. Oxford: Clarendon Press, 1976.

Smith, George Winston. 1951. *Henry C. Carey and American Sectional Conflict*. Albuquerque: University of New Mexico Press..

Smith, Sydney. 1839. Preface. In *The Collected Works of Rev. Sydney Smith*, 4 vols. London: Longmans,

Sohn-Rethel, Alfred. 1978. *Intellectual and Manual Labour: A Critique of Epistemology*. London: Macmillan.

Solow, Robert. 1975. Cambridge and the Real World. *Times Literary Supplement*, no. 3810:277-8.

———. 1965. Economic Growth and Residential Housing. In M. D. Ketchum and L. T. Kendall, eds. *Readings in Financial Institutions*. Boston: Houghton Mifflin.

Spengler, Joseph J. 1966. Les Theories Economiques de Boisguilbert Comparees a celle de Reformateurs de son Temps. In Institute National d'Etudes Demographique, *Pierre de Boisguilbert ou la naissance de l'économie politique*. Paris: Institute National d'Études Démographique.

Sraffa, Piero. 1960. *The Production of Commodities by Means of Commodities: A Prelude to the Critique of Economic Theory*. Cambridge: Cambridge University Press.

―――. 1926. The Laws of Returns Under Competitive Conditions. *Economic Journal* 36, no. 4:535-50.

Stark, Werner. 1944. *The History of Economics in Relation to Social Development*. London: Kegan Paul, Trench, Trabner.

Steedman, Ian. 1977. *Marx After Sraffa*. London: New Left Books.

Steuart, Sir James. 1767. *An Inquiry into the Principles of Political Economy*, 2 vols. Andrew S. Skinner, ed. Chicago: University of Chicago Press, 1966.

Stigler, G. J. 1975. Smith's Travels on the Ship of State. In Andrew S. Skinner and Thomas Wilson, eds. *Essays on Adam Smith*. Oxford: Clarendon Press.

―――. 1951. The Division of Labor is Limited by the Extent of the Market. *Journal of Political Economy* 59, no. 3:185-93.

Stone, Katherin S. 1974. The Origins of Job Structure in the Steel Industry. *Review of Radical Political Economy* 6, no. 2:113-73. Reprinted in Richard C. Edwards, Michael Reich, and David M. Gordon, *Labor Market Segmentation*. Lexington, MA: D.C. Heath, 1975.

Strauss, E. 1954. *Sir William Petty: Portrait of a Genius*. Glencoe, IL: Free Press.

Sweezy, Paul. 1956. *The Theory of Capitalist Development*. New York: Monthly Review Press.

Taussig, Frank. 1896. *Wages and Capital, An Examination of the Wages Fund Doctrine*. New York: Kelley, 1968.

Taylor, John. 1814. *An Inquiry into the Principles and Policies of the Government of the United States*. New Haven: Yale University Press, 1950.

―――. 1794. *An Inquiry into the Principles and Tendency of Certain Public Measures*. Philadelphia: Thomas Dodson.

Temin, Peter. 1969. *The Jacksonian Economy*. New York: W. W. Norton.

Thompson, Noel. W. 1984. *The People's Science: The Popular Political Economy of Exploitation and Crisis, 1816-34*. Cambridge: Cambridge University Press.

Thompson, William. 1824. *An Inquiry into the Principles of the Distribution of Wealth*. New York: Burt Franklin, 1968.

Thorner, Daniel. 1966. Marx on India and the Asiatic Mode of Production. *Contributions to Indian Sociology*, vol. 9.

Thornton, Henry. 1802. *An Enquiry into the Nature and Effect of the Paper Credit of Great Britain*. In J. R. McCulloch, ed., *A Select Collection of Scarce and Valuable Tracts and Other Publications on Paper Currency and Banking*. London: J. Hatchard and Messrs. F. and C. Rivington.

Thurow, Lester. 1977. Economics 1977. *Daedalus* 106, no. 4:79-94.

de Tocqueville, Alexis. 1856. *The Old Regime and the French Revolution*. Stuart Gilbert, tr. Garden City, NY: Doubleday, 1955.

———. 1848. *Democracy in America*, 2 vols. Henry Reeve, tr. New York: D. Appleton, 1899.
Torrens, Robert. 1848. *The Principles and Practical Opinions of Sir Robert Peel's Act Explained and Defended*. London.
———. 1829. *An Essay on the External Corn Trade*. Clifton, NJ: Augustus M. Kelley, 1972.
———. 1821. *An Essay on the Production of Wealth*. New York: Augustus M. Kelley, 1965.
Triffen, Robert. 1940. *Monopolistic-Competition and General Equilibrium Theory*. Cambridge: Harvard University Press.
Tucker, Irvin B., and Ronald P. Wilder. 1977. Trends in vertical integration in the U.S. Manufacturing sector. *Journal of Industrial Economics*, 26:81-94.
Turgot, Jacques. 1748. On Universal History. In *Turgot on Progress, Sociology and Economics*. Ronald L. Meek, ed. Cambridge: Cambridge University Press, 1973.
Uno, Kozo. 1980. *Principles of Political Economy: Theory of a Purely Capitalist Society*. Atlantic Highlands, NJ: Humanities Press.
Veblen, Thorstein. 1919. *The Place of Science in Modern Civilization*. New York: Russell and Russell, 1961.
———. 1904. *The Theory of Business Enterprise*. New York: Augustus M. Kelley, 1965.
———. 1899-1900. Preconceptions of Economic Science: 3 Parts. *Quarterly Journal of Economics* 13, no. 2:120-150; no. 4:396-426; 14, no. 1:240-69.
———. 1898. Why is Economics Not an Evolutionary Science? *Quarterly Journal of Economics* 12, no. 4:373-97.
von Hayek, Frederick A. 1941. *The Pure Theory of Capital*. London: MacMillan.
———. 1945. The Use of Knowledge in Society. *The American Economic Review* 35, no. 4:519-30.
———. 1932. *Prices and Production*. New York: Macmillan.
von Mises, Ludwig. 1953. Bemerkungen uber die mathematishe Behandlung nationalokonomischer Probleme. *Studium Generale* 6:662-5.
———. 1949. *Human Action: A Treatise on Economics*. New Haven, CT: Yale University Press.
von Thünen, Johann Heinrich. 1826-63. *The Isolated State*. Peter Hall, ed. New York: Pergamon Press, 1966.
Wakefield, Edward Gibbon. 1834. *England and America, A Comparison of the Social and Political State of both Nations*. New York: Augustus Kelley, 1967.
Wallerstein, Immanuel. 1983. *Historical Capitalism*. London: Verso.
Warren, Bill. 1980. *Imperialism, Pioneer of Capitalism*. London: New Left Books.
Wayland, Francis. 1837. *The Elements of Political Economy*. New York, 1837. Cited in O'Connor 1942.
Weber, Max. 1964. Objectivity in Social Science. In Edward A. Shils and Henry A. Finch, eds. *The Methodology of the Social Sciences*. Glencoe, NY: Free Press.
Webster, Daniel. 1903. *The Writings and Speeches of Daniel Webster*, national ed., 18 vols. Boston: Little, Brown.

Weiller, Jean. 1971. Introduction. J.-C.-L. Simonde de Sismondi, *Nouveaux principes d'économie politique*. Vol. 1. J. Weiller, ed. Paris: Calman-Levy.

Wermel, Michael. 1939. *The Evolution of Classical Wage Theory*. New York: Columbia University Press.

Weulersse, Georges. 1910. *Le Mouvement physiocratique en France* (de 1756 a 1770) 2 vols. Paris: Felix Alcan.

Whately, Jane. 1868. *Life and Correspondence of Richard Whately, D. D.* (London). Cited in Moss 1976.

Whately, Richard, Archbishop of Dublin. 1831. *Elements of Logic*. 4th ed. London.

Wicksell, Knut. 1934. *Lectures on Political Economy* 2 vols. London: Routledge and Kegan Paul.

Wightman, W. P. D. 1975. Adam Smith and the History of Ideas. In Andrew S. Skinner and Thomas Wilson, eds., *Essays on Adam Smith*. New York: Oxford University Press.

Wilenz, Sean. 1984. *Chants Democratic: New York City and the Rise of the American Working Class*. New York: Oxford University Press.

Wiles, Peter. 1979/80. Ideology, methodology, and neoclassical economics. *Journal of Post Keynesian Economics* 2, no. 2:155-80.

Willey, Basil. 1934. *The Seventeenth Century*. New York: Columbia University Press, 1952.

Williamson, Oliver E. 1975. *Markets and Hierarchies: Analysis and Antitrust Implications*. New York: The Free Press.

Winch, Donald, ed.. 1966. *James Mill: Selected Economic Writings*. Chicago: University of Chicago Press.

Yates, Frances A. 1972. *The Rosicrucian Enlightenment*. London: Routledge and Kegan Paul.